Estudos de Psicologia Vocacional
Readings

Estudos de Psicologia Vocacional
Readings

Maria do Céu Taveira

Título:
Estudos de Psicologia Vocacional - *Readings*

Autora (coord.):
Maria do Céu Taveira

© APDC - Associação Portuguesa para o Desenvolvimento da Carreira

Braga, 2011

Distribuição:
Edições Almedina, SA
Rua Fernandes Tomás, 76-80
3000-167 Coimbra, Portugal
Tel: 239 091491
Fax: 239 851901
www.grupoalmedina.net
editora@almedina.net

Impressão e Acabamento:
G.C. – Gráfica de Coimbra, Lda.
Palheira – Assafarge
3001-153 Coimbra
producao@graficadecoimbra.pt

Depósito Legal:
336764/11

ISBN:
978-972-40-4723-2

APDC Edições
Edifício da Escola de Psicologia
Universidade do Minho, Campus de Gualtar
4710-057 Braga
www.apdc.eu
edicoes@apdc.eu

Design:
Recent Projects
Helena Castro
Sérgio Cameira

PREFÁCIO

Estudos de Psicologia Vocacional, apresenta um conjunto seleccionado de trinta trabalhos, que ilustram a natureza e os resultados de programas de investigação sistemática sobre o comportamento e o desenvolvimento vocacional, realizados ao longo das últimas duas décadas, em Portugal e no Brasil. As leituras aqui recomendadas estão organizadas em quatro linhas de investigação principais, permitindo compreender o foco e centralidade que certos temas de investigação têm assumido no estudo da carreira, naqueles países. São elas: (i) Personalidade, motivação e atitudes de carreira, (ii) Construção da carreira: processos, contextos e intervenções; (iii) Decisão, adaptabilidade e criatividade na carreira; e, (iv) Avaliação e intervenções vocacionais.

Uma primeira apresentação oral deste conjunto de trabalhos foi realizada durante a IV Conferência do Desenvolvimento Vocacional/I Conferência Virtual - Investigação e Ensino, decorrida entre 27 e 29 de Fevereiro de 2008, na Universidade do Minho, em Braga, Portugal. A organização desta conferência foi uma acção conjunta de docentes e estudantes de mestrado e doutoramento das universidades do Minho, Porto, Coimbra e Lisboa, e teve a adesão de vários outros investigadores e especialistas, nacionais e estrangeiros e, pela primeira vez, de docentes e estudantes pós-graduados brasileiros. Colaboraram mais de perto na sua organização, Maria do Céu Taveira, Alexandra Araújo, Ana Daniela Silva, Liliana Faria, Maria Nazaré Loureiro, Ilda Fernandes e Sara Carvalho, da Universidade do Minho. E, ainda, Carlos Gonçalves, da Universidade do Porto, Maria Graciete Borges, da Universidade de Coimbra, e Isabel Janeiro, da Universidade de Lisboa. Contou-se, também, na Comissão Científica, com a colaboração de Eduarda Duarte, Helena Rebelo Pinto, Manuel Rafael, Maria do Rosário Lima e Odília Teixeira, da Universidade de Lisboa, Joaquim Armando, José Tomás da Silva, Lígia Mexia Leitão e Maria Paula Paixão, da Universidade de Coimbra, e Maria do Céu Taveira, da Universidade do Minho.

Esta é uma obra que pretende ajudar estudantes e investigadores interessados pelo estudo do desenvolvimento humano e social através do trabalho, a conhecer mais de perto a comunidade científica da Psicologia Vocacional e os desenhos e resultados de investigação nesta área e afins, nas comunidades portuguesa e brasileira. Vários dos trabalhos aqui apresentados reflectem o pensamento e a centralidade de determinados temas de investigação vocacional, abordados pelas equipas e centros de investigação envolvidos, revelando o panorama e subdomínios de produtividade científica que têm estado na base da organização de cursos de mestrado e de doutoramento no domínio. E também, o tipo de comunicações e artigos publicados por diferentes escolas de Psicologia de cultura lusa e brasileira.

A primeira parte deste livro integra um conjunto de sete estudos subordinados ao tema da Personalidade, Motivação e Atitudes de Carreira, onde variáveis e processos relacionados com a auto-estima, os valores, os interesses, a auto-eficácia, a auto-regulação na aprendizagem, e a personalidade, são analisados em correlação, ou como condições da orientação e desenvolvimento da carreira. Diversas medidas psicológicas devidamente adaptadas ou construídas para os contextos de língua portuguesa, são igualmente dadas a conhecer ao longo desta parte da obra (e.g., Work Importance Inventory, Self-Perception Profile, Career Atributional Beliefs Scale, Self-Directed Search).

Numa segunda parte, dedicada ao tema da Construção da Carreira: Processos, Contextos e Intervenções, incluem-se seis estudos, que abordam, na vida adulta, a construção de bem-estar e gestão pessoal da carreira em contextos de trabalho profissional; e na adolescência, o papel da diversidade cultural e da influência e suporte parental no design e execução de planos de vida.

A terceira parte da obra apresenta cinco estudos na linha da Decisão, Adaptabilidade e Criatividade na Carreira. Abordam-se estes temas a propósito dos percursos de transição para o mercado de trabalho, das questões de género na carreira, da reforma do papel de profissional e dos novos contextos de vivência de uma carreira.

Finalmente, a quarta e última parte, intitulada Avaliação e Intervenções Vocacionais, inclui onze estudos sobre o enquadramento, os processos e os resultados da avaliação e intervenção vocacional com grupos menos conhecidos, como sejam, as crianças, as pessoas com sobredotação, os bolseiros de investigação científica, entre outros. É dado relevo, também, neste conjunto seleccionado de trabalhos, às questões da avaliação das intervenções e da formação dos profissionais de orientação.

Esperamos, com a divulgação desta nova colectânea de textos, poder motivar outros profissionais e estudantes dos programas de mestrado e doutoramento, bem como docentes e investigadores dos domínios da educação, desenvolvimento e intervenção social, para compreender e promover o estudo sistemático do comportamento vocacional e dos processos de gestão pessoal e desenvolvimento da carreira.

Maria Do Céu Taveira
Licenciada em Psicologia pela Universidade do Porto e doutorada em Psicologia da Educação pela Universidade do Minho. Actualmente é Professora Auxiliar da Escola de Psicologia da Universidade do Minho e coordenadora do Programa de Doutoramento em Psicologia Vocacional nesta Universidade. Tem desenvolvido actividades de docência, investigação e serviços à comunidade no âmbito da Psicologia Escolar e da Educação e, mais especificamente, nos temas da orientação e desenvolvimento da carreira.

Índice

PARTE 1
Personalidade, Motivação e Atitudes de Carreira

17 Relações entre auto-estima e objectivos de vida
em estudantes universitários
Alexandra Barros

25 Crenças atribucionais em relação à carreira: Um estudo exploratório
Isabel Nunes Janeiro

37 Análise correlacional entre interesses e auto-eficácia
para atividades ocupacionais
Maiana Farias Oliveira Nunes e Ana Paula Porto Noronha

47 A relação entre as necessidades e as crenças de capacidade
no desempenho dos papéis num grupo de enfermeiras
Maria Odília Teixeira e Isabel Sofia Moreira

61 Avaliação de interesses profissionais de jovens do ensino médio:
estudo correlacional entre EAP e SDS
Ana Paula Porto Noronha e Silvia Godoy de Sousa

67 Auto-regulação da aprendizagem, sucesso académico
e orientação vocacional
Marta Alexandra dos Santos Neves de Castro

79 Preocupações de carreira e satisfação profissional: Alguns dados de uma
investigação com uma amostra de trabalhadores da administração pública
Rute Agostinho e Manuel Rafael

PARTE 2
Construção da Carreira: Processos, Contextos e Intervenções

93 Qualidade de vida no trabalho: Um estudo preliminar
com adultos trabalhadores
Manuel Rafael e Maria do Rosário Lima

103 A promoção do processo de reconhecimento, validação e certificação
de competências pelas organizações: impacto na relação do trabalhador
com a organização
Helena Martins, Teresa Rebelo e Inês Tomás

125 A diversidade cultural e o processo de orientação profissional
de adolescentes imigrantes
**Maria da Conceição Coropos Uvaldo, Fabiano Fonseca da Silva
e Renato Soares da Silva**

135 Suporte parental e projectos vocacionais em adolescentes
Natalina Lopes Lima Araújo

153 A construção de carreira no ensino superior: Apresentação
de um plano de avaliação
Ana Daniela Silva, Maria do Céu Taveira e Eugénia Fernandes

165 Perspectivas sobre a influência parental na execução de planos
de carreira no ensino secundário
Marisa Carvalho

PARTE 3
Decisão, Adaptabilidade e Criatividade na Carreira

177 (Des)construção de percursos de transição para o mundo do trabalho
Filomena Parada e Joaquim Luís Coimbra

187 O género nas teorias da carreira e desenvolvimento vocacional: Da teoria à prática
Luisa Saavedra

201 Compreendendo a orientação vocacional sob a perspectiva da Psicologia Social: Uma nova proposta
Marcos Gatti

209 O estudo da transição para a reforma: A utilização do Inventário das Preocupações de Carreira
Sandra Fraga

219 Novos rumos na investigação das carreiras e do desenvolvimento vocacional: A necessidade de uma abordagem qualitativa, etnográfica e longitudinal
Marcelo Ribeiro, Maria da Conceição Uvaldo e Fabiano da Silva

PARTE 4
Avaliação e Intervenções Vocacionais

227 Educação para a carreira em idade pré-escolar: Estudo exploratório de uma intervenção de consultoria psicológica
Maria do Céu Taveira, Séli Chaves e Alexandra Araújo

239 Análise do processo de consulta psicológica: Estudo das reacções dos clientes ao processo terapêutico
Liliana Faria e Maria do Céu Taveira

253 Orientação Profissional: Questões Sociais
Laura de Carvalho, Daieni Marla e Fernando Heiderich

261 Abordagens à carreira na vida adulta: Estudo de avaliação de um modelo de intervenção
Joana Pinto e Maria do Céu Taveira

271 A sobredotação no feminino: Falta de vocação ou de intervenção?
Ana Antunes e Leandro Almeida

279 Estudo de caso: Uma estratégia para a promoção da gestão de carreira do indivíduo
Sandra Fraga

289 Avaliação qualitativa em orientação vocacional: Uma experiência no contexto escolar
Maria Elisa G. Guahyba de Almeida e Luís Ventura de Pinho

297 Intervenções vocacionais: Desenvolvimentos da investigação
Yvette Piha Lehman

307 Avaliação do processo de aconselhamento de carreira: Um estudo follow-up
Rosário Lima e Sandra Fraga

317 Apoio psicológico no Ensino Superior: A ajuda em orientação e desenvolvimento da carreira
Rosário Lima e Sandra Fraga

327 Observatório de emprego de diplomados do ensino superior: Implicações para a intervenção vocacional
Cristina Costa Lobo e Maria do Céu Taveira

335 A formação do orientador profissional no Brasil: perspectivas da Psicologia Vocacional
Lucy Leal Melo-Silva

Personalidade, Motivação e Atitudes de Carreira

PARTE 1/4

Relações entre auto-estima e objectivos de vida em estudantes universitários

Alexandra Barros
Faculdade de Psicologia e Ciências da Educação, Universidade de Lisboa - Portugal
alexandrafbarros@gmail.com

Resumo:

O presente estudo baseia-se numa abordagem desenvolvimentista do indivíduo, procurando integrar conceitos e instrumentos de medida da Psicologia das Carreiras e de outros campos da Psicologia. Parte do modelo de Super (1990) e do modelo desenvolvimentista de Susan Harter (1999) sobre a construção do auto-conceito e da auto-estima. A amostra incluiu 683 alunos do ensino superior público em Lisboa, utilizando-se a 2ª edição da Escala de Valores WIS (Nevill & Super, 1986) e o Perfil de Auto-Percepção para Estudantes Universitários (Neemann & Harter, 1986). Os resultados permitem caracterizar e relacionar a auto-estima e os valores destes estudantes do ensino superior. Os resultados revelam como a auto-estima do indivíduo se relaciona com a valorização do seu desenvolvimento, realização e expressão de si próprio enquanto pessoa. A integração da avaliação da auto-estima no aconselhamento de carreira pode servir de base à inclusão, nas intervenções de carreira, de estratégias e objectivos individualizados de mudança que favoreçam o desenvolvimento e o bem-estar psicológico do indivíduo.

Abstract:

Based on a developmental approach to the individual, the standpoint of this research is trying an integration of concepts and instruments from Career Psychology and other fields of Psychology. Specifically, its theoretical frame is Super's career development model (1990) and Susan Harter's development model about self-concept construction (1999). Data were obtained with 683 college students from public schools in Lisbon, with WIS Values Scale, 2nd edition (Nevill & Super, 1986), and Self-Perception Profile for College Students (Neemann & Harter, 1986). Results contribute to identify and relate their self-esteem and their life goals. They permit to conclude how self-esteem is related to the way students try to develop, realize and express themselves as individuals. Integrating self-esteem evaluation in career counselling can contribute to include, in career interventions, specific strategies and goals that can facilitate individual change, promoting development and psychological well-being of students.

No contexto ideológico actual, caracterizado por pressupostos que assentam na concepção de um Homem com a responsabilidade de se construir a si mesmo num enquadramento que se caracteriza pela mudança e pela imprevisibilidade face ao futuro (Guichard & Huteau, 2001), impõe-se um estreitamento de relações entre o aconselhamento em geral e o aconselhamento vocacional (por exemplo, Guindon & Richmond, 2005; Savickas, 2002). Neste sentido, as intervenções de carreira devem ser consideradas oportunidades de exploração e desenvolvimento para o cliente, indo muito para além da avaliação ou "diagnóstico" para incluírem dimensões de mudança e de desenvolvimento pessoal.

Reconhece-se ainda a importância de, no contexto actual de incerteza face ao devir, incluir nos objectivos de intervenção o desenvolvimento de competências e de atitudes facilitadoras da adaptação e do confronto com as inúmeras transições por que o indivíduo passará ao longo da sua vida. Esta ênfase em objectivos de desenvolvimento de competências (ou eventualmente da sua reavaliação) pressupõe avaliar as crenças do indivíduo em relação a essa mesma competência em diversas áreas, nomeadamente em dimensões relacionadas com tarefas escolares ou profissionais, em dimensões sociais, e ainda, em relação ao seu valor global como pessoa ou auto-estima. Assim, pareceu-me oportuna a utilização/adaptação de um instrumento que avaliasse vários domínios de competência percebida com relevância para a intervenção vocacional.

Por outro lado, a clarificação dos objectivos que os indivíduos se propõem atingir continua a ser um importante passo nas intervenções de carreira, na medida em que são eles que conferem direcção e motivação aos processos de escolha e de mudança individuais.

No trabalho que agora apresento, propus-me analisar, em estudantes portugueses do ensino superior, os objectivos de vida valorizados e a forma como avaliam a sua competência em diferentes áreas, incluindo a auto-valorização global ou auto-estima.

Para isso, utilizei a versão portuguesa da Escala de Valores WIS (Nevill & Super, 1986), e adaptei para a Língua Portuguesa o Perfil de Auto-Percepção para Estudantes Universitários, Self Perception Profile for College Students - SPPCS, no original de Neemann e Harter (1986).

A recolha de dados foi feita numa amostra de conveniência seguindo critérios previamente definidos que garantissem a homogeneidade em relação a aspectos como a idade ou a localização geográfica, mas representando um leque de perfis motivacionais a partir da teoria de tipos de personalidade e de meios de trabalho de Holland (1997). A amostra total ficou constituída por 683 alunos do ensino superior público de Lisboa dos 2º e 3º anos de cursos considerados representativos dos seis tipos de Holland.

A análise dos principais resultados em relação aos valores, revela que estes estudantes, em média, valorizam mais objectivos como a Realização, a Utilização das Capacidades e o Desenvolvimento Pessoal, sendo as médias mais baixas referentes a Risco, Autoridade e Actividade Física (Barros, 2007). Estes dados estão de acordo com outros encontrados em estudos nacionais e internacionais com o mesmo instrumento de medida dos valores em estudantes do ensino superior (por exemplo, Marques, 1995; Šverko, 2001; Šverko & Super, 1995; Teixeira, 1997), e em amostras de estudantes do ensino básico e secundário (por exemplo, Marques, 1995; Šverko, 1995; Teixeira, 2000).

No que diz respeito às auto-percepções de competência em diferentes áreas, estes estudantes revelam, em média, considerar-se mais competentes nas Relações com os pais, na Moralidade, e no Humor, e menos competentes nas relações amorosas, e nas dimensões atlética e escolar (Barros, 2007). Esta baixa competência escolar percebida dos estudantes do ensino superior público merece reflexão, já que sugere a necessidade de algum esforço no sentido de explorar se as exigências dos cursos são sentidas como desproporcionadas face às competências de base dos estudantes ou às suas abordagens ao estudo, se corresponde a um problema de transição entre níveis de ensino, e/ou se realmente corresponde a uma competência deficitária para obter sucesso escolar. Talvez aqui as metodologias qualitativas permitissem explorar melhor o significado deste resultado que assume um impacto adicional porque a dimensão competência escolar percebida é, tal como as dimensões competência no trabalho, aceitação social e aparência física, uma das que apresenta maiores correlações com a auto-estima (Barros, 2007).

O estudo das relações entre os resultados da escala de auto-estima e os das escalas de valores mostra que as maiores correlações surgem com as escalas Autonomia, Promoção, Criatividade, Estilo de Vida e Utilização das Capacidades. Numa análise ao conjunto dos resultados (Barros, 2007), e usando as designações de Šverko (1995), podemos dizer que a auto-estima se relaciona mais com valores de orientação para a auto-actualização e com valores para a expressão individual, do que com valores utilitários, sociais, ou de orientação para a aventura.

Com recurso a outra metodologia, e para estudar a diferenciação de valores em grupos de elevada e de baixa auto-estima, compararam-se as diferenças nos resultados obtidos na Escala de Valores WIS por dois grupos definidos a partir do 1º e do 3º quartil no resultado da escala de Auto-estima do SPPCS. Os estudantes com elevada auto-estima apresentam médias significativamente mais elevadas nas escalas de Utilização das Capacidades, Estilo de vida, Criatividade, Variedade e Autonomia (p<0,001) e Desenvolvimento Pessoal, Promoção, Estético, e Actividade Física (p<0,05). Não se encontram diferenças significativas em Relações Sociais, Interacção Social, Altruísmo, Risco, Económico, Prestígio, Autoridade, Realização ou Condições de Trabalho. Estes dados também implicam que o nível de auto-estima se relaciona mais com os objectivos do indivíduo face à sua realização, desenvolvimento e expressão enquanto pessoa, valores mais intrínsecos, do que com objectivos mais extrínsecos de orientação mais social ou mais utilitária.

Os resultados obtidos com esta investigação sugerem a importância da auto-estima para a construção de projectos pessoais em que o indivíduo procure a sua realização e a expressão das suas potencialidades e especificidades. Podem ainda ser associados aos de outros trabalhos, que também apontam para o envolvimento da variável auto-estima nas motivações individuais na base da construção de projectos de vida, relacionando-a com as atitudes de planeamento e exploração de carreira (por exemplo, Crook, Healy & O'Shea, 1984; Janeiro, 2006), ou com a implementação do auto-conceito nas escolhas profissionais (por exemplo, Patton, Bartrum, & Creed, 2004; Rosenberg, 1990; Schooler & Oates, 2001).

A importância para o indivíduo da construção de uma identidade valorizada e da definição de projectos de vida que promovam o seu desenvolvimento e a expressão da sua individualidade e incluam dimensões de mudança que o aproximem do seu *self* ideal (Heidrich, 1999), traz às intervenções vocacionais a necessidade de ampliar ou modificar o tipo de variáveis avaliadas. A avaliação de níveis de competência percebida em diferentes dimensões pode proporcionar ao indivíduo material de reflexão sobre si próprio que constitua uma base para as suas escolhas e para a construção dos seus objectivos de desenvolvimento e de mudança.

REFERÊNCIAS

Barros, A. (2007). *Relações entre domínios do auto-conceito, valores e importância relativa dos papéis em estudantes universitários*. Dissertação de doutoramento. Lisboa: FPCEUL (policopiado).

Crook, R. H., Healy, C. C., & O'Shea, D. W. (1984). The linkage of work achievement to self-esteem, career maturity, and college achievement. *Journal of Vocational Psychology, 25*, 70-79.

Guichard, J., & Huteau, M. (2001). *Psychologie de l'orientation*. Paris: Dunod.

Guindon, M. H., & Richmond, L. J. (2005). Practice and research in career counselling and development – 2004. *The Career Development Quartely, 54* (2), 90-137.

Harter, S. (1999). *The construction of the self: A developmental perspective*. New York: Guilford Press.

Heidrich, S. M. (1999). Self-discrepancy across the life span. *Journal of Adult Development, 6* (2), 119-130.

Holland, J. L. (1997). *Making vocational choices. A theory of vocational personalities and work environments* (3rd edition). Odessa, FL: Psychological Assessment Resources.

Janeiro, I. N. (2006). *A perspectiva temporal, as crenças atribucionais, a auto-estima e as atitudes de planeamento e de exploração da carreira. Estudo sobre os determinantes da maturidade de carreira em estudantes do 9º e*

12º anos. Dissertação de Doutoramento. Lisboa, Portugal: Faculdade de Psicologia e de Ciências da Educação da Universidade de Lisboa.

Marques, J. F. (1995). The Portuguese Work Importance Study. In D. Super & B. Šverko (Eds.), *Life roles, values and careers. International Findings of the Work Importance Study* (pp. 181-187). San Francisco: Jossey-Bass Publishers.

Neeman, J., & Harter, S. (1986). *Manual for the Self-Perception Profile for College Students*. Unpublished manuscript. University of Denver.

Nevill, D. D., & Super, D. E. (1986). *The Values Scale: Theory, application and research. Manual*. (Research edition). Palo Alto, California: Consulting Psychologists Press.

Patton, W., Bartrum, D. A., & Creed, P. (2004). Gender differences for optimism, self-esteem, expectations and goals in predicting career planning and exploration in adolescents. *International Journal for Educational and Vocational Guidance, 4*, 193-209.

Rosenberg, M. (1990). The self-concept: Social product and social force. In M. Rosenberg & R. H. Turner (Eds.), *Social Psychology: Sociological perspectives* (pp. 593-624). New Brunswick: Transaction Publishers.

Savickas, M. L. (2002). Reinvigorating the study of careers. *Journal of Vocational Psychology, 61*, 381-385.

Schooler, C., & Oates, G. (2001). Self-esteem and work across the life course. In T. J Owens, S. Stryker & N. Goodman (Eds.), *Extending self-esteem theory and research. Sociological and psychological currents* (177-197). Cambridge University Press.

Super, D. E. (1990). A life-span, life-space approach to career development. In D. Brown, L. Brooks & Associates (Eds.), *Career choice and development* (2nd ed., pp. 197-261). San Francisco: Jossey-Bass.

Šverko, B. (1995). The structure and hierarchy of values viewed cross-nationally In D. Super & B. Šverko (Eds.), *Life roles, values and careers. International findings of the Work Importance Study* (pp. 225-240). San Francisco: Jossey-Bass Publishers.

Šverko, B. (2001). Life roles and values in international perspective: Super's contribution through the Work Importance Study. *International Journal for Educational and Vocational Guidance, 1*, 121-130.

Šverko, B., & Super, D.E. (1995). The findings of the Work Importance Study. In D. Super & B. Šverko (Eds.), *Life roles, values and careers. International Findings of the Work Importance Study* (pp. 349-358). San Francisco: Jossey-Bass Publishers.

Teixeira, M. O. (1997). Um estudo exploratório das relações entre necessidades, valores e interesses em alunos do ensino superior. In *Actas da Conferência Internacional: A informação e a Orientação Escolar e Profissional no Ensino Superior* (pp. 234-248). Coimbra, Portugal.

Teixeira, M. O. (2000). *Personalidade e motivação no desenvolvimento vocacional. As necessidades, os valores, os interesses e as auto-percepções no conhecimento de si vocacional.* Dissertação de doutoramento. Lisboa, Portugal: FPCEUL (policopiado).

Crenças atribucionais em relação à carreira: Um estudo exploratório

Isabel Nunes Janeiro
Faculdade de Psicologia, Universidade de Lisboa - Portugal
isajaneiro@fp.ul.pt

Resumo:

Tomando como referencial teórico o modelo sobre as bases de desenvolvimento da maturidade na carreira (Super, 1990), o presente estudo integra-se num projecto de investigação visando analisar as relações entre as atitudes de carreira e alguns dos seus determinantes psicológicos, nomeadamente, a perspectiva temporal, as crenças atribucionais, e a auto-estima. Este artigo apresenta os resultados obtidos com um instrumento especialmente organizado para este projecto, a Escala de Atribuições de Carreira. Participaram no estudo 620 estudantes, 320 do 9º ano e 300 do 12º ano de escolaridade. A análise em componentes principais, realizada para o estudo das características psicométricas da escala, permitiu isolar três componentes, uma primeira relacionada com a causalidade de tipo externo, outra com a causalidade interna associada ao sucesso, e uma terceira com a causalidade interna relacionada com o fracasso, sustentando a estrutura conceptual proposta baseada nos dois pólos de causalidade. A análise de consistência interna mostrou índices de precisão adequados para cada uma das subescalas principais. A comparação de resultados obtidos pelos diferentes grupos de participantes evidenciou diferenças consistentes nas crenças atribucionais dos rapazes e raparigas nos dois anos de escolaridade. Os resultados e a importância da avaliação das crenças atribucionais no contexto do aconselhamento de carreira são ainda discutidos.

Abstract:

Based on Super´s theoretical model of the bases of development of career maturity (1990), this study is integrated in a research project aiming to analyse the relations between career attitudes and some of the psychological determinants, namely, time perspective, attributional beliefs and self-esteem. This article presents and discusses results obtained with an instrument specially devised for the project, the Career Attributional Beliefs Scale. 620 Portuguese students participated in the study, 320 from grade 9 and 300 from grade 12. The principal components analysis, carried out to study the psychometrics characteristics of the scale, isolated three components: one first relating to external-type causality beliefs, a second to internal causality associated to success, and a third one connected to internal causality related to failure. In general terms, these results validate the proposed conceptual structure based on the two poles of causality. The internal consistency analysis revealed adequate reliability indices for each of the main subscales. A comparison of the results obtained by the different groups of participants showed consistent differences between genders and grades. The results and the importance of the assessment of career attributional beliefs within the context of career counselling are further discussed.

INTRODUÇÃO

Em termos teóricos, os temas do planeamento e da exploração da carreira estão associados ao conceito de maturidade vocacional, introduzido ainda na década de 50 por Super (1957). Definida inicialmente como "o grau de desenvolvimento alcançado pelo indivíduo no contínuo da sua carreira desde o crescimento até ao declínio" (Super, 1957, p.186), a maturidade vocacional, como foi então designada, tornou-se num dos conceitos nucleares da teoria de Super sobre o desenvolvimento de carreira.

Num modelo proposto posteriormente, o "modelo interactivo pessoa-meio sobre as bases da maturidade na carreira", Super (1990) apresenta de forma compreensiva a interacção de diversos factores envolvidos na formação e desenvolvimento das atitudes de planeamento e de exploração da carreira. Neste modelo, características pessoais, tais como a perspectiva temporal, o *locus* de controlo, e a auto-estima, são consideradas como variáveis psicológicas determinantes para o confronto com situações sociais e consequente formação e desenvolvimento de atitudes de planeamento e de exploração, componentes essenciais da maturidade na carreira.

Sendo um dos objectivos deste projecto de investigação, a análise das relações entre as diferentes variáveis apresentadas no modelo de Super (1990), a primeira parte do estudo incidiu na concepção e organização de instrumentos de avaliação psicológica das diferentes dimensões indicadas no modelo. O presente artigo aborda uma destas variáveis, as crenças atribucionais, e tem como objectivo analisar as características psicométricas de um dos instrumentos de avaliação, especialmente organizado para este projecto de investigação, a Escala de Atribuições de Carreira.

As crenças atribucionais

Em termos genéricos, podemos considerar duas vias principais de investigação sobre as crenças atribucionais: a primeira acentua o impacto motivacional das inferências atribucionais, e é representada pela «teoria atribucional da motivação e emoção» proposta por Weiner (1986); a segunda assenta numa perspectiva diferencialista, e decorre dos trabalhos sobre o desamparo aprendido, «*learned helplessness*», de Abramson, Seligman e Teasdale (1978).

No modelo de Weiner (1986), a inferência atribucional é classificada em três dimensões: a primeira dimensão é a dimensão de *locus* de causalidade, e refere-se a atribuições de tipo interno, relacionadas com factores internos ao indivíduo, ou a atribuições de tipo externo; a segunda dimensão é designada por estabilidade, e distingue as causas percebidas como estáveis no tempo das causas instáveis; a terceira dimensão atribucional é a controlabilidade, e refere-se a atribuições percepcionadas como dependendo da vontade do próprio e, portanto, consideradas como controláveis, das atribuições percepcionadas como incontroláveis ou independentes da vontade pessoal. De acordo com Weiner (1986), as explicações causais encontradas para o sucesso ou fracasso em determinada tarefa determinam a motivação para o confronto com as tarefas futuras, sendo este confronto mediado pelas ligações entre as atribuições dos comportamentos de desempenho com as emoções associadas às crenças causais.

Também Abramson e colaboradores (1978) partem do pressuposto de que a forma como as pessoas explicam os acontecimentos influencia o confronto posterior com acontecimentos idênticos, no entanto, complementam a interpretação do processo de atribuição causal com a introdução de uma variável explicativa das diferenças individuais na forma como se percebem as explicações causais. Esta variável define-se, de acordo com estes autores, como um estilo ou traço de personalidade que caracteriza o modo típico de atribuição causal utilizado por cada indivíduo. Este traço foi inicialmente designado por estilo atribucional e, posteriormente, por estilo explanatório (Peterson & Seligman, 1984).

De acordo com este modelo, as pessoas com um estilo explanatório depressivo ou pessimista caracterizam-se por atribuírem os acontecimentos negativos a causas internas, estáveis, e globais. As pessoas com este tipo de perfil são consideradas como estando em risco de desenvolverem sintomas depressivos no confronto com acontecimentos negativos, evidenciando, em geral, mais debilidade, passividade, e dificuldade na resolução de problemas (Peterson & Seligman, 1984). Em contrapartida, as pessoas com um estilo explanatório optimista tendem a atribuir os problemas da sua vida a causas externas, específicas, e temporárias. Este estilo optimista está associado a níveis mais elevados de motivação, de realização, e bem-estar físico, assim como, a níveis baixos de sintomatologia depressiva (Gillham, Shatté, Reivich, & Seligman, 2001).

Luzzo e Jenkins-Smith (1998) propuseram recentemente um modelo sobre as atribuições associadas à tomada de decisão na carreira, tomando como referência a teoria atribucional de Weiner (1986). Estes autores partem do pressuposto de que, tal como para outras situações, os indivíduos também constroem explicações causais para as situações de natureza vocacional. Deste modo, ao reflectirem sobre as suas experiências de carreira desenvolvem um estilo atribucional relacionado com a tomada de decisão na carreira, podendo este estilo atribucional ser caracterizado como sendo optimista (definido por atribuições internas, controláveis e instáveis), ou pessimista (definido por atribuições externas, não controláveis e estáveis).

Partindo da teoria atribucional de Weiner (1986), e da formulação de atribuições para a carreira de Luzzo e Jenkins-Smith (1998), o objectivo deste primeiro estudo foi o de organizar um instrumento de avaliação das crenças atribucionais em relação aos comportamentos na carreira para estudantes do ensino básico e secundário.

METODOLOGIA

Instrumentos

A Escala de Atribuições de Carreira foi construída com base nos resultados obtidos num estudo prévio sobre a relação entre atribuições e expectativas atribucionais de carreira (Janeiro, 2006). A versão final da escala foi organizada em duas subescalas principais, uma de crenças atribucionais de tipo interno, e outra de crenças atribucionais de tipo externo. Cada uma destas duas subescalas principais subdivide-se, por sua vez, em três subescalas parciais, compondo um total de seis subescalas: atribuições internas relacionadas com o sucesso, atribuições internas relacionadas com o fracasso, tomada de decisão de tipo interno, atribuições externas relacionadas com o sucesso, atribuições externas relacionadas com o fracasso, e tomada de decisão de tipo externo. O Quadro 1 apresenta a estrutura da escala, assim como, exemplos de itens de cada uma das subescalas.

Quadro 1 · Escala de Atribuições para a Carreira: Estrutura e Itens

VARIÁVEIS			ITENS (EXEMPLOS)
Causalidade Interna	Sucesso	Capacidades	2. Ter capacidades elevadas vai ser importante para ter sucesso no meu futuro escolar e profissional
		Esforço	20. Se tiver sucesso com as minhas decisões é porque me empenho muito naquilo que faço
	Fracasso	Competência	5. Se não tiver sucesso no meu futuro escolar e profissional é porque não sou competente
		Esforço	7. Se não tiver sucesso no meu futuro escolar e profissional é porque não me esforço o suficiente
Causalidade Externa	Sucesso	Sorte	17. A sorte vai ser importante para ter sucesso no meu futuro
		Ajuda de outros	8. Conhecer e ser amigo de pessoas influentes vai ser importante para ter sucesso no meu futuro escolar e profissional
	Fracasso	Sorte	3. Se não tiver sucesso com as minhas decisões de carreira é por falta de sorte
		Ajuda de outros	13. Se não tiver sucesso no meu futuro escolar e profissional é porque não tenho o apoio necessário de algumas pessoas (professores, família)
Tomada de Decisão de tipo Interno			1. Pondero com cuidado todas as alternativas sobre o meu futuro escolar e profissional
Tomada de Decisão de tipo Externo			9. Algumas das minhas decisões de carreira têm sido feitas ao acaso

Para responderem os participantes devem indicar numa escala de 7 pontos o seu grau de concordância com cada uma das frases propostas.

Participantes

Participaram no estudo 620 estudantes, 320 do 9º ano e 300 do 12º ano. 342 são raparigas e 278 rapazes.

RESULTADOS

Análise em Componentes Principais

A análise em componentes principais permitiu identificar cinco componentes principais com valores próprios superiores a 1.00. A consideração do critério suplementar baseado na análise paralela (Velicer, Eaton, & Fava, 2000) indicou as três primeiras componentes para retenção. Estas três componentes explicam cerca de 38% da variância total. O Quadro 2 apresenta as saturações de cada item nas três componentes principais retidas, antes e após rotação *varimax* dos eixos.

A matriz após rotação permitiu acentuar as tendências de agregação já observadas na matriz sem rotação, definindo três componentes principais relevantes em termos estatísticos e teóricos. A primeira componente, explicativa de cerca de 14% da variabilidade dos resultados, surgiu nitidamente relacionada com a causalidade de tipo externo, sendo definida por todos os itens propostos para a escala de causalidade externa (sete itens com saturações superiores a 0.50, e os outros quatro com saturações positivas e também elevadas, rondando os 0.40). A segunda componente principal representa, igualmente 14% da variabilidade dos resultados, e agrupa os quatro itens de causalidade interna relacionados com o sucesso e os três itens sobre a tomada de decisão de tipo interno, todos com saturações superiores a 0.50. Por seu turno, a terceira componente explica 11% da variância dos resultados e é definida pelos quatro itens de causalidade interna relacionados com o fracasso, que deste modo se autonomizam dos restantes itens de causalidade interna.

Quadro 2 · Escala de Atribuições para a Carreira: Análise em componentes principais ao nível dos itens

	ITENS	\multicolumn{4}{c	}{MATRIZ SEM ROTAÇÃO}	\multicolumn{3}{c}{MATRIZ APÓS ROTAÇÃO}
		\multicolumn{3}{c}{FACTORES}		\multicolumn{3}{c}{FACTORES}
		1	2	3	h^2	1	2	3
Itens Causalidade Externa	3. Se não sucesso falta de sorte	.46	-.16	-.40	.36	**.62**	-.03	-.12
	4. Actividades fáceis sucesso	**.54**	-.26	-.12	.33	**.56**	-.19	.13
	6. Ajuda de outros sucesso	.37	.29	-.27	.40	.40	.37	.02
	8. Conhecer amigos influentes	**.54**	.13	-.17	.37	**.52**	.21	.17
	9. Decisões ao acaso	.42	-.31	.05	.45	.39	-.28	.20
	11. Se não sucesso obstáculos	**.53**	.10	-.19	.30	**.53**	.17	.13
	13. Se não sucesso não apoio família	.45	-.15	-.09	**.53**	.45	-.09	.13
	15. Decisões influencia de outros	.42	-.15	-.12	.34	.46	-.09	.09
	17. Sorte sucesso	.44	.09	-.47	.27	**.59**	.23	-.15
	18. Decisões dependem limites	.45	-.14	-.21	**.67**	**.50**	-.06	.04
	21. Se não sucesso não amigos	**.55**	-.29	-.11	.32	**.58**	-.22	.14
Itens Causalidade Interna	1. Pondero alternativas	-.12	**.53**	-.26	.40	-.07	**.57**	-.18
	2. Ter capacidades elevadas sucesso	.15	**.56**	-.01	.23	.03	**.55**	.17
	5. Se não sucesso não competente	.49	.09	.46	.42	.18	.00	**.64**
	7. Se não sucesso não esforço	.37	.28	**.56**	.22	-.01	.15	**.71**
	10. Se não sucesso não trabalho bem	.47	.21	**.63**	.50	.05	.07	**.81**
	12. Decisões com base no adequado	-.01	**.58**	-.24	.43	-.01	**.62**	-.09
	14. Trabalhar muito sucesso	.04	**.65**	.01	.26	-.10	**.62**	.15
	16. Ser muito competente sucesso	.18	**.68**	.08	.39	-.01	**.65**	.28
	19. Se não sucesso não capacidades	**.53**	.01	.33	.44	.29	-.05	**.56**
	20. Empenho sucesso	.10	**.65**	.00	.40	-.04	**.64**	.17
	22. Decisões interesses	-.10	**.50**	-.24	.32	-.06	**.54**	-.16
	Valores Próprios	3.44	3.08	1.85	8.37	3.04	3.00	2.32
	% Variância Explicada	.16	.14	.08	.38	.14	.14	.11

Nota: A negrito saturações superiores a 0.50

Análise de consistência interna

Os coeficientes alfa de Cronbach obtidos para o conjunto total de participantes foram considerados satisfatórios, tanto para a escala de causalidade interna ($\alpha = .70$), como para a escala de causalidade externa ($\alpha = .73$) (Quadro 3).

Nas subescalas de causalidade interna, os coeficientes oscilaram entre $\alpha = .55$ para a subescala de tomada de decisão de tipo interno, e $\alpha = .70$ para a subescala de causalidade interna associada ao fracasso. Apesar de valores de precisão satisfatórios para o conjunto da escala de causalidade externa ($\alpha = .73$), a precisão de cada uma das subescalas foi baixa, variando entre $\alpha = .40$, coeficiente verificado na subescala de tomada de decisão de tipo externo, e $\alpha = .57$, registado para a subescala de causalidade externa associada ao fracasso.

Quadro 3 · Escala de Atribuições para a Carreira: Coeficientes de precisão

	9º ANO (N=320)	12º ANO (N=300)	TOTAL
Interno Sucesso (4 itens)	0.71	0.65	0.68
Interno Fracasso (4 itens)	0.65	0.74	0.70
Tomada Decisão Interno (3 itens)	0.51	0.58	0.55
Causalidade Interna (11 itens)	0.72	0.66	0.70
Externo Sucesso (4 itens)	0.50	0.57	0.54
Externo Fracasso (4 itens)	0.61	0.50	0.57
Tomada Decisão Externo (3 itens)	0.43	0.37	0.40
Causalidade Externa (11 itens)	0.71	0.73	0.73

Comparação de resultados entre grupos de participantes

O Quadro 4 apresenta os resultados médios obtidos por rapazes e raparigas do 9º e do 12º ano na Escala de Atribuições de Carreira.

Quadro 4 · Comparação de resultados médios entre grupos de participantes

	9º ANO (N=320)						12º ANO (N=300)						TOTAL
	MAS		FEM		TOTAL		MAS VS FEM	MAS		FEM		TOTAL		MAS VS FEM	9º VS 12º
Subescalas	M	DP	M	DP	M	DP	t-student	M	DP	M	DP	M	DP	t-student	t-student
Int. Sucesso	23.13	4.25	23.96	3.38	23.53	3.87	-1.93	23.78	3.04	23.96	3.21	23.90	3.15	-0.40	-1.30
Int. Fracasso	15.77	4.86	14.70	5.01	15.26	4.96	1.94	16.32	5.24	13.91	5.02	14.80	5.23	3.86**	1.12
Int. TDecisão	16.36	3.14	17.16	2.42	16.74	2.84	-2.52*	17.09	2.49	17.97	2.73	17.64	2.67	-2.85**	-4.06**
Ext. Sucesso	16.69	4.04	15.71	4.54	16.22	4.31	2.05*	16.42	4.55	14.26	4.31	15.06	4.52	4.12**	3.26**
Ext. Fracasso	11.95	4.16	11.26	3.91	11.62	4.05	1.52	11.67	3.55	10.32	3.43	10.82	3.53	3.27**	2.60**
Ext.TDecisão	8.83	3.54	7.58	3.17	8.22	3.42	3.31**	9.22	3.08	7.87	3.22	8.37	3.23	3.52**	-0.54

Nota: * diferenças significativas a p<0.05 ; ** diferenças significativas a p<0.01

A análise efectuada (MANOVA) para testar o efeito da variável género nos resultados globais das atribuições ao nível do 9º ano indica que este foi considerado significativo, $F(6, 313) = 3,35$; p<0.01. No 12º ano, verificou-se, de igual forma, um efeito significativo da variável género nos resultados, $F(6, 293) = 6.06$; p<0.01.

A análise discriminada dos resultados (Quadro 4) revela, de facto, algumas diferenças importantes entre os vários grupos. As raparigas do 9º ano registaram resultados significativamente mais elevados na subescala de tomada de decisão de tipo interno $t(318) = -2.52$; p<0.05. Os rapazes, em contrapartida, registaram resultados mais elevados nas generalidade das escalas de atribuições externas, sendo as diferenças consideradas estatisticamente significativas nas subescalas de atribuições externas relacionadas com o sucesso $t(318)=2.05$; $p<0.05$, e com a tomada de decisão $t(318)=3.31$; $p<0.01$.

No 12º ano as diferenças de resultados entre rapazes e raparigas acentuaram-se. As raparigas registaram respostas médias mais elevadas em duas das subescalas de causalidade interna, sendo o resultado na subescala de tomada de decisão de tipo interno considerado significativamente superior $t\ (298)=-2,85$; $p<0.01$. Por seu turno, os rapazes do 12º ano registaram resultados significativamente mais elevados em todas as subescalas de causalidade externa e ainda na subescala de causalidade interna associada ao fracasso.

A análise multivariada (MANOVA) aplicada aos resultados totais dos participantes do 9º ano e do 12º ano mostra um efeito geral do nível de escolaridade significativo, $F\ (6, 613) = 7.71$; $p<0.01$. A análise discriminada dos resultados obtidos no 9º e no 12º ano evidencia uma evolução importante nas respostas dadas. Os participantes do 12º ano registaram resultados médios mais elevados nas subescalas atribucionais de tipo interno, sendo as diferenças consideradas significativas na subescala de tomada de decisão de tipo interno $t(618)=-4.06$; $p<0.01$, e resultados médios mais baixos na generalidade das subescalas de atribuições externas.

CONCLUSÕES

A investigação tem demonstrado a importância das crenças atribucionais como elementos reguladores e motivadores do comportamento humano em diversos contextos sociais e de realização. No campo da psicologia vocacional a investigação sobre esta temática tem sido ainda escassa. Neste sentido, a concepção de novos instrumentos de avaliação torna-se um meio essencial para o aprofundamento do conhecimento sobre a influência destas dimensões psicológicas na dinâmica do desenvolvimento vocacional.

A Escala de Atribuições de Carreira foi organizada com o objectivo de avaliar as crenças atribucionais em relação à carreira de estudantes do ensino básico e secundário. A análise das características metrológicas da escala mostra coeficientes de precisão satisfatórios ao nível das duas escalas principais. A análise em componentes principais ao nível dos itens, ao identificar três componentes principais, uma relacionada com a causalidade externa, outra com a causalidade interna associada ao fracasso, e uma outra com a causalidade interna associada ao sucesso, coloca em evidência os dois pólos de causalidade (interno-externo). No entanto, mostra também, que cada um destes pólos de causalidade tem estruturas diferenciadas. Os itens de causalidade externa apresentam uma estrutura aproximadamente unifactorial. Em contraste, os itens de causalidade interna definem uma estrutura bifactorial, apresentando, em factores distintos, as atribuições associadas ao sucesso e as atribuições associadas ao fracasso.

A distinção estrutural entre as atribuições relacionadas com o sucesso e as atribuições relacionadas com o fracasso tem sido observada, de igual modo, noutros estudos (e.g., Peterson e colaboradores, 1982). Esta independência estrutural aponta para a necessidade de se tomar em consideração na avaliação atribucional, para além dos resultados globais de causalidade interna e de causalidade externa, os resultados das subescalas parciais, diferenciando, sobretudo nas atribuições de causalidade interna, as atribuições relacionadas com o sucesso das atribuições relacionadas com o fracasso.

Apesar da análise das características metrológicas da Escala de Atribuições para a Carreira evidenciarem índices, em geral satisfatórios, verificam-se, de igual modo, algumas fragilidades, nomeadamente ao nível dos índices de precisão de algumas subescalas, indicando a necessidade de aperfeiçoar e reajustar esta escala em futuras investigações.

A comparação das respostas dadas pelos diversos grupos de participantes mostra diferenças importantes entre os vários grupos. Com efeito, os participantes masculinos demonstraram uma tendência mais acentuada para atribuírem o sucesso e o fracasso nas suas tarefas vocacionais a causas de tipo externo. O ano de escolaridade foi considerado como exercendo, de igual forma, um efeito significativo nos resultados, verificando-se uma tendência para os estudantes do 12º ano apresentarem mais crenças atribucionais de tipo interno e menos atribuições de tipo externo nas questões relacionadas com a carreira.

Em síntese, a forma como se percepciona o sucesso e o fracasso em tarefas vocacionais pode ser determinante para o confronto com as tarefas futuras. Os resultados, ao evidenciarem diferenças entre géneros e uma evolução desenvolvimental importante no decurso da adolescência, apontam para a necessidade de aprofundar a investigação nesta área e analisar o impacto real destas diferenças no confronto com as tarefas normativas. Salientam, de igual modo, a necessidade de incluir nos programas de aconselhamento de carreira actividades específicas relacionadas com a avaliação e a promoção de crenças atribucionais em relação à carreira adaptadas, de modo a facilitar um desenvolvimento vocacional integrado e satisfatório.

REFERÊNCIAS

Abramson, L. Y., Seligman, M. E., & Teasdale, J. D. (1978). Learned helplessness in humans: Critique and reformulation. *Journal of Abnormal Psychology, 87*, 49-74.

Gillham, J. E., Shatté, A. J., Reivich, K. J., & Seligman, M. E. (2001). Optimism, pessimism and explanatory style. In E. C. Chang (Ed.) *Optimism and pessimism: Implications for theory, research and practice* (pp. 53-75). Washington DC: American Psychological Association.

Janeiro, I. N. (2006). *A Perspectiva temporal, as crenças atribucionais, a autoestima e as atitudes de planeamento e de exploração da carreira: Estudo sobre os determinantes da carreira em estudantes dos 9 e 12º anos.* Dissertação de Doutoramento apresentada na Faculdade de Psicologia e Ciências da Educação da Universidade de Lisboa.

Luzzo, D. A., & Jenkins-Smith, A. (1998). Development and initial validation of the assessment of attributions for career decision-making. *Journal of Vocational Behavior, 52,* 224-245.

Peterson, C., & Seligman, M. P. (1984). Causal explanations as a risk factor for depression: Theory and evidence. *Psychological Review, 91,* 347-374.

Peterson, C., Semmel, A., Von Baeyer, C., Abramson, L.Y., Metalsky, G.I., & Seligman, M. (1982). The attributional style questionnaire. *Cognitive Therapy and Research, 6,* 287-300.

Super, D. E. (1957). *The psychology of careers. An introduction to vocational development.* New York: Harper & Brothers.

Super, D. E. (1990). A life-span, life-space approach to career development. In D. Brown, L. Brooks & Associates (Eds.), *Career choice and development* (2nd ed., pp. 197-261). San Francisco: Jossey-Bass.

Velicer, W. F., Eaton, C. A., & Fava, J. L. (2000). Construct explication through factor or component analysis: a review and evaluation of alternative procedures for determining the number of factors or components. In R. D. Goffin & E. Helmes. (Eds.). *Problems and Solutions in Human Assessment: Honouring Douglas N. Jackson at Seventy.* Massachusetts: Kluwer Academic.

Weiner, B. (1986). *An attributional theory of motivation and emotion.* New York: Springer-Verlag.

Análise correlacional entre interesses e auto-eficácia para atividades ocupacionais

Maiana Farias Oliveira Nunes
Ana Paula Porto Noronha
Universidade São Francisco, Itatiba, São Paulo - Brasil
maiananunes@mac.com

Resumo:

A investigação da auto-eficácia para actividades ocupacionais e dos interesses é importante na orientação profissional, especialmente com público adolescente, frequentes usuários deste tipo de serviço no Brasil. Esse estudo objectivou analisar as associações entre interesses e auto-eficácia para actividades ocupacionais em uma amostra de jovens brasileiros. Participaram do estudo 289 alunos das três séries do Ensino Médio de escolas públicas e particulares de duas cidades do Estado de São Paulo, com média de idade de 15,9 anos. Foram utilizados o Self Directed Search-SDS, adaptado para o Brasil, para a avaliação dos interesses e a Escala de Auto-eficácia para Actividades Ocupacionais-EAAOc, desenvolvida no Brasil; ambas com estudos de validade e precisão. Os alunos responderam às escalas colectivamente, em sala de aula. Os tipos do SDS com maiores escores foram Empreendedor e Social e a auto-eficácia mais elevada apresentou-se nas categorias Realista e Investigativa (baseadas na interpretação do RIASEC). Foram realizadas análises correlacionais, nas quais se observaram correlações significativas para todos os tipos de interesses associados aos respectivos tipos de auto-eficácia, com excepção do tipo Empreendedor. As autoras discutem, à luz dos resultados, características específicas dessa amostra brasileira, bem como fazem comparações com estudos semelhantes realizados em outros países.

Abstract:

Self-efficacy related to occupational activities and interests are important in professional guidance, especially considering adolescents that are frequent users of this kind of service in Brazil. The present investigation focused on analyzing associations between interests and self-efficacy related to occupational activities in a Brazilian sample composed of young people. 289 students from public and private High Schools, from two cities of São Paulo, mean age of 15,9 years old, took part in this study. The Self Directed Search-SDS, adapted to Brazil, and the Self-efficacy related to Occupational Activities Scale, created at Brazil, both with validity and reliability studies, were used. Students were collectively tested in their classrooms. SDS types with higher scores were Enterprising and Social. For self-efficacy, the highest scores were in Realistic and Investigative categories, also based on RIASEC interpretation. Correlation analyses were conducted and significant coefficients were found in all types of interest and its associated self-efficacy type, except for enterprising self-efficacy. Considering the results, the authors discuss specific aspects of this Brazilian sample and also make comparisons with similar studies in different countries.

ENQUADRAMENTO CONCEITUAL

A Teoria Sócio-Cognitiva do Desenvolvimento de Carreira (TSCDC) procura discutir alguns elementos considerados importantes aquando da escolha de uma carreira, entre eles, os interesses e a auto-eficácia. Os interesses são definidos como padrões de gosto, aversão, ou indiferença frente a certas actividades profissionais, enquanto a auto-eficácia envolve a crença na capacidade para organizar e executar certos cursos de acção. De acordo com essa abordagem (TSCDC), mais importante que possuir habilidades para desempenhar certa profissão, é acreditar que consegue realizar aquelas actividades, além da importância de possuir gosto pela actividade em questão (Lent, Brown & Hackett, 1994; Lent, Hackett & Brown, 2004).

Em Orientação Profissional, tal como afirmado anteriormente, além da avaliação de outros construtos psicológicos referentes ao complexo processo de tomada de decisões, a análise dos interesses e da auto-eficácia mostra-se pertinente. Apesar de não se constituírem como os únicos elementos que influenciam as escolhas de carreira, podem auxiliar o orientando a ampliar o seu auto-conhecimento e agregar informações, na tentativa de buscar soluções que integrem os variados aspectos envolvidos nesses processos, como o histórico escolar, o contexto socioeconómico, e outros (Leitão & Miguel, 2004; Leitão & Miguel, 2001; Almeida & Simões, 2004).

Uma das formas mais utilizadas para analisar os interesses é de acordo com o referencial de Holland (1963), que propõe que os interesses podem ser medidos com base em seis tipos, que representam a expressão da personalidade em termos vocacionais. Esses tipos são o Realista, Investigativo, Artístico, Social, Empreendedor, e Convencional, conhecidos pela sigla RIASEC. Um dos instrumentos mais usados para a avaliação do RIASEC é o Self-Directed Search (SDS; Holland, Fritzsche & Powell, 1994), sendo que no Brasil o mesmo foi traduzido e adaptado por Primi e cols (2000), tendo sido estudado no que tange à sua validade e precisão (Mansão 2005; Mansão & Yoshida, 2006). Os estudos de validade realizados no Brasil indicaram uma manutenção da estrutura proposta pelos autores do SDS, além de evidências favoráveis de consistência interna e estabilidade temporal.

O outro elemento estudado na presente pesquisa foi a auto-eficácia relacionada a actividades ocupacionais, que envolve a avaliação de tarefas ocupacionais específicas nas quais os sujeitos acreditam conseguir organizar e executar certos cursos de acção, buscando certos resultados. Esse construto já foi estudado por autores em outros países (e.g., Osipow & Temple, 1996; Kelly & Nelson, 1999; Koumoundourou, 2004; Osipow, Temple & Rooney, 1993), porém no Brasil havia demanda para o desenvolvimento de pesquisas na área.

Considerando a importância dos construtos recém-mencionados para intervenções em Orientação Profissional, os objectivos desse trabalho foram analisar a associação entre os interesses profissionais e a auto-eficácia para actividades ocupacionais, assim como verificar os tipos do SDS que apresentaram escore mais elevado em amostra do Estado de São Paulo.

MÉTODO

Participantes

Participaram da pesquisa 289 jovens, com idades variando entre 14 e 19 anos, com média de 15,9 e o desvio-padrão de 0,9 anos. Os participantes do sexo masculino corresponderam a 46%, e os demais eram do sexo feminino. A amostra foi composta por estudantes das três séries do Ensino Médio, sendo 114 da primeira série, 100 da segunda, e 75 da terceira série, de escolas públicas (N=220) e particulares (N=69) do interior de São Paulo.

Material

Foram utilizados o SDS – Self-Directed Search (Holland, Fritzsche & Powell, 1994), forma CE, traduzida e adaptada para o Brasil por Primi e cols. (2000), e a Escala de Auto-eficácia para actividades ocupacionais EAAOc, construída e validada no Brasil (Nunes, 2007; Nunes & Noronha, no prelo).

O SDS é um instrumento objectivo para a avaliação dos interesses, organizado em quatro secções que avaliam o construto em termos de actividades, competências, carreiras, e habilidades, totalizando 216 itens. O estudo de validação no Brasil foi realizado com 1162 estudantes do Ensino Médio, tendo sido observada a relativa manutenção das características psicométricas originais, além do instrumento mostrar-se adequado para a utilização com adolescentes (Mansão, 2005; Mansão & Yoshida, 2006).

Já o EAAOc foi construído com base nos pressupostos de Bandura (1997) e de Lent, Brown, e Hackett (1994). A escala possui duas secções, para a avaliação da auto-eficácia para tarefas ocupacionais, e para a avaliação das fontes de auto-eficácia associadas às mesmas. Na primeira secção os sujeitos fornecem, por meio de respostas não dirigidas, três actividades ocupacionais nas quais possui uma boa percepção de auto-eficácia. Posteriormente, cada resposta é categorizada em termos de uma das tipologias do RIASEC. Na segunda secção os participantes respondem a itens sobre as fontes de auto-eficácia para cada uma das três actividades separadamente. Trata-se de itens objectivos, que são respondidos em escala *likert* de 1 a 5 em termos da influência das diferentes fontes. Essa escala encontra-se em desenvolvimento, porém já existem estudos que indicaram evidências favoráveis de validade de conteúdo e factorial, além de índices adequados de precisão dos factores (Nunes, 2007).

Procedimento de colecta de dados
Essa pesquisa atendeu os requisitos éticos necessários à condução de pesquisas com seres humanos. Os alunos menores de idade foram autorizados por pais ou responsáveis para participação na pesquisa, e aqueles que eram maiores de 18 anos também consentiram com a participação, em ambos os casos com a assinatura do Termo de Consentimento Livre e Esclarecido. A colecta de dados foi realizada colectivamente, em sala de aula, sendo iniciada com a aplicação do EAAOc e depois, com o SDS. Todas as aplicações foram conduzidas por um psicólogo e um estudante de Psicologia.

RESULTADOS E DISCUSSÃO

Considerando o escore total no SDS, as médias podem ser descritas, em ordem decrescente, como ESIACR para a amostra completa, como EIRASC para os homens, e SIEACR para as mulheres. Esses resultados são detalhados na Tabela 1, considerando a amostra completa e dividida por sexo.

Tabela 1 · Média e desvio-padrão no SDS

Tipos	Amostra completa Média	Amostra completa Desvio-Padrão	Homens Média	Homens Desvio-Padrão	Mulheres Média	Mulheres Desvio-Padrão
Realista	16,25	9,59	21,35	9,53	11,93	7,25
Investigativo	23,97	10,33	23,27	10,17	24,56	10,46
Artístico	21,34	11,93	20,47	12,23	22,08	11,66
Social	24,51	10,67	19,83	10,1	28,46	9,49
Empreendedor	25,13	9,84	26,24	9,9	24,19	9,72
Convencional	17,36	10,19	16,11	9,02	18,42	11,0

Uma comparação interessante pode ser feita com o estudo de Reardon, Bullock e Meyer (2005) sobre o mercado de trabalho e a distribuição dos trabalhadores nos Estados Unidos, quando as ocupações são classificadas segundo o RIASEC. Encontrou-se que os trabalhadores estavam alocados em empregos que se configuravam, em ordem decrescente, como RECSIA. Quanto às médias salariais, em ordem crescente, os empregos configuravam-se como CRASEI. Assim, os interesses mais elevados empreendedores observados no presente estudo podem estar relacionados, por exemplo, à facilidade para conseguir se empregar ou por uma consideração dos aspectos económicos. No entanto, essa discussão precisa ser feita com cautela, uma vez que pesquisa semelhante à de Reardon e cols (2005) ainda não existe no Brasil.

As respostas dos participantes sobre a auto-eficácia para actividades ocupacionais foram inicialmente categorizadas de acordo com o RIASEC. Presentemente considerou-se apenas para a 1ª actividade indicada pelo participante, porém, vale destacar que nem todas as respostas foram consideradas para a análise, pois em alguns casos as respostas eram muito amplas (por exemplo, apenas com a indicação do nome de uma profissão), ou muito ambíguas (quando, por exemplo, indicou-se "usar o computador"). A frequência das respostas sobre auto-eficácia, com a amostra completa e separada por sexo, é exibida na Tabela 2.

Tabela 2 · Frequência da auto-eficácia para actividades ocupacionais categorizadas segundo o RIASEC

Tipos de auto-eficácia	Amostra completa	Homens	Mulheres
Realista	64	37	27
Investigativo	74	27	47
Artístico	36	17	19
Social	37	6	31
Empreendedor	8	3	5
Convencional	9	3	6

Considerando a amostra completa, observou-se um padrão decrescente IRSACE, no entanto, as diferenças entre a auto-eficácia Artística e Social (F= 36 e 37), assim como, entre o Empreendedor e Convencional (F= 8 e 9) são muito pequenas e devem ser analisadas com cautela. Ao comparar o padrão de interesses para a amostra completa (ESIACR) e de auto-eficácia, pode-se observar maior coerência entre os interesses e auto-eficácia nos tipos Artístico e Convencional. Levanta-se como hipótese para as diferenças entre interesses e auto-eficácia o facto de que outros elementos actuam na formação das crenças e na escolha de uma profissão, tais como as expectativas de resultado.

Outra análise que se buscou realizar nesse estudo foi a correlação bisserial entre os interesses medidos pelo SDS e a auto-eficácia para actividades ocupacionais, avaliadas pela EAAOc. Esse resultado é exposto na Tabela 3.

Tabela 3 · Correlações entre interesses e auto-eficácia (*= p < 0,05; ** p< 0,01)

Escores	R-EAAOC	I-EAAOC	A-EAAOC	S-EAAOC	E-EAAOC	C-EAAOC
R-SDS	0,272**	-0,129*	-0,028	-0,154**	-0,023	-0,055
I-SDS	-0,03	0,146*	-0,064	-0,047	0,059	0,029
A-SDS	-0,214**	0,082	0,271**	0,01	0,061	-0,055
S-SDS	-0,098	0,011	0,023	0,241**	-0,004	0,107
E-SDS	0,041	-0,107	-0,062	0,01	0,047	0,066
C-SDS	-0,147*	0,036	-0,153**	0,09	0,004	0,156**

Ao comparar os interesses com os respectivos tipos de auto-eficácia (coeficientes na diagonal), verifica-se coerência por meio das correlações significativas, com excepção do tipo Empreendedor. Vale destacar que as correlações significativas encontradas são de magnitude um pouco menores que dos estudos de Nauta (2004) ou o de Jackson, Potere e Brobst (2006), porém, essas diferenças podem dever-se tanto às características específicas da amostra como a nuances dos instrumentos utilizados. Adicionalmente, outras correlações significativas foram encontradas, como a associação negativa entre os interesses realistas e a auto-eficácia social. Os dados, em conjunto, denotam consistência, entretanto não devem ser utilizados para tecer generalizações sobre a configuração dos interesses e da auto-eficácia na população brasileira, uma vez que a amostra não é representativa do contexto nacional.

CONSIDERAÇÕES FINAIS

Essa apresentação objectivou analisar a associação entre os interesses profissionais e a auto-eficácia para actividades ocupacionais. Estudos dessa natureza ainda se fazem necessários, especialmente no Brasil, onde há escassez de instrumentos psicológicos com qualidades psicométricas apropriadas para o referido contexto profissional. Assim, acredita-se que pesquisas que busquem, em alguma medida, reflectir sobre instrumentos e construtos tendem a favorecer a melhora da actuação do psicólogo.

A associação entre interesses e auto-eficácia tem sido explorada em muitas pesquisas, conforme indicado por Rottinghaus, Larson e Borgen

(2003), que fizeram uma meta-análise com 60 amostras distintas, totalizando 39,154 pessoas. Esses autores indicaram uma relação moderada entre os construtos nas diferentes amostras, além de sugerir que características como idade, género, instrumento utilizado, e outros, poderiam gerar diferenças nas magnitudes das correlações observadas. Nesse contexto, os dados encontrados na presente pesquisa devem ser considerados como uma etapa inicial na investigação desses construtos no Brasil, sendo necessário o avanço e ampliação das investigações, tanto no sentido de contemplar outros Estados brasileiros, como populações com características socioeconómicas mais variadas.

REFERÊNCIAS

Almeida, L. S., & Simões, M. R. (2004). Os testes de inteligência na orientação vocacional. Em L. M. Leitão (Ed.), *Avaliação psicológica em orientação escolar e profissional*. (pp. 79-100).
Bandura, A. (1997). *Self-efficacy: The exercise of control*. New York: W. H. Freeman and Company.
Holland, J. L. (1963). Explorations of a theory of vocational choice and achievement: A four-year prediction study. *Psychological Reports, 12*, 547-594.
Holland, J. L., Fritzsche, B. A., & Powell, A. B. (1994). *SDS- Self- Directed Search*. Los Angeles, California: PAR- Psychological Assessment Resources.
Jackson, M. A., Potere, J. C., & Brobst, K. A. (2006). Are success learning experiences and self-efficacy beliefs associated with occupational interests and aspirations of at-risk urban youth? *Journal of Career Assessment, 14* (3), 333-353.
Kelly, K. R., & Nelson, R. C. (1999). Task specific Occupational self-efficacy scale: a predictive validity study. *Journal of Career Assessment, 7* (4), 381-392.
Koumoundourou, G. A. (2004). The reliability and validity of the Greek version of the Task-Specific Occupational Self-Efficacy Scale. *British Journal of Guidance and Counseling, 32* (1), 75-92.
Leitão, L. M. & Miguel, J. P. (2001). Os interesses revisitados. *Psychologica, 26*, 79-104.
Leitão, L. M. & Miguel, J. P. (2004). Avaliação dos interesses. Em L. M. Leitão (Ed.), *Avaliação psicológica em orientação escolar e profissional*. (pp. 179-262). Coimbra: Quarteto.
Lent, R., Brown, S. D., & Hackett, G. (1994). Toward a Unifying Social Cognitive Theory of Career and Academic Interest, Choice and Performance. *Journal of Vocational Behavior, 45*, 79-122.

Lent, R., Hackett, G., & Brown, S. D. (2004). Una perspectiva Social Cognitiva de la transición entre la escuela y el trabajo. *Evaluar, 4*, 1-22.

Mansão, C. S. M. (2005). *Interesses profissionais: validação do Self-Directed Search Career Explorer- SDS*. Tese de Doutorado, Pontifícia Universidade Católica de Campinas, São Paulo.

Mansão, C. S. M., & Yoshida, E. M. P. (2006). SDS: Questionário de Busca Auto-dirigida- precisão e validade. *Revista Brasileira de Orientação Profissional, 7* (2), 67-80.

Nauta, M. M. (2004). Self-efficacy as a mediator of the relationships between personality factors and career interests. *Journal of Career Assessment, 12* (4), 381-394.

Nunes, M. F. O. (2007). *Escala de Fontes de Eficácia Percebida: aplicação com jovens em escolha profissional*. Dissertação de mestrado não publicada, Universidade São Francisco, Itatiba.

Nunes, M. F. O., & Noronha, A. P. P. (no prelo). *Escala de Auto-eficácia para Atividades Ocupacionais-EAAOc*. São Paulo: Casa do Psicólogo.

Osipow, S. H., & Temple, R. D. (1996). Development and Use of the Task-Specific Occupational Self-Efficacy Scale. *Journal of Career Assessment, 4* (4), 445-456.

Osipow, S. H., Temple, R. D., & Rooney, R. A. (1993). The short form of the Task-Specific Occupational Self-efficacy Scale. *Journal of Career Assessment, 1* (1), 13-20.

Primi, R., Biguetti, C. A., Pelegrini, M. C. K., Munhoz, A. M. H. & Nucci, E. P. D. (2000). Tradução e adaptação para o Brasil do *SDS- Self- Directed Search - SDS*. Comunicação pessoal.

Reardon, R. C., Bullock, E. E., & Meyer, K. E. (2005). *A Holland Perspective on the U.S. Workforce from 1960 to 2000- Technical Report No. 45*. Tallahassee, FL: Center for the Study of Technology in Counseling and Career Development- The Florida State University.

Rottinghaus, P. J., Larson, L. M., & Borgen, F. H. (2003). The relation of self-efficacy and interests: A meta-analysis of 60 samples. *Journal of Vocational Behavior, 62*, 221-236.

A relação entre as necessidades e as crenças de capacidade no desempenho dos papéis, num grupo de enfermeiras

Maria Odília Teixeira
Isabel Sofia Moreira
Faculdade de Psicologia, Universidade de Lisboa - Portugal
odilia@fp.ul.pt

Resumo:

Numa perspectiva sócio-cognitiva, este estudo explora a relação entre as crenças de capacidade nos papéis de vida e as necessidades motivacionais, numa amostra de enfermeiras (N = 96). Os resultados do Inventário das Crenças de Eficácia nos Papéis de Vida, e do Inventário de Personalidade PRF (A), mostram as correlações (≥ |.30|) entre a crença de capacidade no Papel de Estudante e as necessidades de Resistência e Compreensão e entre a crença de capacidade no Papel de Trabalhador e a necessidade de Evitar Riscos. Os coeficientes são ainda significativos e negativos entre a crença de capacidade no Papel de Trabalhador e as necessidades Agressão, Autonomia, e Impulsividade. As conclusões sublinham a possibilidade das crenças e das necessidades formarem diferentes temas motivacionais, nos diversos contextos da vida.

Abstract:

Following a socio-cognitive framework, this study explores the relationship between beliefs of capacity in life roles and motivational needs, in a sample of nurses (n = 96). The data of the Personality Research Form A and of the Inventory of Self-Efficacy Beliefs in the Nurses Career Roles show correlations (≥ |.30 |) between beliefs of capacity in the Student's Role and the needs of Resistance and Understanding, and between beliefs of capacity in the Worker's Role and the need to avoid risk-taking. The coefficients are still negative between beliefs of capacity in the Worker's Role and the Aggression, Autonomy and Impulsiveness needs. The findings underline the possibility of both, beliefs and needs, as part of different motivational themes, in several contexts of life.

INTRODUÇÃO

No domínio vocacional, este estudo explora a relação entre as crenças de capacidade nos papéis de vida e as necessidades motivacionais, de acordo com os modelos sócio-cognitivos de bem-estar, propostos por Lent (2004). Estes têm uma natureza integrativa e preconizam que a satisfação de vida é influenciada pelas variáveis de personalidade, como as necessidades, pelos objectivos auto-propostos nos diversos papéis de vida, pelo sentimento de competência percebida nas tarefas realizadas, e pelos recursos e apoios do ambiente. No mesmo sentido, os modelos de aconselhamento e bem-estar, de autores como Gysbers, Heppner e Johnston (2003) e Witmer e Sweeney (1992), propõem o princípio holístico de que, nas pessoas saudáveis, existe uma interdependência das tarefas e das forças de vida, de que o trabalho e a formação fazem parte.

A perspectiva sócio-cognitiva de Lent, Hackett, e Brown (1994) focaliza o comportamento nos diferentes papéis de vida, como uma das forças mobilizadoras da acção, no desenvolvimento dos interesses, das escolhas, e do desempenho. Face ao próprio comportamento, a pessoa exercita uma avaliação individual de competência, envolta em sentimentos de bem-estar ou desconforto, em relação às quais se organizam as referências do autoconhecimento e, do mesmo modo, se formam as estratégias de lidar com a realidade. Nesta concepção, que Bandura (1977) designa de relação triádica entre a pessoa, o comportamento, e a situação, as crenças de eficácia percebida desenvolvem-se a partir das experiências, da aprendizagem vicariante, da persuasão verbal, e dos sentimentos e estados emocionais (Bandura, 1977, 2007).

Nas últimas décadas, a investigação tem demonstrado a influência das crenças de competência pessoal no sucesso académico, no desenvolvimento dos interesses, no esforço, na satisfação, e no nível das aspirações dos adolescentes (Teixeira, 2007). Relativamente às crenças de capacidade no desempenho dos papéis de vida, Moreira (2006) observou que nos jovens adultos, que iniciam uma vida profissional, e em cujas tarefas de vida Erickson (1968) e Levinson (1978) propõem em grande relevância os aspectos relacionados com o amor e a intimidade, existem cognições no sentido de atribuírem uma maior importância às suas capacidades no papel de família, comparativamente às dos adultos, com mais idade. Por sua vez, este último grupo, que se caracteriza pela grande experiência profissional, tende a percepcionar-se como mais competente no trabalho (Moreira, 2006).

Também num quadro cognitivo e motivacional, as necessidades surgem como dimensões psicológicas, com forte relação com os objectivos e a direccionalidade do comportamento. No estudo de Moreira (2006), referido anteriormente, o grupo dos participantes mais novos, e com pouca experiência profissional, tende a expressar maior intensidade nas necessidades de Impulsividade e de Divertimento, enquanto os participantes com mais idade e experiência profissional expressam com maior intensidade a necessidade de Evitar Riscos, e estas evidências vão no sentido da natureza desenvolvimentista e adaptativa das necessidades (Teixeira, 2001).

Numa perspectiva interaccionista, na concepção de Murray (1938) as necessidades são potencialidades ou disponibilidades do organismo em responder de certa maneira e sob certas condições, quando activadas por determinadas situações. Entre as inúmeras definições encontradas, a que melhor define, esta acepção de necessidade é dada também por Murray, que define a necessidade como um "construto hipotético, que simboliza a força cerebral, a energia que organiza a percepção, a inteligência, a vontade e a acção, tomando outras direcções, quando as situações são insatisfatórias" (1938, p.61). Na taxonomia de Murray (1938), as necessidades psicogénicas são dimensões gerais, cuja natureza é reguladora do comportamento e do tipo de objectivos que as pessoas se propõem alcançar.

No comportamento vocacional, o significado das necessidades pode ser vista como orientações motivacionais, dimensões adaptativas e amplas categorias, que organizam os temas de vida e de carreira, nos diferentes papéis, designadamente nas escolhas no âmbito do papel de estudante (Teixeira, 2004a). Considerada a importância dos objectivos e das expectativas de futuro face aos papéis, trabalhos anteriores com o PRF evidenciam ainda tendências que apoiam uma visão integrada de funcionamento psicológico entre as necessidades e os objectivos pessoais para os papéis específicos, nas associações entre as necessidades de Afiliação, de Evitar Riscos, de Apoio, de Ordem e de Reconhecimento Social e a importância atribuída ao papel família, e a tendência é inversa para a necessidade de Autonomia. Por outro lado, o estudo mostra também a relação positiva entre as necessidades de Afiliação, de Apoio, e de Compreensão, e a expectativa do desempenho do papel de trabalho (Teixeira, 2004b).

Numa investigação realizada com participantes da Escola Superior de Polícia, com experiência de trabalho na Polícia (n = 93) os resultados de Realização, de Afiliação, e de Apoio estão associados à expressão de satisfação profissional, sendo a relação negativa com as necessidades de Agressão e Impulsividade (Teixeira, 1997).

Considerando os conceitos de necessidades e de crenças no desempenho dos papéis sociais, a questão que se coloca, na presente investigação, é explorar a relação entre estes dois conceitos motivacionais, no sentido de aprofundar o seu significado num modelo mais amplo de adaptação e de desenvolvimento pessoal, tal como o proposto, nos últimos anos, por Lent (2004).

METODOLOGIA

Instrumentos

Inventário de Crenças de Auto-Eficácia nos Papéis da Carreira dos Enfermeiros: O Inventário de Crenças de Auto-Eficácia nos Papéis da Carreira dos Enfermeiros é constituído por cinco escalas, que avaliam o grau de confiança percebida (crenças/expectativas) no desempenho dos papéis de estudante, de trabalhador, de tempos livres, de casa e família, e de serviços à comunidade, que no instrumento são definidas conforme a taxonomia da investigação do Work Importance Study (Ferreira Marques & Miranda, 1995). Este instrumento foi construído por Moreira (2006), com base no Inventário de Crenças de Auto-Eficácia nos Papéis da Carreira, para estudantes de Vale (1997). No Inventário de Crenças de Auto-Eficácia nos Papéis da Carreira dos Enfermeiros, as escalas dos papéis de estudante e de trabalhador são formadas por itens cujos conteúdos são baseados nas competências apresentadas pelo Conselho de Enfermagem da Ordem dos Enfermeiros, para o Enfermeiro de Cuidados Gerais, nomeadamente, nos domínios de valorização profissional, de melhoria da qualidade e da formação contínua. Na amostra dos enfermeiros (N=100), as estimativas da consistência interna da medida foram obtidas pelos alfas de Cronbach, e situam-se entre .83 e .96, com mediana .88 (Moreira, 2006).

Inventário de Personalidade - PRF – Forma A: O Inventário de Personalidade-PRF - A (*Personality Research Form*) é constituído por 15 escalas, incluindo uma escala de validade dos resultados, designada de Infrequência ou de não concordância. As medidas do Inventário PRF baseiam-se na taxonomia das necessidades secundárias de Murray (1938), designadamente de Realização, de Afiliação, de Agressão, de Autonomia, de Dominância, de Resistência, de Exibição, de Evitar Riscos, de Impulsividade, de Apoio, de Ordem, de Divertimento, de Reconhecimento Social e de Compreensão. O PRF-A foi desenvolvido na década de 60 por Jackson (1989), e adaptado à população portuguesa por Teixeira (2000). Na adaptação portuguesa, numa amostra escolar do 12º ano (N= 1360), a precisão da medida, estimada pelo coeficiente alfa, situa-se entre .85 (Ordem) e .52 (Autonomia), com mediana .70 (Teixeira, 2000). Em adultos, os alfas situam-se entre .84 (Ordem) e .49 (Autonomia), com mediana em .70 (Teixeira, 1997). Num estudo teste-reteste, os coeficientes também evidenciam estabilidade dos resultados, situando-se a respectiva amplitude entre .93 e .60, com mediana .81 (Teixeira, 1996). Em diferentes amostras portuguesas, a estrutura factorial das escalas demonstra uma constância de 4 factores, que correspondem às orientações motivacionais: expressão vs. controlo do impulso, orientação intelectual e estética, orientação ascendência e orientação para outras pessoas (Teixeira, 2004c).

Procedimentos

A recolha dos dados efectuou-se no período entre Novembro de 2005 e Fevereiro de 2006, em quatro instituições hospitalares, três da região de Lisboa e Vale do Tejo e uma da região Centro.

As aplicações foram individuais e os materiais distribuídos no local de trabalho. No sentido de assegurar uniformidade, os materiais foram organizados em forma de caderno agrafado, em que figura em primeiro lugar um questionário de dados pessoais, seguido do Inventário de Crenças de Auto-Eficácia nos Papéis da Carreira dos Enfermeiros e, por último, do Inventário de Personalidade – PRF (Forma A). Para o conjunto dos materiais, e em cada um dos instrumentos, existem instruções de resposta, onde se sublinha a confidencialidade dos dados.

Amostra

Nos 154 questionários distribuídos foram devolvidos 100, e destes 91 pertencem às participantes do sexo feminino. Face a este desequilíbrio, o estudo foi apenas realizado com mulheres. As participantes (N=91) têm idades compreendidas entre os 22 e os 55 anos, cuja média e desvio padrão são respectivamente 31,04 e 7,91 anos.

RESULTADOS

O Quadro 1 apresenta a distribuição dos resultados do Inventário de Crenças de Auto-Eficácia nos Papéis da Carreira dos Enfermeiros e, no seu conjunto, os dados indicam variabilidade dos resultados. Na análise da hierarquia das médias, o valor médio mais elevado é observado na escala das crenças de auto-eficácia no papel de Casa e Família (41,68), seguido do papel de Trabalhador (41,02), e em terceiro lugar surge o papel de Serviços à Comunidade (40,46). Em penúltimo, e último lugar, surgem respectivamente as médias nos papéis de Tempos Livres (39,71) e de Estudante (38,05).

Quadro 1 · Distribuição dos resultados do Inventário de Crenças de Auto-Eficácia nos Papéis da Carreira dos Enfermeiros

Escalas	Média	Desvio Padrão	Amplitude Min	Amplitude Máx
Papel de Estudante	38,05	4,83	27	49
Papel de Trabalhador	41,02	4,63	29	50
Papel de Tempos Livres	39,71	7,68	13	60
Papel de Casa e Família	41,68	6,31	21	56
Papel de Serviço à Comunidade	40,46	14,97	10	60

O Quadro 2 apresenta a distribuição dos resultados do Inventário de Personalidade - PRF - Forma A. Na análise da hierarquia das médias, os três valores mais elevados registam-se nas escalas de Apoio (15,68), de Afiliação (14,66), e de Compreensão (14,04), sendo os três mais baixos observados nas escalas Agressão (5,03), Exibição (6,81), e Dominância (8,16).

Quadro 2 · Distribuição dos resultados do Inventário de Crenças de Auto-Eficácia nos Papéis da Carreira dos Enfermeiros

Escalas	Média	Desvio Padrão	Amplitude Min	Máx
Papel de Estudante	38,05	4,83	27	49
Papel de Trabalhador	41,02	4,63	29	50
Papel de Tempos Livres	39,71	7,68	13	60
Papel de Casa e Família	41,68	6,31	21	56
Papel de Serviço à Comunidade	40,46	14,97	10	60

Correlações dos resultados no Inventário de Crenças de Auto-Eficácia nos Papéis da Carreira dos Enfermeiros e no Inventário de Personalidade – Forma A

O Quadro 3 apresenta as correlações dos resultados dos dois inventários. A amplitude dos coeficientes situa-se entre .00 e |.38|, e a correlação mais elevada é negativa e observada entre os resultados da necessidade Impulsividade e as crenças de auto-eficácia no papel de Trabalhador. Nos dados, observam-se ainda correlações superiores a |.30| entre os resultados das crenças no papel de Estudante e os das necessidades de Resistência (.32) e de Compreensão (.30). Os resultados das crenças no papel de Trabalhador têm também correlações negativas superiores a |.30| com Agressão (.36), Autonomia (.33), Impulsividade (.38), e a correlação é positiva com Evitar Riscos (.30).

Os resultados das crenças no papel de Tempos Livres têm uma correlação de .30 com a necessidade de Compreensão e nos resultados das crenças no papel de Casa e Família observam-se coeficientes negativos com os da escala de Agressão (.34), e o coeficiente é positivo com a necessidade de Resistência (.30).

Quadro 3 · Correlações dos resultados no Inventário de Crenças de Auto-Eficácia nos Papéis da Carreira dos Enfermeiros e no Inventário de Personalidade – Forma A

Escalas	Papel de Estudante	Papel de Trabalhador	Papel de T. Livres	Papel de C. e Família	Papel de S. Comunidade
Realização	.24(*)	.13	.00	.11	-.02
Afiliação	.21(*)	.18	.22(*)	.12	.05
Agressão	-.26(*)	-.36(**)	-.13	-.34(**)	-.08
Autonomia	-.13	-.33(**)	.03	-.16	-.10
Dominância	.08	-.07	.10	.01	-.06
Resistência	.32(**)	.10	.14	.30(**)	.05
Exibição	.02	-.20	-.03	-.15	-.06
Evitar Riscos	.12	.30(**)	-.09	.21(*)	.08
Impulsividade	-.16	-.38(**)	.11	-.23(*)	-.01
Apoio	.28(**)	.18	.13	.16	.07
Ordem	.09	.19	-.03	.21(*)	.06
Divertimento	.23(*)	.07	.26(*)	.08	.15
R. Social	.08	.09	.08	.00	-.00
Compreensão	.30(**)	.14	.30(**)	.21(*)	.20

Nota: **(p< 0,01); *(p< 0,05)

Análise Factorial

A análise factorial dos resultados em componentes principais (Quadro 4) foi efectuada a nível exploratório, apesar das limitações impostas pela dimensão da amostra. De acordo com o critério de Kaiser, foram extraídos seis factores, que explicam cerca de 66% da variabilidade dos resultados.

A matriz factorial foi rodada por varimax (Quadro 5). O factor I é definido pelas saturações positivas dos resultados das escalas de Realização (.77), de Dominância (.59), de Resistência (.80), de Compreensão (.65), e as crenças no papel de Estudante têm uma saturação de .42 neste factor.

O factor II é definido pelas saturações positivas dos resultados das escalas de Evitar Riscos (.82) e do Papel de Trabalhador (.65), sendo negativas as saturações das escalas de Autonomia (.70) e de Impulsividade (.56). Neste factor, o papel de Estudante tem ainda uma saturação positiva de .41.

Quadro 4 · Análise em componentes principais

	Factores					
	1	2	3	4	5	6
Realização	,28	,53	-,42	-,05	-,14	-,31
Afiliação	,26	,35	,43	,44	-,47	,10
Agressão	-,54	,30	-,15	,24	,47	-,11
Autonomia	-,44	,40	-,04	-,46	-,09	,11
Dominância	,08	,55	-,53	,13	,18	,11
Resistência	,45	,41	-,54	-,23	-,06	,11
Exibição	-,23	,65	-,18	,40	,19	-,05
Evitar Riscos	,42	-,57	-,14	,25	,35	-,26
Impulsividade	-,54	,44	,40	-,05	-,03	,00
Apoio	,47	,29	-,11	,37	-,32	,13
Ordem	,48	-,32	-,28	,15	-,15	,53
Divertimento	-,02	,61	,48	,31	,01	-,06
R. Social	,21	-,05	-,07	,59	,32	,21
Compreensão	,38	,46	-,20	-,37	,05	-,02
P. Estudante	,68	,28	,19	-,06	,08	-,31
P. Trabalhador	,71	-,09	,20	,03	-,00	-,42
P. Tempos Livres	,43	,36	,45	-,23	,29	,25
P. Casa e Família	,68	,07	,20	-,25	,14	,07
P. S. Comunidade	,32	,11	,33	-,19	,44	,31
Eigenvalues	3,71	3,08	1,97	1,65	1,21	1,01
% variância	19,51	16,19	10,36	8,67	6,34	5,31
	Total 66,37%					

O factor III é definido pelos resultados das crenças nos papéis de Tempos Livres (.82), de Casa e Família (.60) e de Serviços à Comunidade (.73). O papel de Estudante tem uma saturação de .42 neste factor. O factor IV é definido pelos resultados das escalas de Afiliação (.89), de Apoio (.58), e de Divertimento (.62).

O factor V é definido pelos resultados das escalas de Agressão (.73), de Exibição (.71), e de Reconhecimento Social (.47). A necessidade de Dominância tem também uma correlação de .52 no factor V. O factor VI é definido pelos resultados da escala Ordem (.81).

Quadro 5 · Matriz rodada, por varimax

ESCALAS	Factores					
	1	2	3	4	5	6
Realização	,77	,05	-,13	,15	,08	-,14
Afiliação	-,03	-,02	,07	,89	-,06	,04
Agressão	-,07	-,15	-,12	-,18	,73	-,29
Autonomia	,17	-,70	,01	-,15	,02	-,23
Dominância	,59	-,10	-,01	,01	,52	,16
Resistência	,80	-,04	,12	-,03	,00	,28
Exibição	,27	-,16	-,08	,27	,71	-,17
Evitar Riscos	-,12	,82	,00	-,25	-,02	,14
Impulsividade	-,21	-,56	,05	,21	,22	-,45
Apoio	,35	,16	-,01	,58	,03	,32
Ordem	,06	,21	,06	,05	-,16	,81
Divertimento	-,02	-,14	,26	,62	,31	-,35
R. Social	-,13	,38	,11	,17	,47	,34
Compreensão	,65	-,09	,31	-,02	-,07	-,04
P. Estudante	,42	,41	,42	,29	-,17	-,22
P. Trabalhador	,22	,65	,25	,22	-,35	-,17
P. Tempos Livres	,11	-,06	,82	,19	-,03	-,05
P. Casa e Família	,26	,26	,60	,08	-,29	,08
P. S. Comunidade	-,06	,02	,73	-,05	,05	,07

O Quadro 6 apresenta a síntese da solução factorial rodada e salientam-se os conteúdos dos factores I e II, que reúnem necessidades e crenças de papel. O factor I associa as necessidades de Realização, de Dominância, de Resistência, de Compreensão e o papel de Estudante, enquanto o factor II associa o papel de Trabalhador à necessidade de Evitar Riscos, e de forma negativa às necessidades Autonomia e Impulsividade.

Quadro 6 · Síntese dos dados factoriais, por ordem as saturações superiores a |.40|

Factor I	Factor II	Factor III
Resistência .80	Evitar Riscos .82	P. Tempos Livres .82
Realização .77	P. Trabalhador .65	P. S. Comunidade .73
Compreensão .65	(P. Estudante .41)	P. Casa e Família .60
Dominância .59	Autonomia .70	(P. Estudante .42)
(P. Estudante .42)	Impulsividade .56	

Factor IV	Factor V	Factor VI
Afiliação .89	Agressão .73	Ordem .81
Divertimento .62	Exibição .71	
Apoio .58	R. Social .47	
	Dominância .52	

Nota: ( ) - em mais do que um factor; sublinhado - correlações negativas

DISCUSSÃO E CONCLUSÕES

Salvaguardando a natureza exploratória da investigação, nos dados há indicadores que, por um lado, tendem a diferenciar num quadro cognitivo e motivacional os conceitos de necessidade e de crenças de auto-eficácia nos papéis de vida e, por outro lado, salientam, os aspectos integrativos das dimensões, num modelo mais geral de satisfação e bem-estar, conforme o proposto por Lent (2004). Nos factores I e II transparece a articulação das dimensões, no sentido do que foi obtido em estudos anteriores, quando se estudaram expectativas de papéis e necessidades. No presente estudo, o factor I associa as necessidades de Resistência, de Realização, de Compreensão às crenças de competência no papel de estudante. Em todos os estudos anteriores, nas diferentes amostras estas necessidades surgem num mesmo factor, que representa a dimensão motivacional intelectual, cuja natureza pode significar a curiosidade e a procura de satisfação em meios académicos. Também o factor II associa a necessidade de Evitar Riscos às crenças de competência nas actividades de enfermagem, e a relação é negativa entre estas crenças e as necessidades de Autonomia e de Impulsividade. Estes índices são congruentes com a irrefutabilidade da realidade da prática da enfermagem.

Estes dados têm implicações na prática do aconselhamento; as evidências apoiam uma visão holística de satisfação e bem-estar, e salientam os papéis sociais como espaços de vida organizativos das forças vitais e dos objectivos de vida.

REFERÊNCIAS

Bandura, A. (1977). Self-efficacy: Toward a unifying theory of behavioral change. *Psychological Review, 84,* 191-215.

Bandura, A. (2007). Self-efficacy in health functioning. In S. Ayers, et al. (Eds.). *Cambridge handbook of psychology, health & medicine* (2nd ed.). New York: Cambridge University Press.

Erikson, E. H. (1968). *Identity youth and crisis.* New York: W.W. Norton & Company.

Ferreira Marques, J. H., & Miranda, M. J. (1995). Developing the Work Importance Study. In D.E. Super & B. Šverko (Eds.), *Life Roles, Values, and Careers. International Findings of the Work Importance Study* (pp. 62-74). San Francisco: Jossey-Bass.

Gybers, N. C., Heppner, M. J., & Johnston, J. A. (2003). *Career Counseling. Process, Issues, and techniques* (2nd Ed·). USA: Allyn and Bacon.

Jackson, D. N. (1989). Personality Research Form Manual (3rd ed.). Port Huran, Michigan: Sigma Assessment Systems.

Lent, R. W. (2004). Toward a unifying theoretical and practical perspective on well-being and psychosocial adjustment. *Journal of counseling psychology. 51,* 482-509.

Lent, R. W., Brown, S. D., & Hackett, G. (1994). Toward a unifying social cognitive theory of career and academic interest, choice, and performance. *Journal of Vocational Behavior, 45,* 79-122.

Levinson, D. (1978) *The Seasons of a Man's Life,* New York: Knopf.

Moreira, I. (2006). As crenças de auto-eficácia nos papéis de vida, as necessidades motivacionais e a formação contínua dos enfermeiros. Dissertação de Mestrado não publicada apresentada à Faculdade de Psicologia e de Ciências da Educação da Universidade de Lisboa.

Murray, H. A. (1938). *Explorations in personality.* New York: Oxford University Press.

Teixeira, M. O. (1996). Adaptação do Inventário de Personalidade PRF-Forma A: ensaio experimental. In L. S. Almeida, S. Araújo, M. M. Gonçalves, C. Machado e M. Simões (Eds.), *Avaliação psicológica: Formas e contexto,* (Vol.4; pp. 327-340). Braga: APPORT.

Teixeira, M. O. (1997, Setembro). Jackson's Personality Research Form -A. A study on candidates to the portuguese police academy. [Abstract] Proceedings of the 4th European Conference on Psychological Assessment. Lisboa.

Teixeira, M. O. (2000). Personalidade e motivação no desenvolvimento vocacional. As necessidades, os valores, os interesses e as auto-percepções no conhecimento de si vocacional. Dissertação de doutoramento. Lisboa: FPCE (policopiado).

Teixeira, M. O. (2001, Setembro). The relation of age and gender to personality measures of Personality Research Form A. [Abstract] Proceedings of the 6th European Conference on Psychological Assessment. Aachen, Alemanha

Teixeira, M. O. (2004a). Motivos de vida e projectos de carreira. *Pychologica*, extra-série, 235-247.

Teixeira, M. O. (2004b, Maio). *As necessidades e as expectativas de papéis*. Comunicação poster nas Jornadas de Actualização Novos rumos de intervenção psicológica nas escolas – Desafios do séc. XXI. FPCE. Universidade de Coimbra: Coimbra

Teixeira, M. O. (2004c, Abril). Factorial Structure of the Portuguese Version of the Personality Research Form- A (PRF-A). VII EAPA Conference. Málaga, 2004.

Teixeira, M. O. (2007). As crenças de eficácia académica na formação dos interesses e das escolhas vocacionais. *Psychologica, 44,* 11-23.

Witmer, J. M., & Sweeney, T. J. (1992). A holistic model for wellness and prevention over the life span. *Journal of counseling & development, 7,* 140-148.

Avaliação de interesses profissionais de jovens do ensino médio: estudo correlacional entre EAP e SDS

Ana Paula Porto Noronha
Silvia Godoy de Sousa
Universidade São Francisco, Itatiba São Paulo - Brasil
ana.noronha@pq.cnpq.br

Resumo:

O estudo de instrumentos de avaliação psicológica no contexto de Orientação Profissional (OP) é de fundamental importância, pois visa atribuir, por meio de dados empíricos, maior confiabilidade, enriquecendo a compreensão e a interpretação dos resultados obtidos. A presente pesquisa objectivou explorar as correlações entre as dimensões da Escala de Aconselhamento Profissional (EAP) com três das quatro secções do Self-Directed Search Career Explorer (SDS), a saber, Competências, Carreiras, e Habilidades. A EAP é um instrumento que avalia as preferências por actividades profissionais e o SDS traça o perfil tipológico dos indivíduos frente a seus interesses. Participaram do estudo 132 estudantes, sendo 54,5% mulheres, com idade média de 15,9 anos que cursavam o Ensino Médio, de escolas particulares do interior paulista. Os resultados apresentaram correlações significativas entre as secções do SDS e as dimensões da EAP. Outras pesquisas devem ser desenvolvidas, seja com esses ou com outros instrumentos indicados para OP, a fim de se contribuir com estudos de instrumentos novos ou já existentes.

Abstract:

The study of psychological assessment instruments within vocational guidance contexts is of fundamental importance since it attributes, through the empiric results, a higher degree of trust, promoting a better understanding and interpretation of obtained results. This research explored the correlation of the dimensions of the Escala de Aconselhamento Profissional (EAP) against three out of four sections of the Self-Directed Search Carrier Explorer (SDS) - Competencies, Carriers and Abilities. The EAP is an instrument that evaluates the preferences for professional activities and the SDS shows individual's psychological profile of interests. In this study we had the participation of 132 students (54,5% were women), with and average age of 15,9 years, who attended private High Schools located in the interior of São Paulo state. Results demonstrated significative correlations between the sections of the SDS and the dimensions of the EAP. Other researches will be developed with these or with other instruments indicated to vocational guidance, in order to contribute to studies on new or existing instruments.

INTRODUÇÃO

A escolha de uma profissão, de acordo com Silva (1999), tende a relacionar-se com diversos factores, tais como, a internalização do meio social no qual o jovem se desenvolveu, e a imposição por parte da sociedade de que ele deve consolidar uma identidade profissional na adolescência, ainda que, em muitos casos, isso aconteça numa fase mais tardia do desenvolvimento. Sob essa perspectiva, a orientação profissional (OP) tem por finalidade acolher os indivíduos em suas inquietações no que se refere à carreira profissional, avaliando as características pessoais do sujeito e auxiliando-o a traduzir essas informações em boas escolhas profissionais. Teixeira e Lassance (2006) enfatizam que processos de OP têm sido considerados relevantes diante das dificuldades de decisão profissional, quando realizada de forma consistente, lançando mão de métodos e técnicas científicas. Para tanto, a utilização de testes psicológicos validados e precisos, construídos ou adaptados para populações em situações específicas, tais como a OP, se faz necessária na medida em que os resultados e a eficácia da intervenção podem assim ser avaliados com relação aos objectivos propostos.

Objectivos
Explorar as correlações entre as dimensões da Escala de Aconselhamento Profissional (EAP) com três das quatro secções do Self Directed Search Career Explorer (SDS), a saber, Competências, Carreiras e Habilidades.

Participantes
Participaram da pesquisa 132 estudantes (54,5% eram mulheres, idade média=15,9 anos, DP=1,0) de ensino médio, de três diferentes escolas particulares de uma cidade do interior de São Paulo, sendo 47% do primeiro ano, 36,4% do segundo, e 15,9% do terceiro. Um sujeito (0,8%) omitiu tal informação.

Instrumentos
Foram utilizados a Escala de Aconselhamento Profissional (EAP) e o Self-Directed Search Career Explorer (SDS). O EAP foi desenvolvido por Noronha, Sisto, e Santos (2007), cujo objectivo é a caracterização das preferências por actividades profissionais. A escala é composta de 61 itens, com formato *Likert* e as respostas devem variar de frequentemente (5) a nunca (1), de acordo com o interesse do avaliando em desenvolver cada actividade.

O SDS é um instrumento fundamentado na teoria dos seis tipos de personalidade de Holland (1963), cuja finalidade é de se apoiar na identificação de características da personalidade do indivíduo, levando-se em conta a delimitação do ambiente ocupacional congruente com a personalidade, em função dos interesses e capacidades. É estruturado em quatro secções: Actividades, Competências, Carreiras, e Habilidades. Cada dimensão é composta por itens, a saber, Realista (R), Investigativo (I), Artístico (A), Social (S), Empreendedor (E), e Convencional (C). As secções actividades, competências, e carreiras, são compostas por 66 itens cada, que devem ser respondidos com "sim" ou "não". A secção Habilidades é composta por 12 itens, avaliadas em uma escala *Likert* de sete pontos, de baixa a alta percepção de habilidade. A escala completa possui 216 itens.

Procedimento

Após aprovação do Comité de Ética da Universidade São Francisco, realizou-se um contacto com as escolas a fim de explicar os objectivos da pesquisa e estabelecer datas para aplicação. Os participantes responderam aos testes colectivamente em sala de aula, após a assinatura do Termo de Consentimento Livre e Esclarecido pelos responsáveis. Aplicou-se primeiro o EAP e em seguida, o SDS.

RESULTADOS E DISCUSSÕES

Considerando o objectivo desse estudo de estabelecer correlações entre os dois instrumentos, a Tabela 1 apresenta os coeficientes entre a secção Competências do SDS com as dimensões do EAP.

Duas correlações se destacaram, quais sejam, entre o tipo Investigativo e a dimensão Ciências Exactas, e do tipo Artístico com a dimensão Artes e Comunicação, ambas com coeficiente de correlação e nível de significância iguais. Vale ressaltar também as correlações entre o tipo Social e a dimensão Ciências Humanas e Sociais Aplicadas ($r=0{,}43$, $p<0{,}001$), e do tipo Convencional com a dimensão Actividades Burocráticas ($r=0{,}41$, $p<0{,}001$). Tais resultados encontram-se, de modo geral, em consonância com o estudo de Mansão (2005), ao correlacionar os tipos do SDS com o LIP, em que o tipo Investigativo (I) correlacionou-se com a área de Ciências Físicas, o tipo Artístico (A) com as áreas Artístico, Linguístico e Social, e o tipo Convencional (C) com as áreas Burocrática Administrativa, e Cálculo. As correlações significativas moderadas ($r>0{,}40$) foram mais numerosas entre a secção Carreiras e as dimensões do EAP.

Tabela 1 · Correlação entre a secção Competências do SDS com EAP

		R	I	A	S	E	C
Ciências Exactas	r	0,37	0,54	-0,02	-0,02	0,03	0,17
	p	0,00	0,00	0,82	0,84	0,69	0,05
Artes e Comunicação	r	0,13	0,03	0,54	0,21	0,16	0,06
	p	0,13	0,73	0,00	0,02	0,07	0,49
Ciências Biológicas e da Saúde	r	-0,04	0,35	0,03	0,24	-0,03	-0,07
	p	0,66	0,00	0,74	0,00	0,69	0,42
Ciências Agrárias e Ambientais	r	0,04	0,32	0,14	0,32	0,13	0,06
	p	0,66	0,00	0,10	0,00	0,15	0,49
Actividades Burocráticas	r	0,17	0,20	-0,01	0,01	0,29	0,41
	p	0,06	0,02	0,89	0,91	0,00	0,00
Ciências Humanas e Sociais	r	-0,02	0,24	0,32	0,43	0,21	0,28
	p	0,77	0,00	0,00	0,00	0,02	0,00
Entretenimento	r	0,00	-0,00	0,23	0,25	0,25	0,11
	p	0,98	0,97	0,00	0,00	0,00	0,23

O tipo Realista correlacionou-se com Ciências Exactas de forma moderada, embora seja diferente do que foi encontrado na secção Competências, na qual a correlação foi baixa. O tipo Investigativo apresentou o maior número de correlações significativas com Ciências Biológicas e da Saúde, Ciências Agrárias e Ambientais, e com Ciências Humanas e Sociais Aplicadas. O tipo Artístico apresentou a única correlação alta ($r=0,62$) com a dimensão Artes e Comunicação, além de moderada ($r=0,42$) com Ciências Humanas e Sociais Aplicadas. No que toca ao tipo Social, foram encontradas duas correlações moderadas com Ciências Humanas e Sociais Aplicadas, e Entretenimento. Por fim, os dois últimos tipos se correlacionaram com coeficientes acima de 0,40, a saber, Empreendedor (0,45) e Convencional (0,50), ambos com Actividades Burocráticas.

A secção Habilidades foi a que apresentou o menor número de correlações significativas com as dimensões do EAP. Dentre os coeficientes significativos, merecem destaque as que ocorreram entre o tipo Artístico e a dimensão Artes e Comunicação Social, com Ciências Humanas e Sociais Aplicadas, Empreendedor e Convencional com Actividades Burocráticas. À guisa da conclusão, outras pesquisas devem ser levadas a cabo futuramente, com esses e outros instrumentos indicados para OP, abrangendo construtos importantes para o processo de escolha.

Tabela 2 · Correlação entre a secção Carreiras do SDS com EAP

		R	I	A	S	E	C
Ciências Exactas	r	0,42	0,37	-0,02	-0,10	0,19	0,24
	p	0,00	0,00	0,85	0,23	0,03	0,01
Artes e Comunicação	r	0,01	0,19	0,62	0,30	0,11	-0,14
	p	0,89	0,03	0,00	0,00	0,22	0,10
Ciências Biológicas e da Saúde	r	0,05	0,53	0,01	0,22	-0,08	-0,11
	p	0,58	0,00	0,89	0,01	0,35	0,20
Ciências Agrárias e Ambientais	r	0,13	0,48	0,14	0,31	0,04	-0,10
	p	0,14	0,00	0,12	0,00	0,67	0,25
Actividades Burocráticas	r	0,16	0,01	-0,03	0,07	0,45	0,50
	p	0,06	0,92	0,74	0,43	0,00	0,00
Ciências Humanas e Sociais	r	-0,06	0,40	0,42	0,49	0,14	0,00
	p	0,46	0,00	0,00	0,00	0,10	0,97
Entretenimento	r	0,06	0,11	0,25	0,43	0,33	0,14
	p	0,52	0,20	0,00	0,00	0,00	0,10

REFERÊNCIAS

Holland, J. L. (1963). Explorations of a theory of vocational choice and achievement: II. A four-year prediction study. *Psychological Reports, 12*, 547-594.

Mansão, C. S. M. (2005). *Interesses profissionais: validação do Self-Directed Search Career Explorer- SDS*. Tese de Doutorado não publicada, Pontifícia Universidade Católica de Campinas, São Paulo.

Noronha, A. P., Sisto, F., & Santos, A. A. A. (2007). *Escala de Aconselhamento Profissional EAP - Manual Técnico* (Brasil). Itatiba-SP: Vetor Editora.

Silva, M. B. (1999). A Formação do Orientador Profissional. *Revista Brasileira de Orientação Profissional, 3* (1), 161-165.

Teixeira, M. A. P., & Lassance, M. C. P. (2006). Para refletir sobre a Avaliação Psicológica na Orientação Profissional. *Revista Brasileira de Orientação Profissional, 7* (2), 115-117.

Auto-regulação da aprendizagem, sucesso académico e orientação vocacional

Marta Alexandra dos Santos Neves de Castro
Centro de Formação Profissional do Porto, Instituto do Emprego e Formação Profissional (IEFP) - Portugal
marta_neves_castro@yahoo.com

Resumo:

Apresenta-se um estudo sobre a auto-regulação da aprendizagem, realizado junto de 1310 estudantes (50.6% do sexo feminino e 49.4% do sexo masculino) do 3.º Ciclo do Ensino Básico de Escolas Públicas e Privadas dos distritos de Braga e do Porto, aos quais se aplicou o "Inventário de Processos de Auto-regulação da Aprendizagem" - IPAA (Rosário, 2004). O estudo teve como suporte teórico a perspectiva sócio-cognitiva (Bandura, 1997; Schunk, 2001; Zimmerman, 2000). Com base na apresentação e discussão dos resultados obtidos procurar-se-á realçar a relação entre a auto-regulação da aprendizagem e o sucesso escolar, bem como, caracterizar a escola actual, enfatizando o facto de se assistir a uma diminuição dos perfis auto-regulatórios do 7.º para o 9.º ano nos nossos alunos e alunas. Como conclusão geral, salientar-se-á que a auto-regulação da aprendizagem, na medida em que afecta as realizações escolares, as quais influenciam as escolhas vocacionais dos alunos e alunas, deverá constituir um dos elementos a ser ponderado ao longo do processo de orientação, nomeadamente aquando da tomada de decisão dos alunos e alunas na transição do 3.º CEB para o Ensino Secundário.

Abstract:

A self-regulation investigation is presented, including 1310 students (50.6% female and 49.4% male), 7th to 9th grade students (Portuguese compulsory education) from Braga and Porto districts schools. The "Self-regulated learning processes questionnaire" – IPAA (Rosário, 2004) was used for assessment and sociocognitive theory (Bandura, 1997; Schunk, 2001; Zimmerman, 2000) was the research framework. Supported by the investigation's conclusions, we will present the association between self-regulation and academic achievement, and also the description of the actual state of the Portuguese educational system, emphasising the diminishing of self-regulatory profiles, amidst students between 7th and 9th grade. Concluding, self-regulated learning affects academic achievement which in turn influences student's vocational choices. Consequently, self-regulated learning should be a central construct in vocational guidance, especially when students end the Portuguese compulsory education and move to High-School.

INTRODUÇÃO

Desde os anos 80 do séc. XX temos assistido a um aumento do número de investigações centradas na auto-regulação da aprendizagem, na medida em que se considera a importância deste conceito no desenvolvimento dos alunos de todas as idades independentemente do domínio.

Segundo Zimmerman (1989), os indivíduos estão aptos para auto-regularem quando são capazes de participar nas suas actividades pessoais tendo em conta as suas metacognições, a sua motivação, e o seu comportamento.

Rosário (2004), Schunk (1994), Zimmerman (2000), entre outros, têm realçado a importância dos processos de auto-regulação quer para a aprendizagem, quer para a realização.

Como referem Carmo e Teixeira (2004), o desempenho ou realização escolar e as experiências de aprendizagem têm uma relação directa com as escolhas. No sistema educativo português, o final do 3.º Ciclo do Ensino Básico constitui uma etapa de transição para alunos e alunas onde tais aspectos são fortemente considerados tendo em conta a definição/escolha de um novo projecto escolar/profissional. Neste sentido, e atendendo ainda ao facto de que, especialmente no campo da educação vocacional existe, face à permanente mudança social, uma grande solicitação de capacidades de ou relativas à auto-regulação (Breuer & Eugster, 2006), considera-se que tal construto deverá ser contemplado de forma efectiva no processo de desenvolvimento vocacional, quer ao nível da sua avaliação quer da sua promoção desde a infância.

Modelo

Segundo a Perspectiva Sócio-Cognitiva defendida por Bandura (1977, 1999, 2001), o desenvolvimento humano, a adaptação, e a mudança deverão ser analisados a partir de uma perspectiva de agência pessoal.

Sob esta perspectiva, Bandura (1986) apresenta um modelo causal interdependente, denominado "causalidade triádica recíproca" o qual traduz a noção de que a acção do sujeito resulta de uma interacção triádica entre factores pessoais (acontecimentos cognitivos, afectivos, e biológicos), factores comportamentais (padrões de actividade), e factores ambientais (rede extensa de influências sociais que são encontradas na vida do dia-a-dia). Entre estes factores existe uma influência recíproca, sem padrões fixos de interacção, na medida em que tal interdependência pode variar de acordo com a situação ou o contexto (Bandura, 1986; Rosário, 2004). É a partir deste modelo que Bandura (1986) descreve o processo da auto-regulação da aprendizagem dos alunos e das alunas como uma série de interacções recíprocas de variáveis pessoais, de comportamento, e contextuais. Assim, e como refere Zimmerman (1989, p.330), a aprendizagem auto-regulada "(...) ocorre no grau em que o aluno ou a aluna possa utilizar processos pessoais (i.e., auto-) para estrategicamente regular o comportamento e o ambiente educativo circundante", verificando-se, como refere Rosário (2001) que os alunos auto-reguladores eficazes são mais capazes de escolher e trabalhar questões escolares, investir e persistir no estudo apesar dos obstáculos e dificuldades em competição.

No âmbito desta mesma perspectiva, no que respeita às questões de carreira, Lent, Brown, e Hackett (1994) procuram definir as relações complexas existentes entre pessoas e contextos de carreira, factores cognitivos e interpessoais, influências auto-determinadas e externas no comportamento vocacional.

Acresce ainda que o desenvolvimento vocacional ocorre ao longo da vida do indivíduo, sendo influenciado, nos seus processos, pelos factores acima nomeados, individuais, relacionais, e contextuais (Vondark, Lerner & Schulenberg, 1986).

Neste quadro conceptual, é objectivo deste estudo avaliar a influência da auto-regulação no desempenho escolar dos alunos e alunas, e caracterizar a sua evolução ao longo do 3.º Ciclo do Ensino Básico, procurando-se posteriormente reflectir sobre algumas das consequências dos resultados obtidos no desenvolvimento vocacional dos e das estudantes, e reflectir sobre o papel dos profissionais de orientação face à auto-regulação da aprendizagem.

MÉTODO

Amostra

A amostra deste estudo é constituída por um total de 1310 participantes. Todos os alunos e alunas frequentaram o 3.º Ciclo do Ensino Básico no ano lectivo 2005/2006 em Escolas Públicas ou Privadas dos distritos do Porto e de Braga.

Quadro 1 · Descrição das e dos participantes avaliados por sexo e escolaridade

Sexo	Ano de Escolaridade			Total
	7.º	8.º	9.º	
Masculino	207 (15,8%)	205 (15,6%)	235 (17,9%)	647 (49,4%)
Feminino	206 (15,7%)	230 (17,6%)	227 (17,3%)	663 (50,6%)
Total	413 (31,5%)	435 (33,2%)	462 (35,3%)	1310 (100,0%)

Atendendo às variáveis sexo e ano de escolaridade, salienta-se, relativamente à primeira que o número de participantes se distribuiu equilibradamente pelos sexos masculino e feminino, embora o número de elementos do sexo feminino seja ligeiramente superior ao do sexo masculino. Assim, num total de 1310 participantes 663 são do sexo feminino (50.6%), e 647 são do sexo masculino (49.4%).

No Quadro seguinte apresentam-se os e as participantes tendo em conta o ano de escolaridade e a idade.

Quadro 2 · Distribuição das e dos participantes avaliados por ano de escolaridade e idade

Ano de Escolaridade	\multicolumn{7}{c}{Idade dos e das Participantes}	Total
	11 anos	12 anos	13 anos	14 anos	15 anos	16 anos	17 anos	
7.º	2	279	94	28	9	0	0	412
8.º	0	2	311	100	16	5	0	434
9.º	0	0	1	280	127	39	15	462
Total	2	281	406	408	152	44	15	1308

Como se pode observar através da leitura do Quadro 2 as idades das e dos participantes deste estudo oscilam entre o mínimo de 11 anos (2 participantes) e o máximo de 17 anos (15 participantes). Analisando os dados apresentados no mesmo quadro, podemos concluir que nos 3 anos de escolaridade considerados, a maioria dos alunos e das alunas frequenta o ano escolar adequado para a sua idade.

Medidas e Instrumentos

A investigação realizada teve por base a utilização dos seguintes instrumentos: *Ficha de dados pessoais e sócio-demográficos dos alunos e alunas*; e *Inventário de Processos de Auto-regulação da Aprendizagem* (Rosário, 2004).

A partir da Ficha de dados pessoais e sócio-demográficos dos alunos e alunas foi possível, como o nome indica, proceder à recolha de dados relativos a aspectos sócio-demográficos dos alunos e alunas, nomeadamente a sua escolaridade, sexo, idade, número de reprovações, notas escolares obtidas no 1.º período na disciplina de Língua Portuguesa.

Tendo por base o IPAA (Rosário, 2004) avaliaram-se os processos auto-regulatórios dos alunos e das alunas nas suas diferentes dimensões. O inventário é composto por 12 itens que contemplam aspectos das 3 fases do processo de auto-regulação: fase prévia, controlo volitivo, e auto-reflexão, pretendendo avaliar os comportamentos dos alunos e das alunas relativamente a cada uma delas. As respostas aos itens são dadas sob um formato tipo *likert* de 5 pontos, indicando a frequência, desde nunca (1) a sempre (5).

Procedimentos de aplicação

A recolha da informação necessária ao desenvolvimento deste estudo decorreu em seis Escolas Públicas e Privadas do Ensino Básico e Secundário dos distritos do Porto e de Braga, no início do 2.º período do ano lectivo 2005/2006. Em cada estabelecimento de ensino foram seleccionadas aleatoriamente turmas dos três anos de escolaridade considerados neste estudo (7.º, 8.º, e 9.º). A aplicação dos questionários ocorreu em cada uma das turmas e a todos os alunos e alunas presentes, durante um tempo lectivo cedido pelo corpo docente.

A realização das análises estatísticas dos resultados teve por base o programa SPSS (versão 14.0 para *Windows*). A fim de se verificar as associações e relações existentes entre as variáveis em estudo recorreu-se às análises de correlação de Pearson, bem como, à análise de variância (ANOVA).

APRESENTAÇÃO, ANÁLISE E DISCUSSÃO DOS RESULTADOS

Da análise dos dados recolhidos no estudo que aqui apresentamos, podemos verificar que existe uma associação estatisticamente significativa entre o ano de escolaridade dos e das participantes, e os processos de auto-regulação da aprendizagem ($F_{(2, 1275)}=14,1$; $p<.001$).

Figura 1 · Associação entre o ano de escolaridade e os processos de auto-regulação da aprendizagem

Ano de escolaridade	N	Média	DP
7.º	406	43,2	7,9
8.º	418	41,9	7,8
9.º	454	40,4	7,8
Total	1278	41,8	7,9

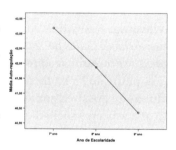

Pela análise da Figura 1 podemos verificar que relativamente ao comportamento auto-regulatório dos e das participantes, este decresce do 7.º (M=43,2; DP=7,9) para o 9.º ano de escolaridade (M=40,4; DP=7,8), sendo a diferença de médias de 3,2.

Em termos gerais, os investigadores da auto-regulação convergem na assunção que a auto-regulação da aprendizagem se torna progressivamente mais focalizada, refinada, eficiente, e estratégica ao longo do desenvolvimento do sujeito se não ocorrerem disfunções (Demetriou, 2000; Zimmerman, 1994; Zimmmerman & Martinez-Pons, 1990), embora não existam dados empíricos para além dos portugueses sobre o desenvolvimento dos processos auto-regulatórios ao longo da escolaridade. Neste pressuposto seria de esperar que os alunos e as alunas do 9.º ano de escolaridade apresentassem um comportamento auto-regulatório mais eficiente do que os seus colegas do 7.º e 8.º anos de escolaridade. No entanto, os resultados obtidos reflectem um perfil oposto ao proposto pela literatura estrangeira sobre auto-regulação da aprendizagem, assistindo-se a uma diminuição do comportamento auto-regulatório do 7.º para o 9.º ano de escolaridade.

Neste sentido, constatamos no estudo aqui apresentado que os comportamentos auto-regulados diminuem à medida que aumenta o nível escolar, corroborando resultados de outros estudos realizados em Portugal no 2.º e 3.º Ciclos do Ensino Básico (Cunha, 2002; Rosário, Soares, Núñez, González-Pienda, & Rúbio, 2004; Silva, 2004).

Nestes estudos são apresentadas algumas explicações para estes dados "em espelho", umas inerentes a limitações pessoais dos sujeitos - que vão desde as de origem cognitiva, e afectiva, até à motivacional (Zimmerman, 2000) - e outras subjacentes ao sistema de ensino. Assim, poder-se-á nomear o decréscimo da motivação face à aprendizagem, a qual poderá estar relacionada, em parte, com o facto de o meio escolar se tornar progressivamente mais impessoal, formal, avaliativo e competitivo (Eccles & Midggley, 1989; Harter, 1992). Além disso, a escolaridade obrigatória de 9 anos repressenta para determinados alunos e alunas uma obrigação, pelo que alguns e algumas apresentam como objectivo terminar o 9.º ano, investindo somente o necessário para atingir os mínimos que lhes permitam passar de ano e deixar a escola. Esta situação em nada fomenta o desenvolvimento/aplicação da auto-regulação. Para além disso, atendendo a que o ensino se rege por padrões onde a aprendizagem tende a ser pré-formatada, e que o corpo docente das escolas tem de gerir turmas com imensos alunos e alunas, verifica-se que existem poucas possibilidades para que os professores e as professoras promovam em sala de aula o exercício da escolha e do controlo pessoal, elementos considerados cruciais ao desenvolvimento do processo de auto-regulação (Zimmerman, 1994). Acresce ainda que o facto de em Portugal se ter assistido a mudanças constantes ao nível do sistema de ensino, em nada parece ter contribuído para a melhoria da qualidade do ensino/aprendizagem e, consequentemente, para a formação de estudantes auto-reguladores da sua aprendizagem.

A análise dos dados recolhidos permitiu-nos ainda verificar a existência de uma correlação positiva e significativa entre a auto-regulação da aprendizagem e o rendimento escolar na disciplina de Língua Portuguesa ($r_{(1258)}=.29$; $p<.01$).

Para além disso, e como se pode constatar pela análise da Figura 2, são as e os estudantes de rendimento académico mais elevado na disciplina de Língua Portuguesa aqueles que se mostram mais auto-regulados.

Assim, os alunos e as alunas com nível 5 em Língua Portuguesa apresentam os valores de auto-regulação mais elevados (M=46,5; DP=6,9). Em oposição, são os alunos e as alunas com níveis mais baixos, aqueles e aquelas que apresentam os valores igualmente mais baixos na escala da auto-regulação (M=38,6; DP=8,1).

Figura 2 · Associação entre o rendimento académico na disciplina de Língua Portuguesa e a auto-regulação dos alunos e das alunas

	Níveis	N	M	DP
Auto-regulação	2	241	38,6	8,1
	3	598	41,0	7,7
	4	331	44,1	7,0
	5	88	46,5	6,9
	Total	1258	41,7	7,9

Estes resultados encontram-se em consonância com o que é referido pela literatura da área, a qual sustenta que os alunos e as alunas com alto rendimento escolar tendem a exibir um comportamento auto-regulado mais eficiente que os alunos e as alunas de baixo rendimento.

Atendendo à existência de uma reciprocidade entre as variáveis apresentadas, a literatura evidencia que os alunos e as alunas que conseguem auto-regular aspectos cognitivos, motivacionais e comportamentais do seu funcionamento académico são mais eficazes enquanto alunos ou alunas (Pintrich & Garcia, 1994; Zimmerman, 2000; Zimmerman & Shunk, 1989). Assim, estudantes com elevada auto-regulação têm desempenhos significativamente melhores do que estudantes com baixos níveis de auto-regulação (Kitsantas, 2002; Sundre & Kitsantas, 2004; Zimmerman & Martinez-Pons, 1988). Os resultados obtidos neste estudo vão também de encontro a um outro estudo realizado em Portugal, por Rosário e colaboradores (2004), tendo por base as notas obtidas pelos alunos e pelas alunas dos 2.º e 3.º Ciclos do Ensino Básico nas disciplinas, Língua Portuguesa e Matemática, onde os autores verificaram que as alunas e os alunos mais auto-regulados apresentam um rendimento escolar mais elevado nas disciplinas mencionadas.

CONCLUSÕES

Atendendo a que actualmente, "compete à escola educar os estudantes para que eles saibam, de uma forma autónoma, crítica e motivada, assumir um papel construtivo nas suas próprias aprendizagens ao longo da vida" (Silva, Duarte, Sá, & Simão, 2004, p.12) será de extrema importância promover-se a auto-regulação da aprendizagem dos nossos alunos e alunas de forma a inverter os resultados vigentes (decréscimo dos perfis auto-regulatórios no 3.º CEB) a fim de que a escola cumpra o seu real objectivo.

A auto-regulação mostra-se fulcral ao nível do desenvolvimento vocacional, não só porque promove o sucesso escolar dos alunos e alunas, o qual determina fortemente a definição dos seus interesses e opções, bem como, os torna mais responsáveis, persistentes, flexíveis, e autónomos. Como referem Breuer e Eugster (2006), cidadãos com estas características serão mais capazes de responder eficazmente aos desafios de flexibilidade, mobilidade crescentes, e de aprendizagem ao longo da vida, que caracterizam a sociedade actual.

No entanto, reconhece-se que para que a auto-regulação seja alvo de uma verdadeira atenção em termos de desenvolvimento vocacional, no nosso país será desejável que as práticas no âmbito de tal desenvolvimento passem a ter um outro estatuto e uma outra concretização – tão precoce e tão integrados no currículo escolar quanto possível, numa perspectiva ecológica, ao longo da vida (Super, 1980). Acresce ainda que a intervenção dos serviços de psicologia, quer indirecta (consultoria a pais e professores), quer directa (atendimento aos alunos), deverá procurar criar um ambiente de aprendizagem especialmente adequado para o desenvolvimento de capacidades auto-regulatórias (Breuer & Eugster, 2006), para que, nomeadamente na transição do 3.ºCiclo para o Ensino Secundário, os alunos e alunas apresentem projectos vocacionais realistas mas desafiantes (voltados para um aumento de qualificações).

Concluindo, considera-se que o construto da auto-regulação da aprendizagem, deverá tornar-se num elemento de intervenção dos psicólogos ao longo do processo de orientação, a par de outros construtos como interesses, valores, capacidades, comummente assumidos neste tipo de intervenção.

REFERÊNCIAS

Bandura, A. (1977). *Social Learning Theory.* Englewood Cliffs. NY: Prentice Hall.

Bandura, A. (1986). *Social foundations of thought and action: A social cognitive theory.* Englewood Cliffs, NJ: Prentice-Hall.

Bandura, A. (1997). *Self-efficacy: The exercise of control.* NY: Freeman.

Bandura, A. (1999). Social cognitive theory of personality. In L. Pervin & O. John (Eds.), *Handbook of personality (2nd ed.).* NY: Guilford Publications.

Bandura, A. (2001). Social cognitive theory: An agentic perspective. *Annual Review of Psychology, 52,* 1-26.

Breuer, K. & Eugster, B. (2006). Effects of training and assessment in vocational education and training (VET): reflections on the methodology of assessing the development of traits of self-regulation. *Studies in Educa-*

tional Evaluation, 32, 243-261.

Carmo, A. M. & Teixeira, M. O. (2004). O papel da auto-eficácia, das expectativas de resultados, dos interesses e do desempenho escolar nas escolhas de carreira. Em: *Desenvolvimento Vocacional ao Longo da Vida - fundamentos, princípios e orientações*. Braga, 22- 23 Abril de 2004, Livraria Almedina, Coimbra. (pp. 277-286).

Cunha, A. (2002). *Aprendizagem auto-(des)regulada? Rotas e percursos em alunos dos 2.º e 3.º Ciclos do Ensino Básico*. Tese de Mestrado não publicada. Braga: Universidade do Minho.

Demetriou, A. (2000). Organization and development of self-understanding and self-regulation: Toward a general theory. In M. Boekaerts, P. Pintrich, & M. Zeidner (Eds.), *Handbook of self-regulation*. New York (pp. 13-39). San Diego: Academic Press.

Eccles, J. S., & Midggley, C. (1989). Stage-environment fit: Developmentally appropriate classrooms for young adolescents. In C. Ames & R. Ames (Eds.), *Research on motivation in education. Volume 3: Goals and cognitions* (pp. 139-186). NY: Academic Press.

Harter, S. (1992). The relationship between perceived competence, affect, and motivational orientation within the classroom: Processes and patterns of change. In A. Boggiano & T. Pittman (Eds.), *Achievement and motivation: A social-development perspective* (pp. 77-114). NY: Cambridge University Press.

Kitsantas, A. (2002). Test preparation and test performance: Self-regulatory analysis. *Journal of Experimental Education, 70*, 101-113.

Lent, R. W., Brown, S. D., & Hackett, G. (1994). Social cognitive career theory. In D. Brown & Associates (Eds.), *Career choices and development* (4th ed., pp. 255-311). San Francisco: Jossey-Bass.

Pintrich, P. R., & Garcia, T. (1994). Self-regulated learning in college students: Knowledge strategies and motivation. In P. R. Pitrich, D. Brown, & C. E. Weinstein (Eds.), *Student Motivation, Cognition, and Learning: Essays in honor of Wilbert, J. Mckeachie* (pp.113-133). Hillsdale, NJ: Lawrence Erlbaum Associates.

Rosário, P. (2001), Área Curricular de "Estudo Acompanhado". Contributos para a discussão de uma metodologia. *Revista Portuguesa de Educação, 14* (2), 63-93.

Rosário, P. (2004). *Estudar o estudar: As (Des)venturas do Testas*. Porto: Porto Editora.

Rosário, P., Soares, S., Núñez, J. C., González-Pienda, J., & Rúbio, M. (2004). Processos de auto-regulação da aprendizagem e realização escolar no Ensino Básico. *Psicologia, Educação e Cultura, VIII*, 1, 141-157.

Schunk, D. H. (1994). Self-regulation of self-efficacy and attributions in academic settings. In D. H. Schunk & B. J. Zimmerman (Eds.), *Self-regulation of learning and performance: Issues and educational applications* (pp. 75-99). Hillsdale, NJ: Erlbaum.

Schunk, D. H. (2001). Social cognitive theory and self-regulated learning. In B. J. Zimmerman & D. H. Schunk (Eds.), *Self-regulation of learning and academic achievement: Theorical Perspectives* (pp. 125-151). NJ: Lawrence Erlbaum Associates.

Silva, A., Duarte, A. M., Sá, I., & Simão, A. M. V. (2004). *Aprendizagem Autoregulada pelo Estudante: Perspectivas psicológicas e educacionais.* Porto: Porto Editora.

Silva, R. (2004). *TPC`s Quês e Porquês: uma rota de leitura do trabalho de casa, em Língua Inglesa, através do olhar de alunos do 2.º e 3.º Ciclos do Ensino Básico.* Tese de Mestrado não publicada. Braga: Universidade do Minho.

Sundre, D. L., & Kitsantas, A. (2004). An exploration of the psychology of the examinee: Can examinee self-regulation and test-taking motivation predict consequential and nin-consequential test performance? *Contemporary Educational Psychology, 29,* 6-26.

Super, D. E. (1980). A life-span, life-space, approach to career development. *Journal of Vocational Behavior, 16,* 282-298.

Vondark, F., Lerner, R., & Schulenberg, J. (1986). Career development: a life-span developmental approach. NJ: Lawrence Erlbaum Associates. Inc.

Zimmerman, B. J. (1989). Models of self-regulated learning and academic achievement. In B. J. Zimmerman & Schunk (Eds.), *Self-regulated learning and academic achievement: Theory, research and practice* (pp. 1-25). NY: Springer.

Zimmerman, B. J. (1994). Dimensions of academic self-regulation: A conceptual framework for education. In D. H. Schunk & J. Zimmerman (Eds.), *Self-regulation of learning and performance: Issues and educational applications* (pp. 3-21). . Hillsdale, NJ: Erlbaum.

Zimmerman, B. J. (2000). Attaining self-regulation. A social cognitive perspective. In M. Boekaerts, P. Pintrich, & M. Zeidner (Eds.), *Handbook of self-regulation.* New York (pp. 13-39). San Diego: Academic Press.

Zimmerman, B. J., & Martinez-Pons, M. (1988). Construct validation of a strategy model of student self-regulated learning. *Journal of Educational Psychology, 80* (3), 284-290.

Zimmerman, B. J., & Martinez-Pons, M. (1990). Student differences in self-regulated learning: Relating grade, sex, and giftedness to self-efficacy and strategy use. *Journal of Educational Psychology, 82* (1), 51-59.

Zimmerman, B. J., & Schunk, D. H. (1989). *Self-regulated learning and academic achievement: Theory, research, and practice.* NY: Springer.

Preocupações de Carreira e Satisfação Profissional: alguns dados de uma investigação com uma amostra de trabalhadores da administração pública

Rute Agostinho
Serviço de Orientação e Integração Profissional da Faculdade de Letras,
Universidade de Lisboa - Portugal
rute.agostinho@fl.ul.pt

Manuel Rafael
Faculdade de Psicologia, Universidade de Lisboa - Portugal
mrafael@fp.ul.pt

Resumo:
A investigação enquadra-se na teoria do desenvolvimento de carreira de Donald Super e, mais especificamente, no Modelo de adaptabilidade na carreira. Tem como objectivos gerais a adaptação para Portugal e o estudo das características metrológicas do Inventário sobre a Satisfação Profissional (Spector, 1985); a exploração de características das preocupações de carreira e da satisfação profissional, considerando as variáveis sexo, idade, e situação profissional; e, por último, analisar relações entre satisfação profissional e preocupações de carreira. O Inventário das Preocupações de Carreira (Super, Thompson e Lindeman, 1988), e o Inventário sobre a Satisfação Profissional (Spector, 1985), foram aplicados a uma amostra de 62 adultos trabalhadores de uma Instituição de Ensino Superior pública. Neste artigo apresentam-se alguns dos resultados obtidos. Destacam-se as médias mais elevadas nas preocupações pelas fases de *Manutenção* e *Estabelecimento*, e relativamente à satisfação profissional nas dimensões *Natureza do trabalho*, *Chefia* e *Colegas de Trabalho*. As análises conjuntas dos instrumentos revelaram as preocupações de carreira e a satisfação profissional como dimensões independentes. Finalmente, tecem-se algumas considerações sobre as implicações dos resultados para o desenvolvimento e gestão de carreira em adultos.

Abstract:
The present research fits in Donald Super's Career Development Theory and, more specifically, in the Model of Adult Career Adaptability. The main goals of this research were the Portuguese adaptation of the Job Satisfaction Survey (Spector, 1985), as well as the study of its metrological characteristics. The study aims at the exploration of career concerns and job satisfaction's characteristics, considering gender, age and professional situation variables. At last, the relation between job satisfaction and career concerns was also analyzed. The Adult Career Concerns Inventory (Super, Thompson and Lindeman, 1988) and the Job Satisfaction Survey (Spector, 1985) were administrated to a sample of 62 adults workers of a Public University. In this article, we present some of the results. The results distinguished the highest averages of concerns for the Maintenance and Establishment stages, and the job satisfaction analysis suggests higher averages in the dimensions of Nature of the work, Supervision and Co-workers. Combined analysis of the instruments demonstrated that career concerns and job satisfaction are independent dimensions. Finally, some remarks are made about the results' implications for adult career development and management.

INTRODUÇÃO

No âmbito do Desenvolvimento e Gestão de Carreira, esta investigação fundamenta-se teoricamente nas perspectivas desenvolvimentistas de carreira e, mais especificamente, no modelo de Donald Super que se assume como uma abordagem compreensiva e abrangente do desenvolvimento de carreira, alicerçada num vasto conjunto de estudos empíricos nacionais e internacionais.

Há mais de 50 anos, as primeiras formulações teóricas de Super, contemplando todo o ciclo de vida, constituíram, inequivocamente, um impulso decisivo na compreensão da carreira. O desenvolvimento da carreira é marcado, segundo Super, por uma sequência de fases (*Crescimento, Exploração, Estabelecimento, Manutenção* e *Declínio*), caracterizadas pelo desempenho de um conjunto de tarefas específicas e com idades cronologicamente tipificadas. Não obstante, os limites de idade das fases não são, nem teórica nem empiricamente, rígidos (Super, 1957,1990).

Os efeitos da globalização, internacionalização, e tecnologia, exigem ao trabalhador dos nossos dias constantes adaptações às novas realidades do mercado de trabalho, para cuja conceptualização o modelo da adaptabilidade da carreira de Super (Super, 1990) constitui importante marco de referência.

Assinale-se também que algumas consequências da globalização, tanto a nível individual como nas organizações, têm gerado mudanças significativas na estrutura do mercado de trabalho, na natureza e na precariedade dos contratos laborais, com prováveis consequências na satisfação dos trabalhadores. A satisfação emerge, assim, como uma temática relevante para a investigação e para a intervenção em desenvolvimento e gestão de carreira e, nesta investigação, constituiu-se como um dos "eixos" centrais.

Do vasto conjunto de perspectivas que abordam, conceptual e operacionalmente, a satisfação profissional, optou-se pela abordagem de Paul Spector que a encara como uma variável atitudinal e multidimensional. A influência da satisfação no desempenho das suas funções poderá afectar não só a dinâmica da organização, mas também a gestão da carreira nos planos individual e organizacional (Spector, 1985).

A investigação teve como objectivos gerais a adaptação para Portugal e o estudo das características metrológicas do Inventário sobre a Satisfação Profissional (Spector, 1985); a exploração de características das preocupações de carreira e da satisfação profissional, considerando as variáveis sexo, idade, e situação profissional; e, por último, analisar relações entre satisfação profissional e preocupações de carreira.

No presente artigo, destacam-se alguns dos resultados obtidos. Apresenta-se a análise diferencialista entre grupos segundo a variável idade, para as fases e subfases do Inventário das Preocupações de Carreira, para as subescalas do Inventário sobre a Satisfação Profissional, e as correlações entre as escalas e subescalas do Inventário das Preocupações de Carreira e as subescalas do Inventário sobre a Satisfação Profissional.

MÉTODO

Amostra

A amostra é constituída por 62 adultos trabalhadores de uma Instituição de Ensino Superior público, com idades compreendidas entre os 23 e os 67 anos, e uma média de idades de 40 anos. A amostra representa 50.4% da população da organização, onde se observa um desequilíbrio favorável ao sexo feminino (85.5%), que também surge proporcionalmente na amostra estudada (53 do sexo feminino e 9 do masculino).

Instrumentos

Inventário das Preocupações de Carreira: O Inventário das Preocupações de Carreira avalia preocupações de carreira relativas às fases de *Exploração, Estabelecimento, Manutenção,* e *Declínio* e respectivas subfases, *Cristalizar, Especificar, Implementar, Estabilizar, Consolidar, Promover, Manter, Actualizar, Inovar, Desacelerar, Planear a Reforma,* e *Reforma.* O instrumento é constituído por 60 itens, divididos por quatro escalas com 15 itens cada, que correspondem às fases de carreira. Os 15 itens que integram cada fase distribuem-se em grupos de cinco itens, correspondendo às subfases (subescalas) respectivas. Nesta investigação foi utilizada a versão portuguesa (Duarte, 1993; Super, Thompson e Lindeman, 1988). Os coeficientes de precisão para a amostra utilizada nesta investigação, variaram entre .89 e .94 nas fases, e entre .76 e .91 nas subfases, considerando-se bastante satisfatórios (Agostinho, 2007).

Inventário sobre a Satisfação Profissional: O Inventário sobre a Satisfação Profissional de Spector (1985), adaptado para Portugal nesta investigação, pressupõe que a satisfação profissional representa uma reacção afectiva ou atitudinal face a um trabalho. Avalia, através de 36 itens, as dimensões *Salário, Promoção, Chefia, Regalias, Recompensas, Procedimentos administrativos, Colegas de trabalho, Natureza do trabalho,* e *Comunicação,* resultando da soma destas dimensões, o índice de *Satisfação profissional em geral.* Na amostra utilizada nesta investigação, os coeficientes de precisão para as subescalas (entre .39 e .86) e para a *Satisfação Profissional em geral* (.86) foram de um modo geral, satisfatórios. O estudo das correlações com o efeito da exclusão do item nas subescalas, permitiu identificar os itens que contribuíram para diminuir a precisão das subescalas (*Regalias* e *Comunicação*), que evidenciavam os valores mais baixos de consistência interna (Agostinho, 2007).

RESULTADOS

As Preocupações de Carreira

Constatámos que as médias das preocupações nas fases de *Manutenção* (3.73) e de *Estabelecimento* (3.46) são superiores às verificadas nas fases de *Declínio* (3.02) e *Exploração* (2.97) (Agostinho, 2007). Estes resultados coincidem com o pressuposto teórico (Super, Thompson e Lindeman, 1988), na medida em que a maioria dos participantes se situa entre os 25 e os 45 anos.

O modelo teórico subjacente ao Inventário das Preocupações de Carreira considera a idade cronológica relacionada com as tarefas de desenvolvimento vocacional. Por isso, foram calculadas as médias e os desvios padrão das fases e subfases nos grupos de idade (26 a 45 anos e 46 a 65 anos), e as relações críticas obtidas na comparação de médias, que se apresentam no quadro 1.

A análise dos resultados evidenciou algumas diferenças na hierarquia das preocupações de carreira a nível das fases. No grupo dos 26 aos 45 anos, a ordem encontrada é *Manutenção* (3.82), *Estabelecimento* (3.59), *Exploração* (3.04) e *Declínio* (2.86), enquanto no grupo de 46 a 65 anos a ordem é *Manutenção* (3.48), *Declínio* (3.44), *Estabelecimento* (3.13) e, por último, *Exploração* (2.58).

Na análise da relação crítica da diferença entre as médias, constata-se que existem diferenças significativas na fase de *Declínio* em favor do grupo de 46 a 65 anos, ao nível da probabilidade de 5%, e nas subfases *Planear a Reforma* e *Reforma*, em favor do grupo de 46 a 65 anos, ao nível da probabilidade de 1%, comprovando o pressuposto pelo modelo teórico.

Em síntese, estes resultados reforçam a importância que a variável idade assume como determinante das preocupações de carreira, sendo consonantes com os resultados obtidos em investigações anteriores (Duarte, 1993; Rafael, 2001), e confirmam a tendência da diminuição das preocupações de *Exploração* com o avançar da idade, aumentando a importância relativa das preocupações na fase de *Declínio*.

Quadro 1 · Inventário das Preocupações de Carreira. Médias e desvios padrão das escalas e das subescalas para os grupos de idade. Relação crítica da diferença entre as médias

Escalas e Subescalas	Grupo 26 a 45 anos (n=38)		Grupo 46 a 65 anos (n=17)	
Exploração	3.04	.85	2.58	1.21
Cristalizar	2.82 (11)	.96	2.52 (12)	1.25
Especificar	3.14 (8)	1.11	2.59 (11)	1.27
Implementar	3.16 (7)	.88	2.64 (10)	1.32
Estabelecimento	3.59	.61	3.13	1.21
Estabilizar	3.29 (6)	.83	2.98 (8)	1.32
Consolidar	4.03 (1)	.70	3.41 (5)	1.43
Promover	3.47 (5)	.79	2.99 (7)	1.19
Manutenção	3.82	.69	3.48	1.03
Manter	3.69 (4)	.89	3.56 (2)	1.22
Actualizar	3.88 (3)	.82	3.40 (6)	.98
Inovar	3.89 (2)	.75	3.48 (3)	1.25
Declínio	2.86	.81	3.44	.81
Desacelerar	2.87 (10)	.77	2.87 (9)	.77
Planear reforma	2.57 (12)	.99	3.48 (3)	1.01
Reforma	3.14 (8)	1.08	3.95 (1)	.98

(a) Os números entre parêntesis referem-se à ordenação da média das subescalas
* p=0.01 ; ** p=0.05

A Satisfação Profissional

A análise das médias no Inventário sobre a Satisfação Profissional demonstrou um elevado índice de satisfação em geral (123.16), e as dimensões *Natureza do trabalho* (18.71), *Chefia* (16.61), e *Colegas de trabalho* (16.19), exibem as médias mais elevadas (Agostinho, 2007).

No quadro 2 observam-se as médias e desvios padrão dos grupos de 25 a 45 anos e de 46 a 65 anos, e as relações críticas das diferenças de médias ao nível da *Satisfação profissional em geral* e das dimensões do Inventário da Satisfação Profissional.

Quadro 2 · Inventário sobre a Satisfação Profissional. Médias e desvios padrão das subescalas e *Satisfação profissional em geral* nos grupos de idade. Relação crítica da diferença entre as médias

Subescalas	Grupo 26 a 45 anos (n=38)		Grupo 46 a 65 anos (n=17)		
Salário	10.03 (8)	3.81	9.18 (9)	4.42	.73
Promoção	11.34 (7)	3.84	12.29 (7)	5.16	-.76
Chefia	17.08 (2)	4.46	15.00 (3)	5.34	1.50
Regalias	12.82 (6)	3.48	14.00 (4)	3.91	-1.12
Recompensas	13.82 (4)	3.64	12.82 (6)	5.97	.63
Procedimentos Administrativos	8.63 (9)	3.31	9.59 (8)	3.94	-.93
Colegas de Trabalho	15.61 (3)	3.63	17.47 (2)	3.94	-1.72
Natureza do trabalho	18.42 (1)	3.11	20.35 (1)	3.32	-2.09 *
Comunicação	13.42 (5)	2.76	13.71 (5)	5.27	-.21
Satisfação profissional em geral	121.16	17.55	124.41	28.65	-.43

* p=.05

Verifica-se que as dimensões dominantes no grupo de 26 a 45 anos são *Natureza do trabalho* (18.42), *Chefia* (17.08), e *Colegas de trabalho* (15.61), enquanto no grupo de 46 e 65 anos a ordem é *Natureza do trabalho* (20.35), *Colegas de trabalho* (17.47), e por último, *Chefia* (15.00).

Analisando a relação crítica da diferença entre médias registam-se diferenças significativas entre os grupos na dimensão *Natureza do trabalho*, favorável ao grupo com idades entre 46 a 65 anos, ao nível da probabilidade de 5%.

Apesar do teste estatístico evidenciar diferenças entre os grupos, a ordenação de médias das subescalas, sustenta uma similaridade entre os grupos, revelando que a idade não é uma variável determinante na satisfação profissional.

As Preocupações de Carreira e a Satisfação Profissional

Procedeu-se ao estudo de correlações entre as subescalas do Inventário sobre a Satisfação Profissional e as escalas do Inventário das Preocupações de Carreira (quadro 3).

Quadro 3 · Intercorrelações entre subescalas do Inventário da Satisfação Profissional e escalas do Inventário das Preocupações de Carreira

		Subescalas (a)									SP	EX	ES	MA
		1	2	3	4	5	6	7	8	9				
Subescalas (a)	1	0.												
	2	58**	0.											
	3	29*	0.37**	0.										
	4	0.31*	0.38**	0.30*	0.									
	5	0.51**	0.57**	0.69**	0.29*	0.								
	6	0.17	0.05	-0.02	0.16	0.15	0.							
	7	0.05	0.15	0.24	0.02	0.29*	0.15	0.						
	8	-0.05	0.21	0.18	0.19	0.24	0.10	0.37**	0.					
	9	0.27*	0.38**	0.64**	0.43**	0.66**	0.04	0.28*	0.25	0.				
	P	0.61**	0.72**	0.72**	0.56**	0.85**	0.27*	0.45**	0.9**	0.30.74**				
Escalas (b)	X	0.09	0.14	-0.09	0.10	-0.01	-0.12	-0.24	-0.41**	-0.02	-0.17	-			
	S	-0.005	0.19	0.06	0.02	0.06	0.11	0.17	0.18	.05	-0.10	0.67**			
	A	.14	.08	.1	.03	.05	-.15	-.05	-.05	-.03	-.02	.3**	.47**	.7	
	E	-0.17	-0.11	-0.05	-0.01	-0.12	-0.16	-0.03	-0.07	-.06	-0.13	0.33**	0.51**	0.49**	

* p=.05; ** p=.01

1. Salário, 2. Promoção, 3. Chefia, 4. Regalias, 5. Recompensas, 6. Procedimentos Administrativos, 7. Colegas de Trabalho, 8. Natureza do Trabalho, 9. Comunicação, SP. Satisfação profissional em geral.
EX. Exploração, ES. Estabelecimento, MA. Manutenção, DE. Declínio.

As correlações entre as subescalas do Inventário sobre a Satisfação Profissional e as escalas do Inventário das Preocupações de Carreira não são elevadas (acima de .50). Com efeito, as dimensões da satisfação profissional e a *Satisfação profissional em geral* não estão associadas com as fases de desenvolvimento de carreira.

Realizou-se ainda o estudo de correlações entre as subescalas do Inventário sobre a Satisfação Profissional e as subescalas do Inventário das Preocupações de Carreira, não se observando correlações acima de .50. Os resultados sugerem que não existe associação entre as dimensões da satisfação profissional e a *Satisfação profissional em geral* e as subfases de desenvolvimento de carreira (Agostinho, 2007).

CONCLUSÕES

Como se referiu, estamos, claramente, perante uma sociedade do conhecimento caracterizada pela globalização, internacionalização, e tecnologia onde a mudança aparenta ser a única certeza, não apenas para os indivíduos, mas também para as organizações. Esta nova realidade tem consequências importantes no Desenvolvimento e Gestão de Carreiras, sendo absolutamente necessário considerar factores individuais, bem como, factores inerentes das organizações.

Nesta amostra, as preocupações de carreira que mais se destacam situam-se nas fases de Manutenção e Estabelecimento. As preocupações de carreira são claramente influenciadas pela idade, na medida em que, quando aumenta a idade, diminuem as preocupações pela Exploração, mas aumentam as preocupações pela fase de Declínio.

Os resultados demonstram que os participantes estão mais satisfeitos com as dimensões que se relacionam com o trabalho que realizam, com o chefe imediato, e com os colegas com quem trabalham. Podemos afirmar que a idade não é uma variável diferenciadora da satisfação profissional.

Verificou-se ainda que as análises conjuntas do Inventário das Preocupações de Carreira e do Inventário sobre a Satisfação Profissional, através de inter-correlações, revelaram independência entre os instrumentos utilizados, os quais avaliam, assim, dimensões psicológicas diferentes.

Nas implicações para as práticas de gestão e desenvolvimento de carreira, parece destacar-se assim o papel da Chefia imediata. Poderá avaliar as capacidades dos seus colaboradores, e tendo em conta os factores individuais, nomeadamente os interesses e valores, deverá proporcionar formação adequada às necessidades e interesses de cada um, que consequentemente, terão implicações na sua satisfação profissional.

Considerar e integrar factores relativos do meio envolvente (sejam factores gerais relativos à globalização, ou mais específicos relativos às actuais mudanças da gestão nas carreiras da Administração Pública), com factores de natureza individual envolvidos no Desenvolvimento e Gestão de Carreira, constitui um importante vector que deve nortear as actividades de um psicólogo.

Em síntese, os recursos da adaptabilidade do indivíduo são fundamentais para o alcance da satisfação profissional. O indivíduo deverá ser responsável pela gestão da sua carreira, tendo em consideração os factores externos, deverá incentivar o conhecimento sobre si próprio, investir nas suas qualificações académicas e profissionais, e na actualização de conhecimentos técnicos. No entanto, esta gestão poderá ser acompanhada por técnicos especializados, nomeadamente por psicólogos, que promovam esse autoconhecimento, e apoiem o desenvolvimento de competências, de forma a permitir ao indivíduo alcançar níveis elevados de satisfação no trabalho e na vida em geral.

Por outras palavras, conciliar o interesse dos indivíduos e da Instituição em Desenvolvimento e Gestão de Carreira constitui um desafio herdado do século XX, mas necessariamente a ter que ser revisitado neste século XXI. Assim, tendo como última finalidade a satisfação dos indivíduos no plano profissional, as intervenções em Desenvolvimento e Gestão de Carreira deverão considerar uma multiplicidade de variáveis psicológicas (de que as preocupações de carreira e a satisfação profissional são exemplos) numa visão integradora, abrangente e ecléctica.

REFERÊNCIAS

Agostinho, R. (2007). *Preocupações de carreira e satisfação profissional: estudo exploratório numa amostra de trabalhadores da administração pública*. Dissertação de Mestrado em Psicologia dos Recursos Humanos. Faculdade de Psicologia e de Ciências da Educação da Universidade de Lisboa (policopiado).

Duarte, M. E. (1993). *Preocupações de carreira, valores e saliência das actividades em adultos empregados*. Dissertação de doutoramento em Psicologia da Orientação Escolar e Profissional. Lisboa: Faculdade de Psicologia e Ciências da Educação da Universidade de Lisboa (policopiado).

Rafael, M. (2001). *O modelo desenvolvimentista de avaliação e aconselhamento de carreira (C-DAC). Preocupações de carreira, crenças de carreira e stress profissional em adutos empregados*. Dissertação de Doutoramento em Psicologia da Orientação Escolar e Profissional. Lisboa: Faculdade de Psicologia e Ciências da Educação da Universidade de Lisboa (policopiado).

Spector, P. E. (1985). Measurement of human service staff satisfaction: development of the job satisfaction survey. *American Journal of Community Psychology, 13* (6), 693-713.

Super, D. E. (1957). *The psychology of careers. An introduction to vocational development.* New York: Harper & Brothers.

Super, D.E. (1990). A life-span, life-space approach to career development. In D. Brown, & L. Brooks (Eds.), *Career choice and development* (2nd ed.) (pp. 197-261). San Francisco: Jossey-Bass.

Super, D.E., Thompson, A.S., & Lindeman, R. H. (1988). *Adult Career Concerns Inventory: Manual for research and exploratory use in counseling.* Palo Alto: Consulting Psychologists Press.

# Construção da Carreira: Processos, Contextos e Intervenções

PARTE 2/4

Qualidade de vida no trabalho: um estudo preliminar com adultos trabalhadores

Manuel Rafael
Faculdade de Psicologia, Universidade de Lisboa - Portugal
mrafael@fp.ul.pt

Maria do Rosário Lima
Pelo importante contributo na construção (formulação de itens, concepção de caderno e de folha de respostas) do Inventário sobre a Qualidade de Vida no Trabalho, bem como na recolha dos dados obtidos, merecem uma especial referência Ana Veríssimo, Ana Dias, Ana Aparício, Andreia Reis, Clara Teles, Egas Bastos, Fabíola Vaz, Filipa Cardoso, Filipa Nobre, Joana Hasse, Joana Martins, João Estremenho, João Frade, Lara Pereira, Ludmila Nunes, Maria Benedita Aroso, Marina Santos, Marta Cota, Nadine Caldas, Neuza Gonçalves, Rita Rodrigues, Rui Garrido, Sancha Ferreira, Sandra Mendes, Sónia Teixeira, Sónia Fernandez, Tânia Cardoso, e Vanessa Yan, alunos da unidade curricular de Desenvolvimento Estratégico de Recursos Humanos, integrada na formação da Secção de Psicologia dos Recursos Humanos, do Trabalho e das Organizações (Mestrado Integrado em Psicologia, Universidade de Lisboa) no ano lectivo 2006/07.

Resumo:

A Qualidade de Vida no Trabalho (QVT) é, hoje em dia, uma questão amplamente reconhecida como sendo fundamental na gestão dos recursos humanos, procurando satisfazer quer os objectivos das organizações, quer as necessidades dos trabalhadores. Contudo, intervenções nesta área devem ser apoiadas e ancoradas em pesquisa científica e em instrumentos de medida sólidos. A presente comunicação baseia-se em resultados obtidos na primeira etapa de um estudo preliminar com 260 adultos empregados. Tem-se como principais objectivos: identificar a importância relativa de várias dimensões da QVT (emprego, carreira, relações de trabalho, vida pessoal, e condições de trabalho); construir e desenvolver instrumentos de medida da QVT; estudar e clarificar a relação com outras dimensões psicológicas, a saber, satisfação e *stress* profissional. É feita também referência às próximas etapas da investigação em curso.

Abstract:

Nowadays, Quality of Work Life (QWL) is a well-known major issue for human resources management, in order to satisfy both organizational aims and employee needs. However, interventions in this area ought to be supported by scientific research and solid measurement tools. This paper bears in mind the results obtained in the first step of a study with 260 employed adults. The main goals are: identify the relative importance of several dimensions of QWL (job, career, work relations, personal life and work conditions); build and develop QWL measure devices; study and clarify the relationship with other psychological dimensions, namely satisfaction and job stress. Furthermore, the next steps of the current research are also presented.

INTRODUÇÃO

Na história da gestão e desenvolvimento de recursos humanos é possível perceber respostas e actuações muito diversas, com os consequentes entendimentos também eles diferenciados do indivíduo, sejam da sua natureza, sejam do seu papel nas organizações. As primeiras abordagens formais, situadas no princípio do século XX, são claramente marcadas pelo ímpeto e pelo peso do factor produtivo, negligenciando-se a componente humana.

Com um carácter muito diferente, em especial na tónica colocada nos aspectos humanos, surgem concepções sobre a gestão e o desenvolvimento das pessoas no final do século XX, decorrentes das tentativas de articular questões humanas (por exemplo, emprego, qualificação, e evolução) com outros problemas da empresa (por exemplo, de competitividade), e que se designaram de teorias do capital humano.

No quadro desse percurso histórico de cerca de um século, a origem do conceito de Qualidade de Vida no Trabalho (QVT) insere-se numa tradição científica humanista que destaca a necessidade de um trabalho com significado e satisfação para os indivíduos. Mais especificamente, o movimento da Escola das Relações Humanas, e os estudos de Elton Mayo na *Western Electric*, e de Eric Trist no *Tavistock Institute of Human Relations* em Londres, constituem marcos relevantes nas pesquisas sobre a QVT.

Para alguns autores, o conceito de QVT surge somente na década de 70 do século XX. É alvo da atenção de Louis Davis que criou o *Center for Quality of Working Life* na Califórnia, Estados Unidos, e é um conceito que está bastante próximo do conceito de Desenvolvimento de Recursos Humanos - *Human Resource Development* (Saklani (2004). Saklani afirma mesmo que vários termos como *'humanisation of work'*, *'industrial democracy'*, *'workplace democracy'*, *'work redesign'*, *'organisational redesigning'*, *'participative work'* e, mais tarde, Qualidade de Vida no Trabalho, foram utilizados indiferenciadamente para designar a mesma coisa (Saklani, 2004).

Na abordagem e conceptualização da QVT encontra-se frequentemente o "cruzamento" (ou mesmo, uma não diferenciação) com outros conceitos e temáticas, entre as quais se podem referir as seguintes: bem-estar, motivação, satisfação, saúde, e segurança no trabalho. E, entre os aspectos que se podem considerar menos positivos, podemos ter em consideração o ponto de vista de Schmidt e Dantas (2006) de que a expressão QVT é utilizada frequentemente nas organizações para justificar uma diversidade de mudanças, que nem sempre visam o bem-estar do trabalhador.

Estamos, pois, face a uma multiplicidade de formas de encarar (ou de conceptualizar) e, consequentemente, de operacionalizar e avaliar a QVT. Mas, embora não exista uma definição formal de QVT, parece haver um certo consenso que a QVT é um construto que lida com o bem-estar dos trabalhadores e que se pode distinguir do de satisfação profissional (Roan & Diamond, 2003).

A importância da QVT é patenteada na investigação que tem mostrado que a mesma pode ter um impacto significativo nos comportamentos, como sejam, a identificação com a organização, a satisfação profissional, o empenhamento organizacional, o esforço efectuado no trabalho, o desempenho no trabalho, e a intenção de deixar o emprego. Assinalável é, também, a literatura sobre saúde e bem-estar no trabalho que evidencia as consequências de baixos níveis de saúde e bem-estar; nessas consequências, incluem-se o absentismo, a baixa produtividade e eficiência, a redução na qualidade dos produtos e serviços, as elevadas compensações por indemnizações, os custos acrescidos em gastos de saúde e as despesas médicas directas (Huang, Lawler, & Lei, 2007; Sirgy, Efraty, Siegel, & Lee, 2001).

Sendo variadas as conceptualizações da QVT, e que nem sempre são comparáveis, considera-se que, apesar da crescente complexidade do trabalho, o já clássico modelo de Walton, apresentado em 1973, continua a ser um "bom" instrumento de análise e inspirador de múltiplas investigações e conceptualizações. Esse modelo integra as seguintes "grandes" dimensões: Compensação justa e adequada; Condições de trabalho (segurança e saúde); Oportunidades de utilizar e desenvolver capacidades; Oportunidades de crescimento, avanço, e desenvolvimento na carreira; Integração social na empresa; Constitucionalismo; Relevância Social; e Equilíbrio entre o trabalho e o espaço total de vida. Mais recentemente, são de assinalar, no domínio da investigação da QVT, temas de investigação como o equilíbrio família e trabalho, o equilíbrio trabalho e vida em geral, o *stress* profissional, e as emoções no trabalho (Saklany, 2004; Schouteten & Witte, 2005).

No âmbito desta temática, iniciou-se uma investigação cujos objectivos principais são os seguintes: identificar a importância relativa de várias dimensões da QVT; construir e desenvolver instrumentos de medida da QVT; estudar e clarificar a relação com outras dimensões psicológicas. Neste artigo, apresentam-se alguns dados preliminares relativos a características métricas de um inventário sobre a Qualidade de Vida no Trabalho, e das relações entre Qualidade de Vida no Trabalho, *stress* profissional e indicadores de satisfação profissional.

MÉTODO

Amostra
A amostra é constituída por 260 adultos empregados (117 do sexo masculino e 143 do sexo feminino), com pelo menos seis meses de experiência profissional, e idades compreendidas entre os 19 e os 63 anos, sendo a média de idades de 35.82.

Instrumentos/variáveis
Qualidade de Vida no Trabalho: um novo instrumento, designado *Inventário sobre a Qualidade de Vida no Trabalho – versão para investigação* (Rafael & Lima, 2007), foi desenvolvido com o intuito de avaliar a importância da QVT. Com base na revisão de literatura efectuada seleccionaram-se cinco grandes dimensões gerais: Emprego, Carreira, Relações de trabalho, Vida pessoal, e Condições de trabalho, para cada uma das quais foram conside-

rados 14 itens[1]. Para o processo de construção dos itens nas referidas dimensões considerou-se igualmente a análise da literatura existente, a análise de outros instrumentos, bem como, o contributo de especialistas e de estudantes de Psicologia dos Recursos Humanos. Em cada item, o sujeito deve pronunciar-se sobre a importância relativa para a sua QVT dando as respostas numa escala em seis pontos: 1. *Nada importante*; 2.*Pouco importante*; 3.*Relativamente importante*; 4.*Importante*; 5.*Bastante importante* e 6.*Muito importante*.

Stress profissional: utilizou-se a versão portuguesa do *Inventário sobre o Stress Profissional,* que é uma medida genérica do *stress* profissional, e que diferencia a *Severidade* (intensidade percebida) da *Frequência* de ocorrência das condições de trabalho que podem afectar adversamente o bem-estar psicológico dos trabalhadores que a elas são expostos (Rafael, 2001; Spielberger & Vaag, 1999). É constituído por 30 itens que descrevem um conjunto de fontes de *stress* vividas pelos trabalhadores numa variedade de contextos profissionais. Na parte relativa à avaliação da *severidade*, é pedido aos sujeitos que assinalem, numa escala em 9 pontos, a quantidade relativa de *stress* que sentem estar associada a cada um dos 30 itens. Após assinalarem a intensidade de cada fonte de *stress,* pede-se aos sujeitos para assinalarem numa escala de 0 a 9 dias, o número de dias em que cada acontecimento foi vivido nos últimos seis meses (Spielberger & Vaag, 1999). A soma dos resultados em cada uma das partes permite obter três resultados totais e separados: um para *Severidade*, outro para a *Frequência*, e ainda um *Índice* total que se baseia na média dos produtos dos resultados da *Severidade* e da *Frequência*. Assim, podem considerar-se três escalas no Inventário: 1) Escala de *Stress Profissional-Severidade,* que proporciona uma medida média do *stress* sentido nos 30 acontecimentos de trabalho potencialmente causadores de *stress*; 2) Escala de *Stress Profissional-Frequência,* que representa a média da frequência da ocorrência dos 30 acontecimentos de trabalho, nos últimos seis meses; 3) Escala de *Stress Profissional-Índice,* que dá uma estimativa do nível global de *stress* experimentado no local de trabalho e combina a *Severidade* e a *Frequência* (Spielberger & Vaag, 1999).

Satisfação profissional: efectuou-se uma avaliação de indicadores de satisfação através da inclusão de seis questões numa ficha de dados pessoais entregue aos participantes. Solicitou-se que indicassem, numa escala em

---

1 Exemplos de itens: Ter tarefas estimulantes e desafiantes (Emprego), Ter oportunidade de desenvolver competências profissionais (Carreira), Ter uma boa relação com a chefia (Relações de trabalho), Ter um horário de trabalho que permite dar apoio à família (Vida pessoal) e Ter boas condições de higiene e saúde no trabalho (Condições de trabalho).

quatro pontos (muito satisfeito, satisfeito, algo insatisfeito, e insatisfeito), o grau de satisfação face às seguintes situações: o seu emprego actual; o progresso global da sua carreira até agora; as perspectivas futuras da sua carreira; as relações no trabalho; a relação do trabalho com a sua vida pessoal; e as condições de trabalho.

RESULTADOS

Atendendo à natureza deste artigo, apresentam-se apenas algumas das análises efectuadas até ao momento, a saber: coeficientes de precisão das dimensões do *Inventário sobre a Qualidade de Vida no Trabalho*; análise factorial das dimensões do Inventário sobre a Qualidade de Vida no Trabalho, e das escalas do *Inventário sobre o Stress Profissional*; e correlações entre as dimensões consideradas de QVT, e os itens de satisfação profissional incluídos na ficha de dados pessoais.

No quadro 1, apresentam-se os coeficientes de precisão (alfa de Cronbach) para cada uma das dimensões do *Inventário sobre a Qualidade de Vida no Trabalho – versão para investigação* (Rafael & Lima, 2007).

Quadro 1 · Coeficientes alfa de Cronbach das dimensões do Inventário sobre a Qualidade de Vida no Trabalho

Dimensões da Qualidade de Vida no Trabalho		
Emprego	79	14
Carreira	90	14
Relações no Trabalho	89	14
Vida pessoal	87	14
Condições de trabalho	90	14

Os coeficientes variam, como se constata, entre .79 (Emprego) e .90 (Carreira e Condições de Trabalho). É, assim, legítimo considerar que as dimensões do *Inventário sobre a Qualidade de Vida no Trabalho* apresentam elevados índices de precisão. É também legítimo considerar que, do ponto de vista estritamente relacionado com a consistência interna, o Inventário suporta o prosseguimento de investigação relacionando a QVT com outras variáveis.

No Quadro 2 apresenta-se a análise factorial das dimensões do Inventário sobre a Qualidade de Vida no Trabalho e das escalas do Inventário sobre o *Stress* Profissional.

Quadro 2 · Análise factorial das dimensões do Inventário sobre a Qualidade de Vida no Trabalho e das escalas do Inventário sobre o *Stress* Profissional

Dimensões/escalas	Factor 1	Factor 2
QVT – Emprego	74	05
QVT – Carreira	85	18
QVT - Relações no Trabalho	85	12
QVT - Vida pessoal	72	07
QVT - Condições de trabalho	83	-04
Stress – Severidade	22	55
Stress – Frequência	-05	93
Stress – Índice	03	98
Eigenvalues	3.4	2.0
Ppr total	42.4	25.4

Utilizando uma análise factorial em componentes principais com rotação varimax, derivam-se dois grandes factores que explicam 67,8% da variância total dos resultados. O primeiro factor integra todas as dimensões do *Inventário sobre a Qualidade de Vida no Trabalho*, com saturações entre .72 e .85. O segundo factor integra as três escalas do *Inventário sobre o Stress Profissional* com saturações entre .55 e 98.

Surgem, assim, de forma muito clara dois factores psicológicos: por um lado, a importância da Qualidade de Vida no Trabalho e, por outro, o *stress* profissional. Os dados suportam, deste modo, a importância da Qualidade de Vida no Trabalho e o *stress* profissional enquanto dimensões independentes.

No Quadro 3 apresentam-se as correlações entre as dimensões da QVT e os itens de satisfação profissional incluídos na ficha de dados pessoais.

Verifica-se que as correlações entre as dimensões da QVT e os itens da satisfação são baixas e, na sua maioria, negativas. Constatamos, pois, que existe uma tendência para que, quanto maior for a importância atribuída à QVT, menor a satisfação, o que é mais notório no caso da relação entre a dimensão Emprego da QVT e a satisfação com o emprego actual (-.20), com o progresso global da carreira até agora (-.15), e com as perspectivas futuras da carreira (-.10).

Em geral, pode afirmar-se que as variáveis importância da QVT e satisfação profissional não estão relacionadas.

Quadro 3 · Correlações entre dimensões da Qualidade de Vida no Trabalho (QVT) e itens da satisfação profissional

		...emprego actual	... progresso global da carreira até agora	... perspectivas futuras da carreira	...relações no trabalho	relação do trabalho com vida pessoal	condições de trabalho
Q	Emprego	-20	-15	-10	-07	-05	-02
V	Carreira	-08	-02	07	-05	-08	09
T	Relações no Trabalho	-09	-04	-02	-09	-07	05
	Vida pessoal	-01	08	01	-14	-07	01
	Condições de trabalho	-08	-03	07	06	-11	03

Itens relativos a satisfação sobre ...

CONCLUSÕES

Defende-se que a QVT é, hoje em dia, uma questão fundamental na gestão dos recursos humanos, e que é indiscutível a necessidade de conciliar os objectivos das organizações e dos trabalhadores. No entanto, as intervenções nesta área devem ser apoiadas e ancoradas em pesquisa científica e em instrumentos de medida sólidos.

Considerando os elevados coeficientes de precisão das dimensões do *Inventário sobre a Qualidade de Vida no Trabalho*, é possível desenvolver uma nova versão do Inventário reduzindo o número de itens, em cuja organização se terão em conta os contributos da análise factorial dos itens[2]. Na nova versão do instrumento será também integrada uma avaliação, para além da já considerada importância dos itens da Qualidade de Vida no Trabalho, da real existência/ocorrência no local de trabalho desses indicadores, o que se assume como um objectivo essencial na avaliação da QVT.

A referida diferenciação entre importância e existência, e sua consequente avaliação, permitirá retirar importantes implicações de natureza prática para a intervenção em psicologia dos recursos humanos e para a investigação. Se se verificou, nesta primeira fase, que a QVT (importância) não surge associada ao *stress* profissional, parece-nos provável esperar (e falamos de uma hipótese específica) uma relação mais estreita entre a maior ou menor discrepância entre importância da QVT e existência de QVT e *stress* profissional.

O prosseguimento da investigação também permitirá a análise de relações entre a QVT e outras variáveis psicológicas e de natureza organizacional, como o envolvimento, a intenção de *turnover*, os comportamentos de cidadania organizacional, o desempenho, e a produtividade, entre outros. Permitirá também analisar a relação com variáveis de natureza demográfica (sexo, idade, profissão).

---

2   Análise não apresentada neste artigo.

Mas, independentemente do tipo e especificidade de estudos, importa especialmente ressaltar a utilidade dos dados no sentido da promoção da QVT no quadro de uma tradição humanista. Se, nas actuais perspectivas de gestão e de desenvolvimento de recursos humanos, se reconhece o papel essencial do trabalhador, é preciso notar que a pressão para a produtividade e a competitividade do mundo actual pode fazer negligenciar, nalguns contextos, a componente humana. Por isso, interessa e importa relembrá-la novamente e renovadamente, e em cada momento, da investigação e da intervenção em Psicologia. A defesa da componente humana (e da Qualidade de Vida no Trabalho) é, indiscutivelmente, uma tarefa da Psicologia.

REFERÊNCIAS

Huang, T. C, Lawler, J., & Lei, C-Y (2007). The effects of quality of work life on commitment and turnover intention, *Social Behavior and Personality, 35* (6), 735-750.

Rafael, M. (2001). *O modelo desenvolvimentista de avaliação e aconselhamento de carreira. Preocupações de carreira, crenças de carreira e stress profissional em adultos empregados.* Dissertação de doutoramento, Lisboa: Faculdade de Psicologia e de Ciências da Educação.

Rafael, M., & Lima, M. R. (2007). *Inventário sobre a Qualidade de Vida no Trabalho. Versão experimental.* Lisboa: Faculdade de Psicologia e de Ciências da Educação.

Roan, A. M., & Diamond, C. (2003). Starting out: the quality of working life of young workers in the retail and hospitality industries in Australia. *International Journal of Employment Studies, 11* (2), 91-119.

Saklani, D. R. (2004). Quality of work life in the Indian context: An empirical investigation. *Decision, 31* (2), 101-132.

Schmidt, D. R. C., & Dantas, R. A. S. (2006). Qualidade de vida no trabalho de profissionais de enfermagem, atuantes em unidades do bloco cirúrgico, sob a ótica da satisfação. *Revista Latino-Americana Enfermagem, 14* (1), 54-60.

Schouteten, R. L. J., & Witte, M. C. (2005). Research report Home-situation-related differences in the quality of working life in the Netherlands. *Community, Work and Family, 8* (4), 379-387.

Sirgy, M. J., Efraty, D., Siegel, P., & Lee, D. (2001). A new measure of quality of work life (QWL) based on need satisfaction and spillover theories. *Social Indicators Research, 55*, 241–302.

Spielberger, C. D., & Vagg, P. R. (1999). *Job Stress Survey. Professional Manual.* Odessa: Psychological Assessment Resources.

A promoção do processo de reconhecimento, validação e certificação de competências pelas organizações: impacto na relação do trabalhador com a organização

Helena Martins
Faculdade de Psicologia e Ciências da Educação, Universidade de Coimbra - Portugal
helenagmartins@gmail.com

Teresa Rebelo
Faculdade de Psicologia e Ciências da Educação da Universidade de Coimbra - Portugal
tererebelo@fpce.uc.p

Inês Tomás
Facultad de Psicologia Universitat de Valência - Espanha
Ines.Tomas@uv.es

Resumo:

O processo de Reconhecimento, Validação, e Certificação de Competências (RVCC), é uma forma inovadora de validar e certificar indivíduos num determinado nível académico, independentemente do seu background escolar. Deste modo, o objectivo principal deste processo em Portugal é validar as aprendizagens informais e não-formais dos indivíduos, atribuindo-lhes uma espécie de equivalência formal. Com o crescente interesse na qualificação dos trabalhadores e o apoio governamental, as organizações portuguesas estão a promover cada vez mais este processo nas suas instalações e horário laboral. Na verdade, várias firmas portuguesas revelam actualmente uma preocupação especial com a aprendizagem organizacional como um factor-chave na sua competitividade. Como consequência, tem havido um crescente investimento em estratégias orientadas para a melhoria das competências dos seus recursos humanos, a fim de potenciar a sua capacidade de aprender e a sua performance. Este estudo explora a relação entre a promoção desta forma de desenvolvimento de recursos humanos e as atitudes (Satisfação com o Emprego e Compromisso Organizacional) e comportamentos dos colaboradores para com a organização onde trabalham. Este estudo transversal na População de Trabalhadores Industriais Portugueses (N=135) revelou uma melhoria nos indicadores das variáveis estudadas, embora os resultados estatisticamente significativos se concretizassem em termos de Comportamentos de Voz Activa (*Voice Behaviours*) nos grupos de trabalhadores que tinham estado envolvidos ou que haviam sido certificados, face aos restantes. Um dos objectivos desta comunicação é promover a investigação nesta área.

Abstract:

The process of Competences Recognition, Validation and Certification, also known as Accreditation of Prior Learning (APL), is an innovative means of attaining school certificates for individuals without an academic background. The main objective of this process is to validate what people have learned in informal contexts, in order to attribute academic certificates. With the increasing interest of qualification of workers and governmental support, more and more Portuguese organizations promote this process within their facilities and their work hours. In fact, nowadays, various Portuguese firms reveal a special concern about learning issues as a key factor in their competitiveness. Consequently, they tend to invest in strategies oriented towards the enhancement of human resource competences to improve their learning ability and their performance. This study explores the relationship between the promotion of this Human Resource Development measure and employee's attitudes (Job Satisfaction and Organizational Comitment) and behaviours (Extra-role Organizational Citizenship Behaviours) towards the organization they work for. Results of a cross-sectional survey of Portuguese Industrial Workers (N=135) showed that statistical significant results are in the higher levels of Voice Behaviours in the groups of workers who were involved or had graduated from the firm's promoted APL process, although all the other variables suffered slight, but not significant, increases. The goal of this paper is to spur future research in this area.

INTRODUÇÃO

Numa era em que as experiências educacionais iniciais dos sujeitos nem sempre correspondem às necessidades de um mercado de trabalho em constante mudança e os empregos já não são para toda a vida, existindo descontinuidades nas carreiras (Dealtry, 2003), a aprendizagem ao longo da vida assume uma importância acrescida, alertando para a pertinência de uma abordagem baseada em competências.

Deste modo, a economia baseada no conhecimento (*knowledge-based economy*), as novas tecnologias que acarretam mudanças cada vez maiores e mais rápidas, bem como, a globalização, conjugam-se para influenciar as necessidades de melhoraria relativamente às capacidades e competências da população (Colardyn & Bjornavold, 2004), bem como, o reconhecimento e a validação daquelas que foram entretanto adquiridas em contextos não-formais e informais.

O termo "competência" assume neste contexto protagonismo, sendo um termo cada vez mais usado. Podemos definir competência de várias formas, tendo em conta duas grandes componentes: o *saber-mobilizar*[1] (Perrenoud, 1996), e a *atitude reflexiva*, porque as experiências validadas neste tipo de processos são caracterizadas pelo conhecimento adquirido por uma longa prática, juntamente com a observação e a reflexão (Fredy-Pinchot, 2004). Deste modo, a aprendizagem deixou de ser um exercício preparatório da carreira, passando a ser uma actividade essencial para a sustentabilidade e crescimento da mesma (Dealtry, 2003).

O Reconhecimento, Validação, e Certificação de Competências (RVCC) é um processo que visa avaliar e reconhecer conhecimento obtido de forma não formal[2]. Normalmente, é pedido aos sujeitos que demonstrem um conjunto de competências referenciadas como nucleares à qualificação pretendida. Esta demonstração pode ter elementos práticos (à semelhança do *bilan de compétences* francês), mas normalmente consiste num portfólio de actividades nas quais os adultos demonstram um certo conjunto de com-

---

1 Por contraposição ao savoir-faire, apontado para a integração e mesmo sinergia dos recursos em que uma competência se baseia no sentido em que significa mobilizar um conjunto de recursos – conhecimento, atitudes, traços de personalidade, etc. para um determinado propósito.
2 Por "não formal" entendemos aqui tanto a aprendizagem informa e baseada na experiência como cursos não formais que uma pessoa possa frequentar e que não são acreditados.

petências (e.g. usar correctamente a linguagem, calcular superfícies, etc.).

Na Europa, apesar das inevitáveis diferenças, há vários pontos de contacto entre os países que adoptaram sistemas de RVCC. Exemplos disso serão, a filosofia de base e uma certa tendência para alargar o sistema para outros contextos e mesmo países, a fim de promover a aprendizagem ao longo da vida. Não obstante, existe ainda um longo caminho a percorrer em termos de coesão/congruência europeia no desenvolvimento de um conjunto de princípios comuns para a validação da aprendizagem informal e não formal que assegure a comparabilidade entre as abordagens dos diferentes países e dos diferentes níveis (Colardyn & Bjornavold, 2004, p. 87)[3].

O papel dos sistemas de RVCC está relacionado com a procura de soluções mais criativas relativamente à qualidade na gestão de aprendizagem organizacional (Dealtry, 2003), incluindo a necessidade de uma visão mais holística da gestão de Recursos Humanos.

Como já foi referido anteriormente, hoje em dia, as empresas revelam uma preocupação especial com as questões associadas à aprendizagem como factor-chave da sua competitividade. Como consequência, estas tendem a investir em estratégias orientadas face à melhoria das competências dos seus recursos humanos, para melhorar a sua capacidade de aprendizagem e a sua performance. Corroborando a mais-valia deste investimento, um estudo conduzido por Rebelo (2006) revelou que o nível de qualificação dos trabalhadores funciona grandemente como um facilitador da existência de uma cultura de aprendizagem nas organizações, o tipo de cultura que uma organização aprendente deve ter. Os resultados deste estudo também vão no sentido de que uma cultura de aprendizagem tem um impacto positivo na própria performance organizacional.

Em todo o mundo, o processo de RVCC tem sido desenvolvido em diversos contextos, como campos de refugiados, centros comunitários, organizações, etc.

Em Portugal, este processo está a cargo das instituições para este fim acreditadas pelo Ministério da Educação, chamadas Centros de Novas Oportunidades (CNO), nas suas próprias instalações ou em regime de itinerância. No nosso país, o RVCC está orientado exclusivamente para a atribuição de

---

3   Na Europa, o processo de RVCC foi adoptado em países como a Áustria, Bélgica, Dinamarca, Filândia, França, Alemanha, Irlanda, Itália, Noruega, Portugal, Súcia e o Reúno Unido, mas o processo não é exclusivamente europeu, existindo processos similares também em países como o Chile , o Canadá, Malásia, Coreia, EUA, Austrália, Nova Zelândia, África do Sul, etc, embora existam quase tantos nomes para o processo como países que o adoptam, existindo por isso diversos acrónimos, como por exemplo APL (Accreditation of Prior Learning), APEL (Accreditation of Prior Experiential Learning), RPEL (Recognition of Prior Experiential Learning), PLAR (Prior Learning Assessment and Recognition), VAE (Validacion des Acquis d'Experience) etc.

certificações escolares (4.º, 6.º, 9.º e 12.º ano) através de um processo que envolve a frequência de sessões de RVCC, onde os candidatos evidenciam competências orais de linguagem e comunicação, e de cidadania e Empregabilidade, bem como a elaboração de um Dossier Pessoal e Profissional, onde os candidatos relatam elementos da sua experiência de vida considerados significativos, e competências adquiridas em contexto informal e não formal. Existem, por vezes, contextos onde os candidatos podem demonstrar *in loco* outro tipo de aprendizagens perante elementos do júri de validação. Este sistema não requer qualquer tipo de precedência escolar, desde que os adultos demonstrem possuir as competências necessárias para o nível de qualificação almejado, tal como proposto pelos Referenciais de Competências homologados pelo Ministério da Educação.

O interesse das empresas em particular neste tipo de validação dos seus recursos humanos tem sido ancorado em diferentes esquemas filosóficos, culturais, estratégicos, e organizacionais, tal como pode ser observado na tabela seguinte.

Tabela 1 · Factores que influenciam a operacionalização de processos de RVCC nas empresas (adaptado de Pette & Devin, 2005)

Opção da Organização	Aspecto Dominante	Impacto principal pretendido
Lógica Individual (caso a caso)	Social/motivacional	Reconhecimento Social da oportunidade dada aos trabalhadores pela empresa; Motivação Individual.
	Gestão de Recursos Humanos Individualizada	Capacidade para evoluir e gerir as competências; Capacidade de evolução organizacional;
Lógica Colectiva (profissão, função, posição...)	Operacionalização colectiva do processo de RVCC	Acompanhamento das evoluções profissionais; Profissionalização.
	Organizacional	Operacionalização das escolhas e reconfiguração da estrutura; Revalidação do trabalho ou função (*job*).
	Económica	Desenvolvimento de uma imagem competitiva (melhoria da imagem de qualidade no mercado).
	Empregabilidade	Melhoria do posicionamento no mercado de trabalho.

Assim, existem vários motivos para uma companhia promover o processo de RVCC junto dos seus trabalhadores, dependendo de variáveis como:
· Foco (individual ou colectivo);
· Propósitos/intenções (reconhecimento social, gestão por competências, evoluções profissionais, posicionamento económico, promoção da empregabilidade, mudança organizacional, etc.);
· Objectivos (diálogo social, avaliar/acompanhar a evolução do trabalhador, reforçar a imagem empresarial, adequar as qualificações às funções, aumentar a empregabilidade interna e externa dos trabalhadores, etc.);
· Estratégias de implementação (de forma sistemática ou não, a longo pra-

zo ou de forma pontual, como um instrumento de Desenvolvimento de Recursos Humanos, etc.);
· Impacto esperado (motivação do trabalhador, mobilidade organizacional, qualificação dos trabalhadores, performance organizacional, responsabilidade social corporativa, gestão por valores, gestão da aprendizagem organizacional, etc.);
· Questões enfrentadas pela empresa na altura;
· Estratégia corporativa.

No entanto, o processo de RVCC nas empresas não envolve necessariamente um planeamento estratégico formalizado; as possíveis consequências nas carreiras dos colaboradores não são um resultado da validação *per si* (mas da aquisição prévia das competências que esta implica), e a maior parte das empresas envolvidas não chega sequer a reconhecer que estão deste modo a fazer gestão por competências (Layec & Leguy, 2006). Na verdade, este parece ser muito mais um processo "de facto" do que de "de direito", no sentido em que toca uma série de questões importantes (como a Responsabilidade Social Corporativa, a Gestão por Competências, a Gestão por valores, a Aprendizagem Organizacional, etc.) que nem sempre são reconhecidas pelos próprios actores do processo.

Não obstante, é evidente que o processo deliberadamente usado como uma ferramenta de Desenvolvimento de Recursos Humanos ou não, tem um impacto nos trabalhadores que se submetem a ele. A investigação tem demonstrado que o processo de RVCC tem essencialmente afectado a autorepresentação dos candidatos de forma positiva (cf. Layec & Leguy, 2006; François & Botteman, s.d.; Prodercom, 2004; etc.), mas também a sua percepção da organização e a sua proximidade face a esta (Layec & Leguy, 2006, p. 131).

Na nossa investigação, pretendemos investigar a relação deste processo com duas atitudes laborais, nomeadamente, o Compromisso Organizacional e a Satisfação com o Emprego e um comportamento laboral, Comportamentos de Cidadania Organizacional Extra-Papel.

Satisfação com o Emprego

A Satisfação com o Emprego tem sido o foco de milhares de estudos e artigos publicados na área da Psicologia Industrial e Organizacional (Resnick & Bond, 2001).

Em geral, a Satisfação com o Emprego é definida como um estado emocional positivo, resultando de uma avaliação igualmente positiva que um sujeito faça do seu próprio emprego; está relacionada com as características do trabalho de cada um (Dressel, 1982; Butler, 1990; Arches, 1991, cit. in

Sari, 2004). Por outras palavras, a Satisfação com o Emprego é geralmente tratada como um conjunto de sentimentos ou respostas afectivas associadas com a situação de emprego (Imparato, 1972), ou simplesmente "como as pessoas se sentem relativamente aos seus empregos" (Spector, 1997, p. 2).

A investigação tem associado positivamente a Satisfação com o Emprego com os atributos e ocupações do mesmo, atitudes positivas, motivação, o sentimento de felicidade generalizada (*life-happiness*), e o lazer e o ambiente extra-laboral (Tennison, 1996).

Formulamos as nossas primeiras hipóteses no sentido em que a Satisfação com o Emprego irá aumentar com a valorização das competências dos trabalhadores através do processo de RVCC, dada a probabilidade da melhoria de atitudes positivas, motivação, e felicidade generalizada (associada com um melhor auto-conceito (CIDEC, 2004)). Não obstante, estamos particularmente curiosas com os resultados em torno desta variável, uma vez que achamos também plausível que um colaborador que percepcione as suas competências como acima daquilo que o seu trabalho exige, se sinta menos satisfeito no seu emprego (Person-Job Fit Theory[4] [Brkich, Jeffs & Carless, 2002]).

Optámos por propor uma relação positiva entre o Processo de RVCC e a Satisfação com o Emprego, uma vez que acreditamos que, apesar de tal ser plausível, a relação negativa entre as variáveis seja menos comum que a inversa.

Hipótese 1a: Trabalhadores que tenham concluído o processo de RVCC promovido pelas suas organizações revelam um nível mais elevado de Satisfação com o Emprego do que aqueles que não estão envolvidos no mesmo processo.

Hipótese 1b: Trabalhadores que estejam a frequentar o processo de RVCC promovido pelas suas organizações revelam um nível mais elevado de Satisfação com o Emprego do que aqueles que não estão envolvidos no mesmo processo.

Compromisso Organizacional
Nas últimas décadas, o conceito de Compromisso Organizacional (CO) tem crescido em popularidade na literatura da Psicologia das Organizações e do Comportamento Organizacional (Mathieu & Zajac, 1990).

Mowday, Porter and Steers (1982, cit. in Fields, 2002) autores de muita

---

4 Person-Job Fit (adequação da pessoa ao emprego) tem sido conceptualizada como o grau em que as preferências, conhecimento, capacidades, habilidades, necessidades e valores vão de encontro aos requerimentos do seu emprego (Brkich, Jeffs & Carless, 2002). A adequação da pessoa ao emprego é um determinante importante da Satisfação com o Emprego (Arvey, Carter, & Buerkley, 1991 cit in Brkich, Jeffs & Carless, 2002).

da investigação inicial acerca do Compromisso Organizacional, caracterizam o construto como sendo uma forte crença e aceitação dos objectivos e valores da organização, uma predisposição (*willingness*) para exercer um esforço considerável em prol da mesma, e um forte desejo de permanecer nessa mesma organização. Apesar das diferentes definições e medidas do CO, existe algum consenso relativamente ao facto de que este pode geralmente ser considerado um vínculo entre o membro e a organização (Mathieu & Zajac, 1990). A multidimensionalidade do constructo tem igualmente reunido consenso (Meyer & Allen, 1997), não obstante a existência de vários modelos na literatura.

No presente estudo, adoptamos o modelo de três componentes de Meyer e Allen (1991, 1997; Allen e Meyer, 1990), dado ser o mais estudado e suportado empiricamente, "prevalecendo" na literatura (Bergman, 2006; Meyer, Stanley, Herscovitch & Topolnytsky, 2002). Este modelo tem sido explorado em diversos contextos e culturas, embora a maioria dos estudos tenha sido feita nos Estados Unidos da América (cf. Allen & Meyer, 1996).

Meyer and Allen (1991) conceptualizam o CO dividido em três componentes (e não tipos, um vez que eles podem coexistir); compromisso afectivo, compromisso normativo, e compromisso de continuidade. O compromisso afectivo denota a relação emocional que o indivíduo desenvolve para com a organização associada à identificação e envolvimento com a mesma; o compromisso normativo está associado ao sentimento de obrigação ou responsabilidade moral de permanecer na organização; e o compromisso de continuidade reflecte os custos percebidos de sair da organização (como a perda da antiguidade ou baixa de salário).

Na nossa investigação, considerando a natureza e as características dos três componentes do CO, optámos por formular apenas hipóteses com os componentes afectivo e normativo do construto.

Centenas de estudos têm examinado as relações entre Compromisso Organizacional Afectivo e variáveis que hipoteticamente são antecedentes (Meyer & Allen, 1997). Em termos de Variáveis Organizacionais, o CO Afectivo parece estar positivamente relacionado com a forma como as políticas organizacionais são concebidas, comunicadas, e percebidas como justas. A investigação referente às características pessoais nesta área tem focado dois tipos de variáveis: demográficas (e.g., idade, antiguidade na empresa), e disposicionais (e.g., personalidade, valores), que são aquelas que na literatura têm demonstrado significância estatística (Meyer & Allen, 1997). Em particular, existe alguma investigação que aponta no sentido de as percepções das próprias competências terem um papel importante no desenvolvimento do CO Afectivo (Meyer & Allen, 1997). Das diversas características pessoais examinadas, Mathieu e Zajac (1990) encontraram a maior relação entre competência percebida e compromisso afectivo, o que nos leva às seguintes hipóteses:

Hipótese 2a: Trabalhadores que concluíram o processo de RVCC promovido pelas suas organizações revelam um nível mais elevado de Compromisso Afectivo do que aqueles que não estão envolvidos neste mesmo processo.

Hipótese 2b: Trabalhadores que estão a frequentar o processo de RVCC promovido pelas suas organizações revelam um nível mais elevado de Compromisso Normativo do que aqueles que não estão envolvidos neste mesmo processo.

O Compromisso Organizacional Normativo tem sido relacionado com uma série de processos, tais como, a socialização dos trabalhadores numa organização, ou o contrato psicológico entre o colaborador e a sua organização (Argyris, 1960; Rousseau, 1989, 1995; Schein, 1980, cit. in Meyer & Allen, 1997). Os investimentos que a organização faz no seu colaborador, sobretudo aqueles que são à partida mais difíceis de retribuir também aparecem altamente correlacionados com o advento do CO Normativo, o que nos leva a propor o seguinte:

Hipótese 2c: Trabalhadores que concluíram o processo de RVCC promovido pelas suas organizações revelam um nível mais elevado de Compromisso Normativo do que aqueles que não estão envolvidos neste mesmo processo.

Hipótese 2d: Trabalhadores que estão a frequentar o processo de RVCC promovido pelas suas organizações revelam um nível mais elevados de Compromisso Normativo do que aqueles que não estão envolvidos neste mesmo processo.

Comportamentos de Cidadania Organizacional Extra-Papel

Os Comportamentos de Cidadania Organizacional (CCO) podem ser definidos como comportamentos individuais que são *discricionários*, não são contratualmente garantidos e que no contexto promovem o funcionamento eficiente da organização (Organ, 1997; Smith, Organ, & Near, 1983).

Os CCO's são *discricionários*, na medida em que não constituem um requerimento exigível (*enforceable*) da função desempenhada, sendo portanto uma escolha de natureza pessoal (de tal forma que a sua omissão não seja entendida como punível); os CCO's não são contratualmente garantidos, uma vez que não são directa nem explicitamente reconhecidos pelo sistema formal de recompensas (Organ, 1997).

Neste estudo, utilizamos o modelo de Van Dyne e LePine (1998) "Comportamentos de Ajuda e Voz Activa[5]", por ser um modelo bastante especifi-

---

5   No original, "Helping and Voice Behaviors".

co, orientado para comportamentos extra-papel que haviam sido apontados como consequências observadas dos processos de RVCC nas empresas, em estudos prévios (e.g. Prodercom, 2004).

Comportamentos de Ajuda são definidos como os comportamentos pró-activos que enfatizam actos de consideração para com os colaboradores e a organização, e comportamentos de Voz Activa caracterizam-se por uma pró-actividade dirigida a questionar o *status quo,* com vista a melhorar o desempenho organizacional. Ambas as dimensões são vistas como comportamentos extra-papel que os trabalhadores empreendem de mote próprio (Fields, 2002).

Ng e Van Dyne (2005) referem que os antecedentes psicossociais dos comportamentos de ajuda são essencialmente a *coesão grupal* e as *normas grupais de cooperação* (normas que podem ser definidas como padrões de comportamento que são relativamente estáveis ao longo do tempo e são esperados pelos membros do grupo (Bettenhausen & Murnigham, 1991, cit. in Ng & Van Dyne, 2005). Uma vez que a formação, tal como o processo de RVCC (dada a inquestionabilidade das similitudes contextuais), oferece um contexto de socialização, promovendo outras oportunidades de convívio e mesmo solidariedade entre os seus sujeitos (cf. Geerthuis et al, 2002; Bartlett, 2001; Kontoghiorghes & Bryant, 2004), propomos as seguintes hipóteses:

Hipótese 3a: Trabalhadores que concluíram o processo de RVCC promovido pelas suas organizações revelam um nível mais elevado de comportamentos de Ajuda do que aqueles que não estão envolvidos neste mesmo processo.

Hipótese 3b: Trabalhadores que estão a frequentar o processo de RVCC promovido pelas suas organizações revelam um nível mais elevado de comportamentos de Ajuda do que aqueles que não estão envolvidos neste mesmo processo.

Relativamente aos comportamentos de Voz Activa, LePine e Van Dyne (1998) enfatizam a relevância da satisfação com o grupo (altamente relacionada com a resposta emocional associada à interacção com os outros elementos do grupo de trabalho) e a auto-estima global (o grau de valor [*self-worth*] que um indivíduo atribui a si mesmo (Brackner, 1998, cit. in Van Dyne & LePine, 1998) como antecedentes desta variável.

Se considerarmos que uma das maiores conclusões do estudo conduzido pelo CIDEC (2004) no impacto dos processos de RVCC na população Portuguesa foi o aumento da auto-estima global, podemos formular as seguintes hipóteses:

Hipótese 3c: Trabalhadores que concluíram o processo de RVCC promovido pelas suas organizações revelam um nível mais elevado de Comportamentos de Voz Activa do que aqueles que não estão envolvidos neste mesmo processo.

Hipótese 3d: Trabalhadores que estão a frequentar o processo de RVCC promovido pelas suas organizações revelam um nível mais elevado de Comportamentos de Voz Activa do que aqueles que não estão envolvidos neste mesmo processo.

MÉTODO

Sujeitos e recolha de dados

Os dados foram recolhidos de colaboradores de duas organizações industriais. Cerca de 150 questionários foram distribuídos a colaboradores da produção (60,7%), de funções administrativas (5,2%), e com funções de supervisão (17%); 17,1% dos sujeitos não responderam a este item. Dos 150 questionários, cerca de 90% (N=135), foram preenchidos e devolvidos. Desta amostra, 30,2% dos sujeitos eram do género feminino e 69,8% do sexo masculino. Os sujeitos tinha idades compreendidas entre os 27 e os 59 anos, com uma média de 42,5 anos, e um desvio padrão de 6,95. A amostra foi dividida em três grupos, de acordo com o nível de envolvimento no processo de RVCC: não envolvida (31,1%), a frequentar o processo (40%), tendo concluído com sucesso o processo de RVCC (28,9%).

Os questionários foram distribuídos aos colaboradores por uma das autoras, mas nos casos em que pessoal externo à organização não era permitido nas instalações, um membro do departamento de Recursos Humanos recolheu os dados.

As duas organizações em que recolhemos os dados são grandes empresas do ramo automóvel e de *contract manufacuring*. Operando em Portugal desde 1946, a firma do ramo automóvel tem actualmente cerca de 600 trabalhadores e filiais em várias regiões do país, embora os sujeitos que inquirimos operem no Centro e Norte de Portugal. A empresa de *contract manufacturing* foi fundada em 1965 em Portugal, e em 2004 fundiu-se com outra empresa europeia, expandindo os seus negócios pela Europa desde então. Em Portugal, a empresa tem cerca de 1000 trabalhadores, operando exclusivamente no Centro do país.

Medidas

A Satisfação com o Emprego foi medida usando a versão reduzida do MSQ - *Minnesota Satisfaction Questionnaire* (Weiss, Dawis, England & Lofquist, 1967), com 20 itens. As opções apresentadas numa escala de tipo *Likert* de 5 pontos variaram entre "muito insatisfeito com este aspecto do meu trabalho" (1) a "muito satisfeito com este aspecto deste trabalho" (5). A solução factorial por nós encontrada vai de encontro ao trabalho de outros autores, como Moorman (1993, cit. in Fields, 2002), revelando duas dimensões: satisfação intrínseca (refere-se ao trabalho em si mesmo e contempla variáveis como as responsabilidades e crescimento ou realização pessoal, etc.), e satisfação extrínseca (associada a variáveis como o *status*, o pagamento, condições gerais de trabalho, etc.).

O nível de Compromisso Organizacional dos colaboradores foi medido usando a Escala de Compromisso Organizacional – Afectivo, Normativo, e de Continuidade, na versão revista de Meyer e Allen (1997), tendo sido encontradas as 3 dimensões esperadas na análise factorial. Nesta escala é usada uma escala *Likert* de 7 pontos, para medir o nível de acordo dos participantes com cada frase (de 1 – discordo completamente a 7 – concordo completamente).

Os Comportamentos de Cidadania Organizacional Extra-Papel foram avaliados usando a escala de 13 itens desenvolvida por Van Dyne e LePine (1998) "Escala de Comportamentos e Ajuda e Voz Activa". As respostas para todos os itens obedeceram a um formato *Likert* de 7 itens, variando entre 1 - discordo completamente e 7 - concordo completamente.

Análise

A análise dos construtos foi feita empregando uma análise factorial exploratória, dado que nenhum dos questionários havia ainda sido validado para a população portuguesa.

Para testar as nossas hipóteses, usámos uma análise multivariada da variância (MANOVA). As variáveis independentes consideradas foram os três diferentes níveis de desenvolvimento do processo de RVCC em que dividimos a amostra (não envolvido, a frequentar o processo, e tendo já concluído o processo com sucesso). Consideramos como variáveis dependentes a Satisfação com o Emprego (2 níveis: interno e externo), o Compromisso Organizacional (3 níveis: afectivo, normativo e de continuidade), e os Comportamentos de Ajuda e Voz Activa (2 níveis: comportamentos de ajuda e comportamentos de voz activa).

Escolhemos uma MANOVA na medida em que pretendíamos testar as diferenças estatísticas no todo, relativamente ao efeito principal e à interacção das diferentes variáveis entre si. Subsequentemente, usámos um teste post hoc de Games-Howell para verificar quais os factores com diferenças estatisticamente significativas, dado que o teste de Levene não revelou igualdade de variâncias entre os grupos (Pestana & Gageiro, 2005).

RESULTADOS

Confiabilidade das escalas

Todas as escalas revelaram bons níveis de confiabilidade, com valores de α de 0,88 para o MSQ (0,87 para o factor de satisfação interna, e 0,77 para o factor de satisfação externa), 0,81 para a Escala de Compromisso Organizacional – Afectivo, Normativo e de Continuidade (0,75 para a dimensão afectiva, 0,81 para a dimensão normativa, e 0,84 para a dimensão de continuidade), e 0,93 para a escala de Comportamentos de Ajuda e Voz Activa (0,75 para a escala de Comportamentos de Voz Activa, e 0,94 para a Escala de Comportamentos de Ajuda).

Teste das Hipóteses

Na nossa análise, usámos uma MANOVA com ajustamento para não-ortogonalidade. O N total foi reduzido de 135 para 134 na Satisfação com o Emprego; para 132 no caso do Compromisso Organizacional, e para 133 no caso dos Comportamentos de Ajuda e Voz Activa, a fim de eliminar os *outliers* severos.

Através do critério de Wilk, verificamos que os Comportamentos de Ajuda e Voz Activa foram afectados de forma significativa pela participação no Processo de RVCC ($F_{(4,240)}$=3,943, p=0,04), e o procedimento post-hoc de Games-Howell revelou que as diferenças significativas se referiam especificamente aos comportamentos de Voz Activa, entre trabalhadores que já haviam concluído o processo e aqueles que não estavam envolvidos no mesmo (diferença média=,79 para p=0,006), bem como, para trabalhadores presentemente a frequentar o processo *versus* outros não envolvidos no mesmo (diferença média=,67 para p=0,03).

Não encontramos efeito multivariado estatisticamente significativo para a Satisfação com o Emprego ($F_{(4,252)}$=0,405; p=0,805) nem para o Compromisso Organizacional ($F_{(6,240)}$= 0,555; p=0,766).

Tabela 2 · Resultados dos procedimentos da MANOVA

		Valor	F	df da hipótese	Error df	Sig.
Satisfação com o Emprego						
Status face ao RVCC	Lambda de Wilk	,987	,405	4,000	252,000	,805
Compromisso Organizacional						
Status face ao RVCC	Lambda de Wilk	,973	,555	6,000	240,000	,766
Comportamentos de Ajuda e Voz Activa						
Status face ao RVCC	Lambda de Wilk	,880	3,943	4,000	240,000	,004

Assim, os trabalhadores que estão actualmente a frequentar o processo de RVCC, bem como, aqueles que já o concluíram com sucesso, apresentam níveis mais elevados de comportamentos pró-activos que desafiam o *status quo* de forma a melhorar o desempenho ou performance organizacional (Comportamentos de Voz Activa).

Tabela 3 · Médias e Desvios-Padrão

Variável	Satisfação Intrínseca com o Emprego N=134		Satisfação Extrínseca com o Emprego N=134		Compromisso Organizacional Afectivo N=132		Compromisso Organizacional Normativo N=132		Compromisso Organizacional de Continuidade N=132		Comportamentos de Ajuda N=133		Comportamentos de Voz Activa N=133	
	M	DP	M	DP	M	DP	M	DP	M	DP	M	DP	M	DP
Status face ao RVCC														
Não envolvidos	4,00	,643	3,61	,844	5,39	1,44	4,63	1,332	4,97	1,452	5,93	,773	5,21	1,354
Envolvidos	3,94	,695	3,49	,778	5,50	1,10	4,35	1,538	4,97	1,302	5,99	,825	5,88	,904
Validados	4,04	,496	3,62	,590	5,63	,87	4,51	1,144	4,89	,874	6,20	,572	6,00	,677

Embora a Análise Multivariada de Variância tenha revelado significância estatística apenas em termos de Comportamentos de Voz Activa, as variáveis em estudo parecem seguir a tendência por nós prevista, como pode ser observado nos seguintes gráficos.

Figura 1 · Gráfico das diferenças entre os 3 níveis dos trabalhadores face ao Processo de RVCC, em termos das duas dimensões de Satisfação com o Emprego

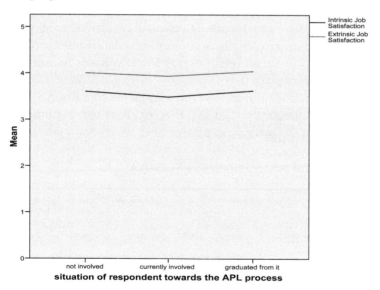

Figura 2 · Gráfico das diferenças entre os 3 níveis dos trabalhadores face ao Processo de RVCC, em termos das três dimensões de Compromisso Organizacional

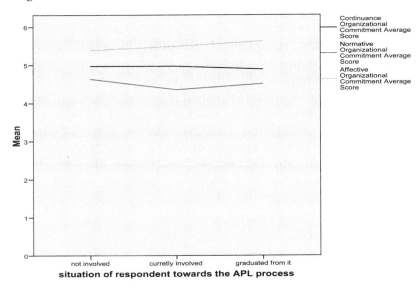

Figura 3 · Gráfico das diferenças entre os 3 níveis dos trabalhadores face ao Processo de RVCC, em termos das duas dimensões de Comportamentos de Cidadania Organizacional Extra-Papel

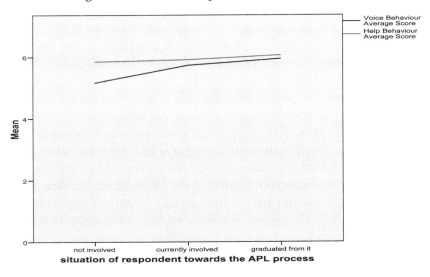

DISCUSSÃO

Apesar de o RVCC existir em Portugal desde 2003, e de haver cada vez mais estudos sobre o impacto do processo, existe uma certa lacuna relativamente ao processo no contexto laboral, uma vez que a investigação existente tem focado essencialmente o impacto do processo de RVCC em variáveis individuais e educacionais. A investigação apresentada nesta comunicação apresenta um primeiro esforço no sentido de compreender as implicações desta ferramenta de desenvolvimento de Recursos Humanos no funcionamento das organizações, tendo um cariz claramente exploratório.

Tendo por base a Teoria da Troca Social (*Social Exchange Theory* (Blau, 1953 cit. in Rousseau, 1995) e o Contrato Psicológico (Rousseau, 1995) propusemos que os colaboradores de uma empresa quereriam reciprocar o interesse da organização no seu desenvolvimento com níveis mais elevados de Satisfação com o Emprego, Compromisso Organizacional, e Comportamentos de Cidadania Organizacional.

Verificamos neste trabalho que todas as variáveis excepto o CO Normativo apresentaram a tendência esperada, como é visível nos gráficos apresentados, embora apenas tivéssemos encontrado diferenças estatisticamente significativas para os Comportamentos de Cidadania Organizacional de Voz Activa, os comportamentos pro-activos que desafiam o *status quo* para melhorar o desempenho da organização.

Os resultados, embora um pouco diferentes do que previmos, são consistentes com a nossa revisão bibliográfica, na medida em que sistematicamente o efeito mais consistente e replicado do processo de RVCC é o aumento da auto-confiança, auto-conceito, e auto-estima, o que, por seu turno, é o mais importante antecedente dos Comportamentos de Voz Activa (Van Dyne & LePine, 1998).

Deste modo, cremos que as nossas proposições iniciais são válidas, podendo existir outras covariáveis que não esperávamos. A consensual demanda de aprendizagem contínua dos trabalhadores pelo mercado de trabalho actual pode ser vista como uma exigência das empresas passível de coerção (e.g., os trabalhadores que não se desenvolvem não progridem nas suas carreiras e têm uma maior probabilidade de serem despedidos). Esta percepção pode aportar consigo um certo sentido de necessidade, mais do que de oportunidade a iniciativas como a promoção do Processo de RVCC nas empresas, trazendo consigo alguma pressão e sentido de obrigação face a este. Actualmente, nos dois casos onde recolhemos os dados, apesar de as sessões de RVCC serem realizadas pós-laboralmente, estas são levadas a cabo nas instalações da empresa, tornando visível para administração e pares se os trabalhadores estão ou não a desenvolver este esforço no sentido da qualificação.

Deste modo, os trabalhadores podem não considerar o processo de RVCC como algo que a organização lhes esteja a oferecer de modo que se sintam no dever de retribuir em termos atitudinais (e.g. Compromisso Organizacional Normativo), embora, curiosamente, alterem comportamentos em benefício da empresa (e.g. Comportamentos de Voz Activa).

É ainda importante registar que ambas as empresas registaram níveis muito elevados de Satisfação com o Emprego e de Compromisso Organizacional *a priori*, tornando menos provável a significância estatística de qualquer aumento nas variáveis em questão, indicando que possivelmente as empresas promovem também outras medidas de Gestão de Recursos Humanos que devido a outros motivos (como por exemplo antecedência cronológica) são responsáveis pela sua variância.

CONCLUSÕES

É comummente aceite na literatura da Gestão que as organizações precisam de colaboradores que estejam disponíveis para exceder os requisitos formais dos seus empregos (Barnard, 1938; Katz, 1964; Katz & Kahn, 1978; cit. in Morrison, 1994).

Este estudo exploratório demonstrou que o processo de RVCC promovido pelas empresas tem um impacto claro nos comportamentos pró-activos dos trabalhadores face à Performance Organizacional.

Trabalhadores que certificaram as suas competências ou que estão envolvidos no processo de RVCC tendem a revelar um maior envolvimento em matérias que afectam a qualidade de vida no seu grupo e para fazer um esforço mais elevado para se manterem bem informados sobre temas onde a sua opinião pode ser útil para o grupo de trabalho.

Implicações Teóricas e Práticas do Presente Estudo

No que se refere às implicações teóricas, pensamos que esta investigação oferece pistas que contribuem para uma maior exploração da investigação relacionada com o processo de RVCC como uma abordagem inovadora e válida a temas como a aprendizagem ao longo da vida, gestão da aprendizagem organizacional, e a prática do desenvolvimento de recursos humanos.

Em termos práticos, esperamos que a nossa contribuição possa optimizar de alguma forma o processo de RVCC nas empresas portuguesas, uma vez que claramente existem benefícios que estas podem colher desta iniciativa, nomeadamente, em termos da relação dos trabalhadores com a organização.

Limitações e direcção de investigação futura

Uma das limitações do presente estudo é, naturalmente, a sua natureza transversal. Assim, em termos de pesquisas futuras, pensamos que seria interessante realizar um estudo longitudinal com esta população de forma a compreender as evoluções destas e de outras variáveis dependentes que possam igualmente ser relevantes (como as inovações dos trabalhadores no seu contexto laboral). Além disso, poderia ser de grande interesse também explorar o que acontece, relativamente a estas variáveis, aos trabalhadores que por algum motivo desistem do Processo de RVCC.

Finalmente, pensamos que também seria muito interessante compreender como é que a relação inversa (da Organização com o Trabalhador) é afectada pelo processo de RVCC: por exemplo, uma vez que verificamos que os trabalhadores reportam um nível maior de Comportamentos de Voz Activa, será que isso significa que as empresas promovem mais o *empowerment* dos trabalhadores depois de estes terem validado as suas competências?

REFERÊNCIAS

Allen, N. J., & Meyer, J. P. (1990). The Measurement and Antecedents of Affective, Continuance and Normative Commitment to the Organisation, *Journal of Occupational Psychology*, 63, 1-18.

Allen, N. J., & Meyer, J. P. (1996). Affective, continuance, and normative commitment to the organization: An examination of construct validity. *Journal of Vocational Behavior*, 49, 252-276.

Bartlett, K. R. (2001). The relationship Between Training and Organizational Commitment: a Study in the Heath Care Field. *Human Resource Development Quarterly*, 12 (4), 335-352.

Bergman, L. (2006). Perspectives on determinants of social welfare: introduction. *International Journal of Social Welfare*, 15, (1),1-4

Brkich, M., Jeffs, D., and Carless, S. A. (2002). A Global Self-Report Measure of Person-Job Fit *European Journal of Psychological Assessment*, 18 (1), 43-51.

Colardyn, D., & Bjornavold, J. (2004). Validation of Formal, Non-Formal and Informal Learning: policy and practices in EU Member States. *European Journal of Education*, 39 (1), 69-89.

Dealtry, R. (2003). Issues relating to learning accreditation in corporate university management. *Journal of Workplace Learning*, 15 (2), 80-86

CIDEC – Centro Interdisciplinar de Estudos Económicos (2004) *O impacto do Reconhecimento de Competências Adquiridas ao Longo da Vida*. Lisboa: DGFV – Direcção Geral de Formação Vocacional.

Fields, D.L. (2002). *Taking the measure of work: A guide to validated scales for organizational research and diagnosis.* Thousand Oaks, CA

François, P.-H. & Botteman, A. E. (sd). Theórie Sociale Cognitive de Bandura et Bilan de Compétences: Applications, Recherches et Perspectives Critiques. *CARRIÉROlogie, 5* 19-543.

Fredy-Pinchot, A. (2004). Chronique: points de vue de practiciens. *Revue de Gestion des Ressources Humaines, 52,* 63-67.

Geerthuis, S., Holmes, M., Geerthuis H., Clancy, D., & Bristol, A. (2002). Evaluation of workplace learning. *Journal of Workplace Learning, 14* (1/2), 11-18.

Imparato, N. (1972) Relationship between Porter's Need Satisfaction Questionnaire and de Job Descriptive Index. *Journal of Applied Psychology, 56* (5), 397-405.

Kontoghiorghes, C., & Bryant, N. (2004). Exploring Employee Commitment in a Service Organization in the Health Care Insurance Industry. *Organizational Development Journal, 22* (3), 59-72.

Layec, J., & Leguy, P. (2006). *La VAE dans les entreprises: un atout collectif? Etude des pratiques dans des TPE, PME/PMI et collectivités territoriales.* Ministère De l'Emploi, De La Cohésion Sociale et Du Logement - Délégation Générale à l'Emploi et la Formation Professionnelle.

LePine, J. A., & Van Dyne, L. (1998). Predicting Voice Behaviour in Work Groups. *Journal of Applied Psychology, 81* (6), 853-868.

Mathieu, J. E., & Zajac, D. M. (1990) A Review and Meta-Analysis of the Antecedents, Correlates, and Consequences of Organizational Commitment. *Psychological Bulletin, 108* (2), 171–194.

Meyer, J. P. & Allen, N. J. (1991). A three-component conceptualization of organizational commitment. *Human Resources Management Review, 1* (1), 61-89.

Meyer, J. P. & Allen, N. J. (1997). *Commitment in the Workplace – Theory, Research and Application* Sage Publications – International Educational and Professional Publisher.

Meyer, J.P., Stanley, D.J., Herscovitch, L. & Topolnytsky, L. (2002). Affective, continuance, and normative commitment to the organization: A meta-analysis of antecedents, correlates, and consequences. *Journal of Vocational Behavior, 61,* 20-52.

Morrison, E. W. (1994). Role Definitions and Organizational Citizenship Behavior: The Importance of the Employee's Perspective. *Academy of Management Journal, 37* (6), 1543-1567.

Ng, K. Y., & Van Dyne, L. (2005). Antecedents and Performance Consequences of Helping Behavior in Work Groups – A multilevel analysis. *Group & Organization Management, 30* (5), 510-540.

Organ, D. W. (1997) Organizational Citizenship Behavior: It's Construct Clean-up Time. *Human Performance, 10* (2), 85-97.

Perrenoud, Philippe (1996) Formation continue et développement de compétences professionnelles. *L'Éducateur, 9*, 28-33.

Pestana, M. H. e Gageiro, J. N. (2005). Análise de dados para ciências sociais. A complementaridade do SPSS (4ª Ed.). Lisboa: Edições Sílabo.

Pette, X. & Devin, C. (2005). *Gagner en compétence pour gagner en compétitivité : étude sur les pratiques de VAE dans les entreprises industrielles et de services à l'industrie.* Rapport de recherche non publié, Ministère de l'Economie, des Finances et de l'Industrie, Direction Générale des Entreprises.

Prodercom (2004). *Avaliação do Impacte dos Processos RVCC - Estudo de Caso.* Prodercom.

Rebelo, T. (2006). *Orientação cultural para a aprendizagem nas organizações: Condicionantes e consequentes.* Tese de doutoramento não publicada, Faculdade de Psicologia e de Ciências da Educação da Universidade de Coimbra.

Resnick, S. G., & Bond, G. R. (2001). The Indiana Job Satisfaction Scale - Job Satisfaction in Vocational Rehabilitation for People with Severe Mental Illness. *Psychiatric Rehabilitation Journal, 25* (1), 12-19.

Rousseau, D. M. (1995). *Psychological Contracts in Organizations – Understanding Written and Unwritten Agreements.* Sage Publications – International Educational and Professional Publisher.

Sari, H. (2004). An analysis of burnout and Job Satisfaction among Turkish special school head teachers and teachers, and the factors affecting their burnout and Job Satisfaction. Educational Studies, *30* (3), 291-306.

Smith, A. C., Organ, D. W., & Near, J. P. (1983). Organizational Citizenship Behavior: Its Nature and Antecedents. *Journal of Applied Psychology, 68* (4), 653-663.

Spector, P. E. (1997) *Job Satisfaction – Application, Assessment, Causes, and Consequence.* Sage Publications – International Educational and Professional Publisher.

Tennison, G. M. (1996). *The Determination of the Universal Variables of Job Satisfaction through Content Analysis.* Dissertation Presented to the Faculty of the School of Education Curriculum and Instruction in partial fulfilment of the Requirements for the Degree Doctor of Education, University of San Francisco.

Van Dyne, L. & LePine, J. A. (1998) Helping and Voice Extra-Role Behaviours: Evidence of Construct and Predictive Validity. *Academy of Management Journal, 41*(1), p. 108-119.

Weiss, D. J., Dawis, R. V., England, G. W., & Lofquist, L. H. (1967). *Manual for the Minnesota Satisfaction Questionnaire*. Minneapolis, MN: University of Minnesota Industrial Relations Center.

A diversidade cultural e o processo de orientação profissional de adolescentes imigrantes

Maria da Conceição Coropos Uvaldo
Fabiano Fonseca da Silva
Renato Soares da Silva
Laboratório de Estudos sobre Trabalho e Orientação Profissional,
Universidade de São Paulo - Brasil
mcuvaldo@usp.br

Resumo:

Expostas a outras culturas, particularmente nos processos de migração, as pessoas enfrentam questões identitárias multi-factoriais como: idade, características pessoais, grupos a que pertencem, e as novas situações enfrentadas. Os adolescentes de famílias imigrantes expostos à dupla cultura, a de origem dos pais e da sociedade maioritária na qual está crescendo, enfrentam além da crise normal da adolescência, incertezas quanto ao grupo que pertencem, que valores aceitam, enfim a qual cultura se filiam. Neste processo, a escolha profissional pode eclodir como uma crise em que as questões culturais como o valor dado ao trabalho, as profissões mais valorizadas pelas duas culturas, bem como, voltar ou não ao país de origem, estão presentes. A orientação profissional pode constituir-se em um processo activo de exploração de significados e das implicações de pertencer a um grupo, pois na escolha, muito além da tomada de decisão sobre que carreira seguir, está implicada a forma como quer se comprometer como membro dos dois grupos. Neste sentido, a orientação profissional adquire a função de *holding,* auxiliando no processo de aquisição identitária. Para ilustrar este processo apresentaremos dois casos, um adolescente de origem japonesa e outro boliviana, residentes na cidade de São Paulo, Brasil.

Abstract:

Exposed to other cultures, particularly in the migration processes, people face complex identity questions related to age, personal characteristics, belonging to specific groups and exposure to new situations. Adolescents of immigrant families, exposed to double cultures (one from the country of origin and the other from the society in which the are growing), face more than the regular crisis associated to the passage to adulthood, dealing with uncertainties related to the group of belonging, accepted values, and the culture they affiliate to. In this process, occupational choice can come as a crisis that brings cultural questions as the value of work, status of jobs in each culture, as well as their returning to the home country. Vocational guidance can be an active process of exploration of meanings and implications of belonging to a group because choice, more than a decision about a career to follow, implies the way the person commits him/herself as a member of the two groups. This way, guidance acquires the function of holding, helping through the process of identity acquisition. To illustrate the whole process, two cases will be presented: one of a Japanese adolescent and another of a Bolivian teenager, both living in São Paulo/Brazil.

INTRODUÇÃO

O Brasil é considerado um país de "miscigenação racial", uma sociedade pluralista, que aceita a integração como forma de se conviver (Berry, 2004). Entendendo-se como integração um certo grau de manutenção da identidade cultural original ao mesmo tempo que participa integralmente da sociedade maioritária.

A história de imigração para o Brasil iniciou-se no próprio descobrimento pelos portugueses, impondo uma aculturação aos habitantes originais. O processo continua com a vinda de cerca de 4 milhões de africanos durante três séculos de escravidão. Com a abolição da escravatura, optou-se por uma política imigratória. De 1872 a 1972, 5.350.889 imigrantes entraram legalmente no país, a maioria formada por portugueses e italianos, mas também um número significativo de espanhóis, alemães, e japoneses.

A partir de 1980 uma nova onda de imigração ocorreu, desta vez formada por coreanos, chineses, e bolivianos. Estima-se que 1 milhão de imigrantes dessas nacionalidades chegou ao país. Grande parte deles veio para São Paulo, dando à cidade um aspecto de mosaico cultural. Aqui encontramos restaurantes típicos de uma infinidade de nacionalidades, bairros característicos como o da Liberdade onde concentram-se parte da colónia japonesa da cidade, ou ainda como o do Bom Retiro, antes reduto dos judeus e hoje habitado por coreanos.

Não se pode negar um profundo inter-relacionamento entre a sociedade nacional e as várias etnias e destas entre si. Para Fausto (1995), podemos falar de uma "sociedade paulista", com traços próprios e relativamente diferenciados de outras regiões do país. Mas, o próprio autor ressalva que a integração de cada grupo é diferente, e que este processo se dá através de várias gerações.

Migrar implica expor-se a uma outra cultura: valores, costumes, crenças, comportamentos. Este processo traz questionamentos sobre a própria cultura e identidade. As questões identitárias que emergem dependem de uma variedade de factores pessoais como sexo, idade, personalidade, escolaridade, grupo a que o migrante pertence, língua, costumes, experiências com o diferente e situações que encontram no novo ambiente, desde o lugar conferido no imaginário grupal ao imigrante, até aspectos políticos e económicos (DeBiaggi, 2004). A integração, no entanto, é sempre lenta e trabalhosa e coloca em jogo a identidade cultural do imigrante.

A noção de identidade cultural refere-se ao conjunto complexo de crenças e atitudes que as pessoas têm sobre si mesmas em relação a ser membro de seu grupo cultural (Berry, 2004), e esta identidade é questionada no contacto com outra cultura, como no caso da imigração. Quem sou eu? A qual lugar pertenço? Perguntas que muito se assemelham às que o adolescente encara durante o seu desenvolvimento. Alcançar a identidade adulta requer um processo activo de exploração de significados e implicações de pertencer a um determinado grupo. Esta tarefa por si só já requer muita energia e um ambiente propício para que o adolescente possa se experimentar e questionar. Como seria então este processo para um adolescente exposto à dupla cultura?

Para Phinney (2004) os problemas identitários associados à migração são salientes para os adolescentes, que estão em fase de desenvolvimento, lidando com a formação de sua identidade, assim como com opções de identidades culturais.

Orientação Profissional como holding na adolescência

Lehman (2001) aponta que na adolescência temos uma crise psico-evolutiva, podendo haver períodos de regressão. A autora, usando um referencial winnicottiano, compara estes períodos esperados na adolescência à do bebé, que necessita de uma membrana delimitadora para não se deixar invadir, se misturar em sentimentos, angústias que ainda não consegue nomear. Esta membrana, simbolicamente o colo materno, *holding*, ajuda a conter e possibilita que em segurança se busque novas formas de integração do ego. A autora considera que um atendimento em orientação profissional possa ter esta função, ou seja, de ser um ambiente facilitador e continente para as angústias dos processos de crescimento, na busca de novas formas de integração do ego com os papéis adultos a serem assumidos.

Não podemos deixar de considerar a importância do trabalho como factor de vínculo do indivíduo com a sociedade, daí considerarmos que a questão da escolha profissional torna-se ainda mais importante e conflituosa no caso dos adolescentes membros de família imigrante.

Assim como Lehman (2001), desenvolvemos nosso trabalho de orientação tomando por base a proposta clínica de Bohoslavsky (1982), que articula aspectos individuais e sociais, considerando a escolha profissional determinada por estas duas instâncias, utilizando-se para isto do conceito de identidade.

Bohoslavsky (1982, p. 55) define Identidade Ocupacional como a "autopercepção, ao longo do tempo em termos ocupacionais". Ao definir ocupação como um conjunto de expectativas de papel, destaca o carácter estrutural e relacional do problema, porque a ocupação não é algo definido de "dentro", nem de "fora", mas na interacção. Nesta perspectiva o conflito em relação à escolha, expressa uma não integração das diversas identificações. O autor adopta a hipótese de que isto ocorra pela necessidade de reparação de objectos internos danificados, utilizando-se de conceitos kleinianos. O papel do orientador nesta perspectiva é esclarecer, interpretar tanto as "sobre-determinações subjectivas da identidade vocacional com as relações de produção e de poder próprias do sistema social" (Bohoslavsky, 1983, p.75). Utilizando-se para isso da entrevista psicológica como instrumento fundamental, "onde existe uma unidade de operação, que é olhar, pensar, e operar ou mudar, ou seja, reflexão e acção estão directamente unidas" (Lehman, 1988, p. 19).

CARLOS E O GAMBERÊ

No Brasil já foram realizados vários estudos sobre os descendentes de japoneses. Saito (1986) em estudo sobre a formação do auto-conceito mostra que a introjeção desses dois sistemas de valores culturais, que em certo sentido são contraditórias, contribuem para a fragilidade da identidade social e étnica desses indivíduos, assim mesmo, os descendentes de terceira ou quarta gerações ainda são assolados por dúvidas quanto a ser japonês ou brasileiro. Para este autor, as heranças culturais recebidas são tão fortes, que os descendentes não conseguem em sua maioria engajarem-se à cultura luso-brasileira. Estes jovens sentem-se diferentes em alguns momentos, seja pelos traços fisionómicos, seja pelo sistema de valores introjectado (Miura, 1997).

Carlos, um jovem de 17 anos, é trazido pelo pai para fazer uma orientação profissional. O pai, engenheiro de formação, gere um supermercado da família. Traz o filho por sugestão de um amigo cujo filho passou pelo processo e "tornou-se mais focado em seus objectivos" (sic). A mãe é engenheira, mas nunca trabalhou.

Carlos mostrou-se desde o início muito tenso. Precisava passar no vestibular para engenharia. Os tios também fizeram engenharia, apenas um cursou jornalismo, e, segundo Carlos, não está bem de vida. Deveria fazer engenharia também, porque como é o mais velho dos filhos (tem mais um irmão), e também entre os primos, cabe a ele cuidar dos pais e, se necessário, dos tios quando forem mais velhos, daí ter que optar por uma profissão segura. Estudou em um colégio com grande número de descendentes de japoneses, o mesmo ocorrendo no curso preparatório que estava fazendo e seus amigos são em sua maioria " japoneses", como ele mesmo se classifica.

O jovem a princípio se sentia um pouco desconfortável, porque a orientadora não era oriental. Contudo, o que poderia parecer um empecilho, acabou sendo a possibilidade de fazê-lo reflectir. A postura de curiosidade e respeito da orientadora foi considerada fundamental, cabia a ela "ensinar" aquela forma de ver o mundo e viver, contrapor e "explicar" como "ocidental". Esta troca tornou-se rica e uma relação de confiança se estabeleceu. A partir disto, foi possível pensar nas cobranças quanto a ser bem sucedido financeiramente a qualquer custo, em japonês *gambarê*. Além do receio de ir para a faculdade, um meio desconhecido. Carlos pôde verbalizar essas expectativas, que eram vividas como "cobranças". A noção de tempo, de futuro, foi alvo de conversas. Ele não poderia estar pronto como ele sentia que deveria, mas iria crescer, aprender com suas experiências e se tornar um adulto. O sonho e desejo individual puderam então surgir. Quem era o Carlos? O que queria no futuro? Do que gostava? A partir deste momento, técnicas usuais de auto-conhecimento puderam ser utilizadas, além de projecções de futuro. Deste modo, Carlos pôde compreender melhor a cultura japonesa, perceber nele mesmo traços de aculturação. Assim, disse adorar comer pizza, que sentia inveja ao ver os pais de não orientais abraçarem sem motivo os filhos, ou ainda, perceber o seu interesse por garotas não orientais. A partir dessas reflexões, pôde-se abrir para entender o sentido de um curso superior para ele, ou seja, uma oportunidade de conhecer e aprender coisas novas. Além de entrar em contacto com pessoas diferentes, a faculdade poderia ser o espaço em que ele poderia desenvolver uma identidade cultural nipo-brasileira. Curiosamente, durante o processo Carlos passa a lembrar de seus sonhos, mostrando que um canal se abriu para seu mundo interno. Começa também uma busca de informações sobre cursos, não apenas através da leitura de guias e internet, mas também visitas a faculdades e conversas com profissionais. Descobre nesse processo que alguns amigos bem sucedidos dos pais não fizeram engenharia, e mesmo que o tio "ovelha negra" é um profissional reconhecido na sua profissão. Nesta busca, acaba optando por fazer Publicidade, curso que além de juntar coisas que de facto gostava, como fotografia, desenho, criatividade, ainda é um curso em que a diversidade é tema, pois afinal se desenvolve uma campanha para um determinado público. Carlos ao final de nossos 15 encontros sorria mais descontraidamente e parecia menos pressionado, compreendendo melhor seu contexto e a si mesmo. Temia contudo a reacção dos pais à sua escolha. Foi marcada uma conversa a quatro (orientadora, Carlos e os pais). Os pais um pouco desconfiados e resistentes, pouco a pouco se convenceram dos argumentos habilmente apresentados pelo adolescente. Por fim, o pai declarou que o que queria havia ocorrido. O filho tinha objectivos! Carlos neste mesmo ano entrou no melhor curso de Publicidade do país e começou a estagiar.

JUAN E A "COSTURA" DA IDENTIDADE

Os primeiros bolivianos chegaram ao Brasil nos anos 50, mas foi nos anos 80 que o movimento migratório se intensificou. Fugindo de uma situação económica dificílima, cerca de 100.000 bolivianos vivem hoje em São Paulo, muitos em condições ilegais. Aproveitando esta onda de imigração, os coreanos donos de pequenas confecções, começaram a substituir a mão-de-obra barata de conterrâneos clandestinos por bolivianos ilegais, pagando ainda menos e exigindo turnos de trabalho de 15 horas, (Galletti, 1995). Repete-se agora o ciclo: o coreano mais antigo explorava o coreano ilegal, que se legalizou e passou a explorar o boliviano ilegal, que se legalizou e explora seus conterrâneos ilegais que chegam a São Paulo.

Esta é a trajectória do pai de Juan, que veio trabalhar, juntou algum dinheiro, voltou à Bolívia para se casar, retornou, e por ter filhos nascidos no Brasil pôde legalizar sua situação, sendo hoje dono de uma pequena confecção. Juan, 17 anos, procura orientação porque quer ajuda para saber qual a sua vocação. Desde o início do atendimento frisa o sacrifício do pai, trabalhando cerca de 15 horas por dia para sustentar a família. Sente que tem obrigação de retribuir. Para isso sempre estudou bastante. Disse também evitar conversar, sair ou brincar com colegas para não se "distrair de seus objectivos". Comenta que isso não era compreendido pelos colegas de classe que acabavam por hostilizá-lo. É muito formal e distante nos primeiros encontros. Comenta estar interessado em fazer Engenharia Civil, justificando que tem facilidade com matemática. Os encontros são marcados por muito silêncio. Juan esperava que o orientador mostrasse o que ele deveria fazer. Uma forma de fazê-lo ficar mais a vontade era falar do curso preparatório para o vestibular que estava cursando. Sentia que lá havia mais liberdade, as pessoas riam mais, e conversavam. Fez até um amigo que o convidou para sair.

A partir dessas novas experiências, Juan começa a falar de sua família, do pouco contacto dos pais com as pessoas, do medo da violência que leva sua mãe a não sair de casa, da idealização da Bolívia como um lugar melhor, e o desejo do retorno. O próprio Juan diz querer fazer faculdade no Brasil, mas ir trabalhar na Bolívia. O espaço da orientação torna-se importante para que ele pense nessa dupla inserção, e em si mesmo, mas ainda com grande dificuldade. Quando lhe é pedido que liste suas características, escreve apenas que é muito esforçado, traço valorizado pela família. Como estratégia de trabalho, pedimos actividades que devem ser feitas no intervalo entre sessões, mas que incluam algum contacto com outras pessoas, como por exemplo perguntar ao novo amigo como o descreveria, visitar uma faculdade.

Cobra frequentemente que veio para a orientação em busca de garantias, e é esta forma de se relacionar com o orientador, de forma pragmática e funcional que acaba sendo o foco do atendimento. Trabalhando a transferência estabelecida, Juan pode perceber o quanto estabelece uma relação funcional com os brasileiros, e se aproxima do orientador, e como consequência, de suas questões, desejos e dificuldades. Fala mais da insegurança dos pais, da super protecção, e como percebe que o orientador faz o contrário, o incentiva a buscar o novo. Começa a "brincar" com escolhas. Cada semana pensa em um curso. Conseguiu uma certa liberdade para explorar, inclusive faz sua primeira viagem com amigos. Comenta que entende que sua dificuldade de escolha estava relacionada ao medo de crescer e encarar esse mundo tão hostil que os pais apresentavam. A partir dessa constatação fala de sua paixão pelo campo, por animais. Escolheu ao final de 12 encontros, cursar Medicina Veterinária. Escolha bem recebida pela família, pois sempre existe a necessidade desses profissionais, tanto no Brasil, quanto na Bolívia, caso ele queira retornar, o que Juan não acredita que vai acontecer.

CONCLUSÃO

Nos dois casos relatados fica claro como as questões culturais estão presentes no processo de escolha profissional e que devem ser considerados pelo orientador. Lehman (2001) já havia apontado como o processo de orientação pode se constituir como um espaço de continência. Nos adolescentes de famílias imigrantes este processo é ainda mais necessário, pois encontram-se imersos em duas culturas, as vezes até antagónicas, dificultando o complexo processo de desenvolvimento da identidade. Como vimos, o processo de orientação profissional pode ser considerado um *"holding"* em que essas questões podem ser trabalhadas.

REFERÊNCIAS

Berry, J. W. (2004). Migração, aculturação e adaptação. In DeBiaggi, S.D. & Paiva,G.J. (Orgs.), *Psicologia, E/Imigração e Cultura* (pp. 29-45). São Paulo: Casa do Psicólogo.

Bohoslavsky, R. (1982). *Orientação Vocacional a estratégia clínica*. São Paulo: Martins Fontes.

Bohoslavsky, R. (1983). *Vocacional- teoria, técnica e ideologia*. São Paulo: Cortez.

DeBiaggi, S. D. (2004). Homens e mulheres, mudando em novos espaços: famílias brasileiras retornam dos EUA para o Brasil. In DeBiaggi, S.D. & Paiva,G.J. (Orgs.), *Psicologia, E/Imigração e Cultura* (pp. 29-45). São Paulo: Casa do Psicólogo.

Fausto, B. (1995). *Historiografia da Imigração para São Paulo*. São Paulo: IDESP.

Galletti, R. (1995). Migração de estrangeiros no centro de São Paulo: coreanos e bolivianos. In *Programa Interinstitucional de Avaliação e Acompanhamento das migrações internacionais no Brasil. Vol 1*. Campinas:UNESCO.

Lehman, Y.P. (1988). *A aquisição da identidade vocacional numa sociedade em crise: Dois momentos na profissão liberal*. Tese de Doutorado não-publicada, Curso de Pós-graduação em Psicologia Escolar e Desenvolvimento Humano, Instituto de Psicologia, Universidade de São Paulo. São Paulo, SP.

Lehman, Y. P. (2001). O processo de orientação como holding na adolescência. *LABOR* n. zero, 66-75.

Miura, I. (1997). *Dekasseguis: relatos de identidade a partir da experiência de trabalho no Japão*. Dissertação de Mestrado. São Paulo: Instituto de Psicologia da Universidade de São Paulo.

Phinney, J. S. (2004). Formação da identidade de grupo e mudança entre migrantes e seus filhos. In DeBiaggi, S. D. & Paiva, G. J. (Orgs), *Psicologia, E/Imigração e Cultura* (pp. 29-45). São Paulo: Casa do Psicólogo.

Saito, J. K. (1986). *Auto-estima e auto-conhecimento entre os jovens descendentes de japoneses*. São Paulo: Masao Ohno.

Suporte parental e projectos vocacionais em adolescentes

Natalina Lopes Lima Araújo
SPO, EB23 de Carteado Mena, Darque, Viana do Castelo - Portugal
natalinallaraujo@hotmail.com

Resumo:
Através da aplicação da adaptação portuguesa da escala "Parental Support Behaviors during Childhood" (Silbereisen, Vondracek & Berg, 1997), e da escala "Padrão Individual de Realização de Projectos" (Borges, 2001), realizou-se um estudo exploratório de natureza correlacional, com 335 alunos a frequentarem o 10º ano de escolaridade. Foi analisado o impacto das expectativas parentais de sucesso, do envolvimento na escola, do encorajamento cultural, e do uso dos media em casa, no curso do ensino secundário escolhido, no projecto vocacional após o 12º ano, e na definição da profissão futura. Foram analisadas, também, as relações entre as variáveis acima mencionadas e as dimensões da identidade vocacional: exploração e compromisso. Os resultados revelaram a existência de relações positivas das expectativas de sucesso e do uso dos media em casa com a exploração, por um lado, e do envolvimento na escola e do encorajamento cultural com a exploração e o compromisso, por outro. Encontraram-se diferenças significativas nas variáveis de suporte parental em função do género, da situação familiar, do estatuto socioeconómico, e do nível de escolaridade dos pais. Os resultados apontam para a necessidade dos psicólogos escolares empreenderem intervenções de carreira compreensivas que promovam um forte envolvimento da família ao longo do percurso escolar.

Abstract:
Using the Portuguese adaptation of the "Parental Support Behaviors during Childhood" (Silbereisen, Vondracek, & Berg, 1997) scale and the Portuguese adaptation of Groningen Identity Development Scale (Borges, 2001), a correlational exploratory study was carried out with a sample of 335 10th grade students. The author assessed the impact of parents' anticipation of success, involvement at school, cultural encouragement and the use of media at home on a set of school variables, such as the type of educational branch they attended, their anticipated future path after 12th grade, and the specification of their future job. The relation of the parental dimensions mentioned above on relevant vocational identity dimensions in adolescence, such as the existence of exploratory and commitment behaviours, was also analyzed. The main obtained results highlighted the existence of positive relations between the anticipation of success and the use of media at home for exploration purposes, on one hand, and between the involvement in school and cultural encouragement with both exploration and commitment, on the other hand. Significant differences were found in the dimensions of parental support in relation to such sociodemographic aspects as gender, family structure, SES and parents' level of education. When discussing the implications of this research study, the author addresses the need for school psychologists to carry out comprehensive career interventions capable of promoting a high level of family involvement through basic and secondary education.

INTRODUÇÃO

No âmbito de uma abordagem contextualista do desenvolvimento vocacional, este é concebido como um processo de construção, e como um processo interactivo e dinâmico entre o indivíduo, em desenvolvimento, e os diferentes contextos onde está inserido. Considera-se que estes múltiplos contextos, como, a família, a escola, e a comunidade, ou então, a um nível mais distante, as políticas económicas e educativas estão, também, em constante desenvolvimento e interdependência uns dos outros. Assim, no quadro desta abordagem, o indivíduo influencia os contextos em que está inserido desempenhando um papel activo no seu próprio desenvolvimento (Vondracek, Lerner, & Schulenberg, 1983). Destaca-se, nesta perspectiva, o significado atribuído aos factores sócio-culturais e relacionais na compreensão e explicação do desenvolvimento vocacional.

A família, por ser o contexto mais próximo, e pelo lugar que ocupa enquanto mediadora entre o indivíduo e os restantes contextos onde vive, tem um papel fulcral no desenvolvimento da sua identidade. Interessa-nos, particularmente, compreender como a família desempenha a sua função de suporte ao processo de construção da identidade na adolescência, já que, segundo Erikson (1968), uma das principais tarefas do adolescente é a consolidação do sentimento de identidade. Mais ainda, Erikson preconiza que o imperativo de definir uma identidade psicossocial faz com que uma das principais preocupações do adolescente seja a de definir uma profissão, ou seja, a construção de um projecto vocacional. Constituindo a família o primeiro ecossistema relacional do indivíduo, a sua influência na construção dos projectos vocacionais é indiscutível. A investigação sobre os mecanismos subjacentes à elaboração dos projectos vocacionais terá, obrigatoriamente, que considerar o impacto das variáveis familiares. Foi já desenvolvido um corpo de investigação consistente sobre a relação entre variáveis familiares objectivas (estatuto socioeconómico, configuração familiar...), e o conteúdo das opções vocacionais. No entanto, há necessidade de aprofundar a forma como as variáveis familiares de carácter subjectivo, isto é, psicológicas e relacionais (tipo de relação entre os membros, estratégias educativas, etc.), favorecem ou condicionam o desenvolvimento da identidade vocacional. Os processos de exploração e compromisso, considerados expressões comportamentais do *self*, são centrais no âmbito da psicologia vocacional, o que acentua a necessidade de compreender como as variáveis contextuais têm impacto nesses processos. Mais especificamente, neste estudo vai-se procurar clarificar como interferem as variáveis do suporte parental *expectativas de sucesso*, *envolvimento na escola* e *encorajamento cultural* e *uso dos media em casa* no desenvolvimento vocacional, operacionalizado em experiências de *exploração* e *compromisso* vocacionais. Como a nossa preocupação tem a ver com a forma como essa influência ocorre, é imprescindível perceber as diferenças da influência do suporte parental em função de um conjunto de variáveis que, de acordo com a literatura, podem interferir nessa influência, como o género, a situação familiar, o estatuto socioeconómico da família, e o nível de escolaridade dos pais. O objectivo principal é, pois, o de aprofundar o conhecimento do impacto das variáveis familiares no desenvolvimento vocacional dos adolescentes, tendo em vista a planificação de acções de orientação vocacional que possam contribuir favoravelmente para promover a melhoria desse impacto.

METODOLOGIA
Amostra
A amostra é constituída por 335 alunos do 10º ano de escolaridade, e foi recolhida em três escolas com ensino secundário do distrito de Viana do Castelo. A amostra integra alunos de ambos os sexos, com predominância do sexo feminino (sexo feminino: N= 203; 60.6 %; sexo masculino: N=132; 39.4%), com idades compreendidas entre os 14 e os 19 anos, sendo a média nesta variável de 15.99 e o desvio padrão de 0.96.

Instrumentos
Escala de Comportamentos de Suporte Parental, adaptação portuguesa da escala "*Parental Support Behaviors during Childhood*" (Silbereisen, Vondracek & Berg, 1997). Esta escala foi construída no âmbito do "*Shell Youth Study*", um estudo longitudinal sobre a juventude empreendido na Alemanha após a queda do Muro de Berlim, e pretende avaliar os aspectos mais importantes da interacção pais-criança (Silbereisen, Vondracek & Berg, 1997). A escala original é constituída por 4 subescalas: *encorajamento cultural (ecultp), expectativas de sucesso (epescol), envolvimento na escola (epsuces,)* e *utilização dos media em casa (umediac).* Cada subescala é constituída por quatro itens. Na adaptação portuguesa introduzimos algumas alterações à escala original, nomeadamente, nas instruções e na introdução de alguns itens referentes à subescala de *encorajamento cultural*, uma vez que os itens originais não nos pareceram muito ajustados à realidade cultural portuguesa.

A primeira versão da escala, constituída por 20 itens, foi submetida aos procedimentos prévios com vista à validação de construto do instrumento. Para uma primeira estimativa da distribuição dos itens pelos factores e da sua magnitude, utilizámos o *Método dos Eixos Principais (PAF) com Rotação Ortogonal Varimax.* A análise permitiu identificar 5 factores com valores próprios superiores a 1, que na sua totalidade explicam 42.6% da variância.

Para confirmar a suposição teórica da existência de quatro factores, procedemos a uma nova análise, utilizando a *Principal Axis Factoring* (PAF) forçada a quatro factores. Esta análise permitiu identificar quatro factores que explicam 39.8% da variância. No entanto, esta análise factorial revelou alguns problemas estatísticos, nomeadamente, saturações em mais do que um factor em quatro itens, três correspondentes à subescala *encorajamento cultural*, e um correspondente à subescala *envolvimento na escola*. Por outro lado, o estudo da homogeneidade dos itens revelou que alguns apresentavam correlações item-escala >.30. Tendo em consideração estes dados optou-se por eliminar os itens: ecultp1 (item 3), ecultp 3 (item 9), ecultp7 (item 15) e epescol3 (item 8).

Para avaliar estas alterações e a coerência da estrutura factorial daí resultante, foi efectuada uma nova factorização utilizando a *Principal Axis Factoring* (PAF) forçada a quatro factores, excluindo os itens acima enunciados. A análise revelou que os itens se distribuem pelos factores de forma esperada, confirmando-se a estrutura de quatro factores, os quais, em conjunto, explicam 41.7% da variância. O primeiro factor, *encorajamento cultural*, explica 13.2 % da variância, o segundo, *expectativas de sucesso*, 10.6%, o terceiro, *envolvimento na escola*, 9.9 % e finalmente, o quarto, *uso dos media em casa*, 8.1%.

Quadro 1 · Matriz factorial com rotação (a)

Itens	Factor 1	2	3	4
ecultp4	,712			
ecultp9	,593			
ecultp5	,527			
ecultp8	,523			
ecultp6	,515			
ecultp2	,483			
epsuces4		,671		
epsuces3		,619		
epsuces1		,592		
epsuces2		,508		
epescol4			,797	
epescol2			,643	
epescol1			,547	
umediac2				,822
umediac1				,526
umediac3				,429

Nota:
Método de extracção: Principal Axis Factoring.
Método de rotação: Varimax com normalização de Kaiser.
Rotação convertida em 5 interacções.

Para além da análise factorial procedeu-se à análise da consistência interna. Calculou-se o valor da consistência interna, através do *alpha de Cronbach*, o qual, segundo Nunnally (1978) constitui a melhor estimativa da fidelidade de um teste. Também se analisaram outras propriedades dos itens, nomeadamente, através do cálculo das suas médias, desvios-padrão e correlação de cada item com o total da escala (excluindo o próprio item).

Quadro 2 · Alpha de Cronbach para as sub-escalas da Escala de Comportamentos de Suporte Parental

escala	Alpha de Cronbach
Expectativas de Sucesso	.726
Envolvimento na escola	.742
Encorajamento cultu	.758
Uso dos media em casa	.630

Quadro 3 · Médias, desvios-padrão e correlações item-escala* (exceptuando o próprio item) para *expectativas de sucesso*

Item	Média	DP	Correlação item-escala
epsuces1	2,71	,933	,499
epsuces2	3,05	,846	,467
epsuces3	2,52	1,038	,511
epsuces4	2,74	,971	,591

* Para uma amostra de 300 sujeitos são significativas correlações superiores a .30 (p=.01) (Stevens ,1986)

Quadro 4 · Médias, desvios-padrão e correlações item-escala* (exceptuando o próprio item) para envolvimento na escola

Item	Média	DP	Correlação item-escala
epescol1	3,38	,779	,521
epescol2	3,51	,725	,548
epescol4	3,58	,700	,643

* Para uma amostra de 300 sujeitos são significativas correlações superiores a .30 (p=.01) (Stevens, 1986)

Quadro 5 · Médias, desvios-padrão e correlações item-escala* (exceptuando o próprio item) para *encorajamento cultural*

Item	Média	DP	Correlação item-escala
ecultlp2	2,29	,980	,462
ecultp4	2,01	1,012	,592
ecultp5	1,37	,734	,443
ecultp6	2,87	,931	,490
ecultp8	2,93	1,053	,501
ecultp9	2,02	1,020	,516

*Para uma amostra de 300 sujeitos são significativas correlações superiores a .30 (p=.01) (Stevens ,1986)

Quadro 6 · Médias, desvios-padrão e correlações item-escala* (exceptuando o próprio item) para *uso dos media em casa*

Item	Média	DP	Correlação item-escala
umediac1	2,72	,957	,436
umediac2	2,89	,931	,547
umediac3	3,16	,945	,343

* Para uma amostra de 300 sujeitos são significativas correlações superiores a .30 (p=.01) (Stevens ,1986)

Como os dados demonstram, a Escala de Comportamentos de Suporte Parental, alvo de adaptação neste estudo, apresenta valores de consistência interna considerados aceitáveis e uma estrutura factorial coerente, permitindo avaliar as dimensões a que se propõe.

A versão final da adaptação portuguesa da escala é constituída por 16 itens distribuídos por quatro sub-escalas: *expectativas de sucesso* (4 itens), *envolvimento na escola* (3 itens), *encorajamento cultural* (6 itens) e *uso dos media em casa* (3 itens). Os itens são avaliados com base numa escala de tipo *Likert* com quatro pontos (1 = discordo totalmente; 2 = concordo em parte; 3 = concordo de um modo geral; 4 = concordo totalmente). Resultados mais elevados indicam um maior grau de comportamentos de suporte parental.

PIP-GIDS – Padrão Individual de Realização de Projectos (Borges, 2001), adaptação portuguesa da *"Groningen Identity Development Scale"* (Bosma, 1985).

O GIDS *"Groningen Identity Development Scale"* (Bosma, 1985) foi construído tendo por objectivo registar de forma independente a quantidade de exploração de compromisso nas áreas da vida mais relevantes nos adolescentes (Bosma, 1992). Assim, este instrumento colmataria as limitações da categorização dos sujeitos em função dos estatutos de identidade propostos por Marcia (1966). A adaptação portuguesa do GIDS foi elaborada com o propósito de avaliar os níveis de exploração de compromisso, no domínio vocacional. O PIP-GIDS pode ser administrado de forma colectiva dado que a entrevista e a formulação escrita dos compromissos, exigidas pelo GIDS foram substituídos por um conjunto de instruções, e por dois grupos de questões escritas que focalizam o sujeito no tópico das opções vocacionais: 1) O que tencionas fazer quando concluíres o 12º ano; e 2) Tens já uma ideia definida quanto ao tipo de profissão que queres vir a exercer? Para além destas questões, compreende duas escalas que avaliam duas dimensões da identidade vocacional: uma escala de *exploração* (11 itens), e uma escala de *compromisso* (11 itens). Os itens são avaliados com base numa escala de tipo *Likert* com três pontos (1 = não; raramente ou não sei; 2 = Algumas vezes sim, outras não/Algumas vezes; 3 = sim; bastante ou muitas vezes).

O estudo realizado por Borges (2001), com 402 estudantes do ensino secundário, concluiu que ambas as escalas possuem uma consistência interna aceitável (.77 para a *exploração* e .79 para o *compromisso*). No âmbito desta investigação, o *Alpha de Cronbach* para a escala de *compromisso* foi de .85 e de .70 para a escala de *exploração*.

Questionário de levantamento de dados sócio-biográficos e escolares

Este questionário foi elaborado no sentido de recolher dados sobre: o género (feminino/masculino); a estrutura familiar (família intacta/família não intacta); o estatuto socioeconómico (médio alto /médio/ médio baixo); o nível de escolaridade dos pais (igual ou inferior ao 4º ano/ 6º ano/ igual ou superior ao 6º ano/ curso superior) e o curso (curso geral/curso tecnológico/ curso profissional).

RESULTADOS

Apresentam-se, de seguida, os resultados referentes às diferenças nas diferentes dimensões da *Escala de Comportamentos de Suporte Parental*, em função das variáveis: género, situação familiar, estatuto socioeconómico da família, nível de escolaridade dos pais, curso, objectivos de formação após o 12º ano e definição da profissão futura.

Apresentam-se, igualmente, os resultados da correlação entre as dimensões do suporte parental, e as dimensões da identidade vocacional.

Em relação à análise estatística dos resultados, quando se pretendeu cruzar uma variável independente com dois níveis (categorial), e uma variável dependente intervalar, utilizamos o *teste t de Student* para amostras independentes. Neste caso, utilizamos a versão do *teste t de Student* para variâncias idênticas ou distintas, dependendo do resultado do *teste de Levene* previamente realizado para examinar o pressuposto da homogeneidade das variâncias. Sempre que o objectivo foi cruzar uma variável independente com três ou mais níveis, e uma variável dependente intervalar, foi efectuada uma análise de variância univariada (ANOVA).

Para avaliar a relação entre as dimensões do suporte parental e as dimensões da identidade vocacional (*exploração* e *compromisso*) foi efectuado do cálculo da correlação de Pearson.

Quadro 7 · Médias e desvios-padrão e *teste t de Student* das dimensões da Escala de Comportamentos de Suporte Parental em função do género

Dimensões do suporte parental	Género	Média	DP	t	p
Expectativas de sucesso	masculino	11,4470	2,78851	2.267	.024*
	feminino	10,7389	2,79954		
Envolvimento na escola	masculino	10,1970	1,83453	2.250	.025*
	feminino	10,6453	1,74694		
Encorajamento cultural	masculino	13,5833	3,79240	.379	.705
	feminino	13,4187	3,94103		
Uso dos media em casa	masculino	8,5530	1,95098	1.542	.124
	feminino	8,9113	2,25854		

* $p < 0.05$

Quadro 8 · Médias e desvios-padrão e *teste t de Student* das dimensões da Escala de Comportamentos de Suporte Parental em função da situação familiar

Dimensões do suporte parental	Família	Média	DP	t	p
Expectativas de sucesso	Intacta	11,0782	2,79150	.206	.294
	Não intacta	10,5854	2,95783		
Envolvimento na escola	Intacta	10,4762	1,76555	.206	.837
	Não intacta	10,4146	1,99970		
Encorajamento cultural	Intacta	13,7789	3,78818	3.907	.001*
	Não inta	11,3659	3,90356		
Uso dos media em casa	Intacta	8,8469	2,11295	1.759	.080
	Não intacta	8,2195	2,32929		

* $p < 0.05$

Quadro 9 · Médias e desvios-padrão e ANOVAS das dimensões da Escala de Comportamentos de Suporte parental em função do estatuto socioeconómico

Dimensões do suporte parental	ESE	Média	DP	F	p
Expectativas de sucesso	Médio alto	11,6098	2,46858		
	Médio	11,8242	2,81501	7.932	.001*
	Médio baixo	10,5369	2,78297		
Envolvimento na escola	Médio alto	10,5366	1,59840		
	Médio	10,5824	1,90943	.344	.709
	Médio baixo	10,4039	1,78120		
Encorajamento cultural	Médio alto	15,7073	3,45864		
	Médio	14,0659	3,81168	11.898	.001*
	Médio baixo	12,7734	3,79002		
Uso dos media em casa	Médio alto	8,2927	2,08859		
	Médio	9,2857	2,12020	4.113	.017*
	Médio baixo	8,6355	2,13762		

* $p < 0.05$

Quadro 10 · Médias e desvios-padrão e ANOVAS das dimensões da Escala de Comportamentos de Suporte Parental em função do nível de escolaridade do pai

Dimensões do suporte parental	Nível de escolaridade do pai	Média	DP	F	p
Expectativas de sucesso	Igual ou inferior ao 4º ano	10,5373	2,89583	3.792	.011*
	6º ano	10,8205	2,79491		
	Igual ou superior ao 9º ano	11,5889	2,68116		
	Curso superior	11,8788	2,48442		
Envolvimento na escola	Igual ou inferior ao 4º ano	10,3657	1,68381	.385	.764
	6º ano	10,4359	1,95129		
	Igual ou superior ao 9º ano	10,5889	1,91912		
	curso superior	10,6364	1,49621		
Encorajamento cultural	igual ou inferior ao 4º ano	12,5821	3,78223	6.894	.001*
	6º ano	13,3462	4,09252		
	Igual ou superior ao 9º ano	14,1889	3,69298		
	Curso superior	15,5455	3,17304		
Uso dos media em casa	Igual ou inferior ao 4º ano	8,6791	2,02837	1.889	.131
	6º ano	8,6154	2,19344		
	Igual ou superior ao 9º ano	9,2000	2,29411		
	Curso superior	8,3333	1,99478		

* $p < 0.05$

Quadro 11 · Médias e desvios-padrão e ANOVAS das dimensões da Escala de Comportamentos de Suporte Parental em função do nível de escolaridade da mãe

Dimensões do suporte parental	Nível de escolaridade da mãe	Média	DP	F	p
Expectativas de sucesso	Igual ou inferior ao 4º ano	10,5594	2,63140		
	6º ano	11,2093	2,79544		
	Igual ou superior ao 9º ano	11,5385	3,24556	2.411	.067
	Curso superior	11,3902	2,56786		
Envolvimento na escola	Igual ou inferior ao 4º ano	10,3916	1,71995		
	6º ano	10,6047	1,97203		
	Igual ou superior ao 9º ano	10,4000	1,90230	.319	.812
	Curso superior	10,5610	1,48406		
Encorajamento cultural	Igual ou inferior ao 4º ano	12,9860	3,78281		
	6º ano	13,2442	3,99981		
	Igual ou superior ao 9º ano	13,8462	3,98917	3.682	.012*
	Curso superior	15,1463	3,35828		
Uso dos media em casa	Igual ou inferior ao 4º ano	8,6783	2,07127		
	6º ano	9,0000	2,09762		
	Igual ou superior ao 9º ano	8,9385	2,43591	1.095	.351
	Curso superior	8,3415	2,00761		

* $p < 0.05$

Quadro 12 · Médias e desvios-padrão e ANOVAS das dimensões da Escala de Comportamentos de Suporte Parental em função curso

Dimensões do suporte parental	Curso	Média	DP	F	p
Expectativas de sucesso	Curso geral	11,1523	2,79570		
	Curso tecnológico	10,8750	2,88397	1.686	.187
	Curso profissional	10,2821	2,79989		
Envolvimento na escola	Curso geral	10,5000	1,83858		
	Curso tecnológico	10,1500	1,64161	.759	.469
	Curso profissional	10,5897	1,63382		
Encorajamento cultural	Curso geral	13,3594	3,84857		
	Curso tecnológico	13,3000	4,35713	1.486	.228
	Curso profissional	14,4872	3,48585		
Uso dos media em casa	Curso geral	8,8516	2,11100		
	Curso tecnológico	8,4750	1,97403	.788	.455
	Curso profissional	8,5385	2,53238		

* $p < 0.05$

Quadro 13 · Médias e desvios-padrão e ANOVAS das dimensões da Escala de Comportamentos de Suporte Parental em função do projecto vocacional após o 12º ano

Dimensões do suporte parental	Projecto vocacional após o 12ºano	Média	DP	F	p
Expectativas de sucesso	Candidatar-se à universidade	11,4834	2,66609		
	Candidatar-se ao instituto politécnico	11,1071	2,71265	6.719	.001*
	Procurar emprego	9,9600	2,82096		
	Outra situação	10,0000	3,24037		
Envolvimento na escola	Candidatar-se à universidade	10,5972	1,78986		
	Candidatar-se ao instituto politécnico	10,0714	1,86445	1.142	.332
	Procurar emprego	10,2667	1,79589		
	Outra situação	10,4286	1,69031		
Encorajamento cultural	Candidatar-se à universidade	13,9858	3,86619		
	Candidatar-se ao instituto politécnico	13,5000	3,86341	3.907	
	Procurar emprego	12,3333	3,98759		
	Outra situação	12,5238	2,58107		
Uso dos media em casa	Candidatar-se à universidade	8,8199	2,20298		
	Candidatar-se ao instituto politécnico	8,6071	1,83261	.463	.708
	Procurar emprego	8,8267	2,08841		
	Outra situação	8,2857	2,23926		

* $p < 0.05$

Quadro 14 · Médias e desvios-padrão e *teste t* das dimensões da Escala de Comportamentos de Suporte Parental em função do projecto profissional

Dimensões do suporte parental	Projecto profissional	Média	DP	t	p
Expectativas de sucesso	Profissão definida	11,3232	2,85105	2.406	.017*
	Profissão não definida	10,5766	2,70545		
Envolvimento na escola	Profissão definida	10,6061	1,52687	1.597	.112
	Profissão não definida	10,2701	2,10917		
Encorajamento cultural	Profissão definida	14,0152	4,01074	3.053	.002*
	Profissão não definida	12,7153	3,55410		
Uso dos media em casa	Profissão definida	8,8838	2,26463	1.166	.232
	Profissão não definida	8,6058	1,96048		

* p < 0.05

Quadro 15 · Coeficientes de correlação de Pearson entre as dimensões do suporte parental e as variáveis de exploração e de compromisso

Dimensões do suporte parental	Compromisso	Exploração
Expectativas de sucesso	,088	,197**
Envolvimento na escola	,197**	,256**
Encorajamento cultural	,166**	,285**
Uso dos media em casa	,047	,192 **

** Nível de significância: p < .01 n= 335

DISCUSSÃO

Partindo de uma abordagem desenvolvimentista-contextualista (Vondracek, Lerner & Schulenberg, 1986) do desenvolvimento vocacional, procurámos compreender alguns aspectos respeitantes ao modo como a família serve de suporte ao desenvolvimento da identidade vocacional do adolescente. Mais especificamente, procurámos compreender como interferem as variáveis do suporte parental, *expectativas de sucesso, envolvimento na escola, encorajamento cultural* e *uso dos media em casa* no desenvolvimento vocacional, operacionalizado em experiências de *exploração* e *compromisso* vocacionais. Os resultados revelaram a existência de relações positivas das *expectativas de sucesso* e do *uso dos media em casa* com a *exploração*, por um lado, e do *envolvimento na escola* e do *encorajamento cultural* com a *exploração* e o *compromisso*, por outro.

Tendo em consideração a importância dos diferentes contextos para compreender a forma como o suporte parental afecta o desenvolvimento vocacional, analisaram-se as diferenças encontradas, nas suas diversas dimensões em função de um conjunto de variáveis escolares e sócio-biográficas. Os resultados revelaram diferenças significativas em função do género, da estrutura familiar, do estatuto socioeconómico, do nível de escolaridade dos pais, dos objectivos de formação após o 12º ano, e da definição da profissão futura. Relativamente ao género, encontrámos diferenças na dimensão *expectativas de sucesso*, onde os rapazes apresentaram valores mais elevados e na dimensão *envolvimento na escola*, onde os valores foram superiores nas raparigas. Em função da estrutura da família, os resultados apontaram para diferenças na dimensão *encorajamento cultural,* onde se registaram valores superiores nas famílias intactas. Relativamente ao estatuto socioeconómico, verificou-se que os adolescentes provenientes de famílias com estatuto mais elevado registaram valores superiores nas dimensões *expectativas de sucesso* e *encorajamento cultural*. Em função do nível de escolaridade do pai, encontrámos diferenças nas dimensões *expectativas de sucesso* e *encorajamento cultural*, e em função do nível de escolaridade da mãe, encontrámos diferenças na dimensão *encorajamento cultural*. Quer num, quer noutro caso, os valores foram superiores quando os pais tinham níveis de escolaridade mais elevados. Quando analisámos as diferenças nas dimensões do suporte parental em função dos objectivos de formação após o 12º ano, verificámos que estas se registaram nas dimensões *expectativas de sucesso* e *encorajamento cultural,* onde os valores apresentados pelos adolescentes que pretendiam ingressar na universidade foram mais elevados do que os valores dos que pretendiam começar a trabalhar. Os resultados apontaram, ainda, para diferenças nas dimensões *expectativas de sucesso* e *encorajamento cultural* em função da definição da profissão futura, ou seja, os adolescentes que já tinham definida uma profissão apresentaram valores mais elevados nas dimensões referidas.

Estes resultados permitem-nos afirmar que as variáveis familiares têm um impacto no desenvolvimento da identidade vocacional dos adolescentes, nomeadamente nos processos de *compromisso* e, sobretudo, de *exploração*. Concluímos, portanto, que a família, através das suas características objectivas e subjectivas pode favorecer ou condicionar os projectos vocacionais dos adolescentes.

CONCLUSÕES

Considerando que os resultados obtidos confirmam que as dimensões do suporte parental - *expectativas de sucesso, envolvimento na escola, encorajamento cultural, expectativas de sucesso, e uso dos media da em casa* - têm impacto no desenvolvimento da identidade vocacional dos adolescentes, as intervenções no âmbito da orientação escolar e profissional deverão contemplar, necessariamente, a família. Assim, propomos que se desenvolvam acções dirigidas aos pais no sentido de os tornar mais competentes para intervir de modo activo no desenvolvimento vocacional dos seus filhos, ou mesmo que se construam programas de intervenção que envolvam conjuntamente pais e filhos, tendo em vista a promoção do desenvolvimento vocacional. Kush e Cochran (1993), Palmer e Cochran (1988), Pinto e Soares (2001, 2002), e Soares e Pinto (2004), salientaram a importância de apoiar os pais no sentido de os envolver na definição dos projectos vocacionais dos seus filhos. Por outro lado, sugerimos que se realizem intervenções mais intensivas com pais em momentos de transição como o 9º ano - transição do ensino básico para o ensino secundário, onde é exigido ao adolescente uma tomada de decisão face a diversas alternativas de formação escolar e profissional, ou no 12º ano - transição do ensino secundário para o ensino superior.

Uma vez que o *envolvimento na escola* mostrou ter efeitos positivos e consistentes no desenvolvimento vocacional do adolescente, parece-nos muito importante dinamizar acções que promovam o envolvimento dos pais na escola. Estas acções poderão passar pela implementação das seguintes tarefas: apoio à família no sentido de colaborar com os filhos; comunicação escola/família sobre programas escolares; orientação dos pais para apoiar os objectivos da escola e do desenvolvimento do adolescente; e, participação dos pais nas decisões da escola ou colaboração com a comunidade (Epstein *op. cit.* Rebelo, 2001).

Considerando o foco da psicologia vocacional na prevenção e facilitação do desenvolvimento positivo, consideramos importante a continuação dos estudos que contribuam para uma melhor compreensão sobre o modo como as variáveis familiares, quer sejam objectivas quer subjectivas, influenciam o desenvolvimento da identidade vocacional dos adolescentes.

Em futuras investigações, utilizando a adaptação portuguesa da Escala de Comportamentos de Suporte Parental, procuraremos testar a sua sensibilidade a outras dimensões vocacionais e académicas, como o desempenho académico, e a factores associados com a tomada de decisão como a auto-eficácia na tomada de decisão vocacional.

REFERÊNCIAS

Borges, M. G. (2001). *Estilos de interacção familiar e projectos de vida dos adolescentes*. Dissertação de doutoramento não publicada apresentada à Faculdade de Psicologia e de Ciências da Educação da Universidade de Coimbra.

Bosma, H. A. (1985). *Identity development in adolescence: Coping with commitments*. Groningen: State University. Dissertação de doutoramento não publicada.

Bosma, H. A. (1992), Identity in adolescence: managing commitments. In G.R. Adams, Th. Gullota & R. Montemayor (Eds.), *Identity Formation During Adolescence*. Newbury Park: Sage Publications.

Erikson, E.H. (1968). Identity: Youth and Crisis. NewYork: Norton

Kush, K., & Cochran, L. (1993). Enhancing a sense of agency through career planning. *Journal of Counseling Psychology, 40*, 434-439.

Marcia, J. E. (1966). Development and validation of ego identity status. *Journal of Personality and Social Psychology, 3,* 551-558.

Nunnally, J. C. (1978). Psychometric theory. New York: McGraw-Hill.

Palmer, S., & Cochran, L. (1988). Parents as agents of career development. *Journal of Counseling Psychology, 35,* 71-76.

Pinto, H.R. & Soares, M. C. (2001). Influência parental na carreira: Evolução de perspectivas na teoria, na investigação e na prática. *Psychologica, 26*, 135-149.

Pinto, H. R. & Soares, M. C. (2002). Influência parental no desenvolvimento vocacional dos adolescentes. *Revista Portuguesa de Psicologia, 36*, 111-136.

Soares, M. C., & Pinto. H. R. (2004). Envolver os pais nas práticas de orientação vocacional. In M. C. Taveira (Coord). *Desenvolvimento vocacional ao longo da vida*. Coimbra. Almedina.

Rebelo, M. P. (2001). *Percepção das atitudes educativas parentais e insucesso escolar na adolescência*. Dissertação de doutoramento apresentada à Faculdade de Psicologia e de Ciências da Educação da Universidade de Coimbra.

Silbereisen, R. K., Vondracek, F. W., & Berg, L. A. (1997). Differential timing of initial vocational choice: the influence of early childhood family relocation and parental support behaviours in two cultures. *Journal of Vocational Behavior, 50,* 41-59.

Stevens, J. (1986). *Applied multivariate statistics for the social sciences*. New Jersey: Lawrence Erlbaum.

Vondracek, F., Lerner, R., & Schulenberg, J. (1983). The concept of development in vocational theory and intervention. *Journal of Vocational Behavior, 23,* 179-202.

A construção de carreira no ensino superior: Apresentação de um plano de avaliação

Ana Daniela Silva
Maria do Céu Taveira
Eugénia Ribeiro
Centro de Investigação em Psicologia, Universidade do Minho - Portugal
anadan@portugalmail.pt

Resumo:

Nesta comunicação apresenta-se o plano de avaliação da construção da carreira desenvolvido numa investigação mais alargada que tem como propósito compreender de que modo mulheres e homens constroem os seus percursos de carreira no ensino superior. O plano de avaliação desenvolvido teve como base o modelo de compreensão das teorias de carreira proposto por Savickas (2004), e pretendeu avaliar aspectos motivacionais, psicossociais e identitários de estudantes universitários no último ano da Licenciatura, no início e no final do ano lectivo (antes e depois do estágio curricular). No estudo participaram 80 estudantes de graduação da Universidade do Minho, com idades compreendidas entre os 21 e os 45 anos (M_{idade}= 23,9 anos; DP_{idade}= 4,31). Para além da recolha de dados de identificação sócio-demográfica e de projecção na carreira (Silva & Taveira, 2005), foi utilizado um inventário, o Dellas Identity Status Inventory–Occupation (DISI-O; Dellas & Jernigan, 1981, adap. de Taveira, 1986), para avaliar os modos de construção de identidade de carreira, e uma Grelha de Repertório da Carreira original, para avaliar a relação estabelecida pelos estudantes entre construtos, aspectos identitários e figuras determinantes da construção da sua identidade e percursos de carreira (Silva & Taveira, 2005). Discute-se a pertinência do plano de avaliação desenvolvido, para a compreensão dos processos de construção e desenvolvimento da carreira no Ensino Superior, bem como a sua utilidade para a definição de condições e critérios necessários para assegurar a eficácia e qualidade das intervenções de carreira naquele contexto educativo.

Abstract:

In this paper, we present a career construction assessment plan developed in a wider research, which has the purpose to help understand how women and men construct their career trajectories in higher education. The developed assessment plan had as base the the career theory model proposed by Savickas (2004), and intended to assess motivational, psychosocial and identity aspects of these students in the last year of graduation, at the beginning and end of the school year (before and after the internship). Eighty students from University of Minho, with ages ranging from 21 to 45 years (M_{age}= 23,9 years old; SD_{age}=4,31), participated in the study. In addition to the collection of socio-demographic and career projection data (Silva & Taveira, 2005), the Dellas Identity Status Inventory–Occupation (DISI-O; Dellas & Jernigan, 1981, adap. by Taveira, 1986) is used to assess the modes of career identity construction, and an original Career Repertory Grid (GRC, Silva, & Taveira, 2005) is used to assess how the students establish relations between career constructs, identity features and relevant models for the construction of career identity. The relevance of the assessment plan to understand career development and construction processes in Higher Education, as well as its' utility for the definition of conditions and criteria necessary to ensure the effectiveness and quality of career interventions in the educational context in which the project was developed, are discussed.

INTRODUÇÃO

A vida do estudante do Ensino Superior constitui uma experiência social única, ao expor o jovem adulto a múltiplos desafios, a despoletar novas amizades e relacionamentos amorosos, ao atribuir aos jovens novas responsabilidades e oportunidades, bem como, ao permitir a construção e o comprometimento com um conjunto de objectivos e projectos de vida. Esta etapa do desenvolvimento constitui uma etapa singular para a consolidação da autonomia e, de certo modo, estimula a clivagem com o período anterior, em que predominava a dependência, permitindo assim que o jovem adulto se prepare progressivamente para enfrentar maiores responsabilidades na sua vida social, familiar e profissional (Young & Friesen, 1990).

Neste contexto, embora o projecto existencial dos jovens adultos estudantes do ensino superior integre diversas dimensões, a construção da identidade vocacional ocupa um lugar preponderante. Este processo envolve o desenvolvimento de tarefas vocacionais, designadamente, a de inserção pré-profissional e profissional, e a concretização de projectos mais abrangentes que se desenvolvem ao longo de todas as restantes etapas da vida (Leitão, Paixão, Silva & Miguel, 2000). Torna-se então relevante, neste âmbito, o desenvolvimento de planos de avaliação, que nos permitam compreender como estes processos de construção de carreira ocorrem, contemplando as referidas tarefas vocacionais desta fase da vida, e fazendo convergir conhecimentos teóricos e práticos de várias áreas e ramos do conhecimento que possam concorrer para compreender o fenómeno.

A este respeito, Savickas (2004) propõe um modelo conceptual que pretende orientar os psicólogos na organização do pensamento sobre os diferentes tipos de instrumentos de avaliação, demonstrando até que ponto cada um deles serve a prática da intervenção de carreira. Nesse modelo, Savickas (2004) salienta duas estruturas que constituem o foco de avaliação da pessoa, o Eu de Carreira e o Eu Vocacional (cf, Figura 1).

Figura 1 · Modelo compreensivo das teorias da Carreira (Savickas, 2004)

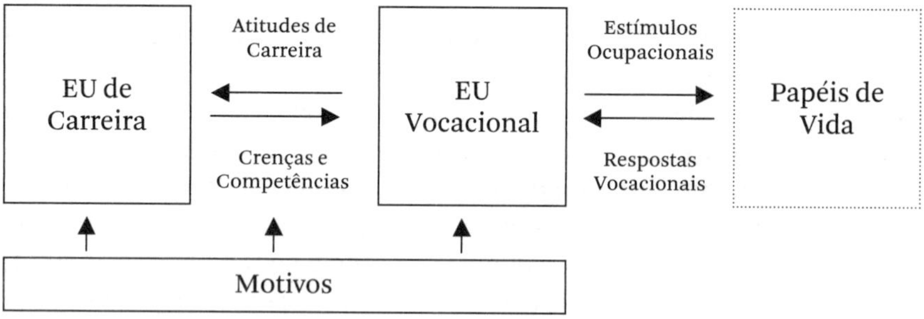

```
                Atitudes de                    Estímulos
                 Carreira                     Ocupacionais
┌──────────┐  ←──────────  ┌──────────┐  ──────────→  ┌──────────┐
│   EU de  │               │    EU    │               │ Papéis de│
│ Carreira │  ──────────→  │Vocacional│  ←──────────  │   Vida   │
└──────────┘                └──────────┘                └──────────┘
                Crenças e                      Respostas
               Competências                   Vocacionais
      ↑              ↑              ↑
┌─────────────────────────────────────────┐
│                Motivos                  │
└─────────────────────────────────────────┘
```

O Eu de Carreira, segundo aquele mesmo autor, é construído com base na auto-reflexão que a linguagem torna possível, e é responsável pelo carácter subjectivo que o indivíduo confere à carreira. O Eu Vocacional, por sua vez, corresponde aos estímulos ambientais do meio. O Eu de Carreira adiciona a auto-consciência ao conhecimento ambiental do Eu Vocacional. Ou seja, permite aos indivíduos produzirem um significado e utilizarem este processo de produção de significados para orientar o seu próprio comportamento, de uma forma proactiva, e não apenas como uma mera reacção a estímulos ambientais. O Eu de Carreira é um subconjunto organizado do universo cognitivo de uma pessoa, permitindo-lhe identificar e discriminar os papéis de trabalho que constituem uma experiência fulcral. Por isso, esta estrutura permite às pessoas realizarem escolhas coerentes entre alternativas comportamentais. Assim, enquanto o objectivo do comportamento vocacional consiste em responder a tarefas e situações vocacionais, o objectivo de interiorização de carreira consiste em produzir ajustamento adaptativo do comportamento vocacional. Desta forma, Savickas (2004) explica o processo interpretativo e interpessoal através do qual as pessoas dão significado e direcção ao seu comportamento vocacional. A carreira, nesta perspectiva, é uma construção subjectiva que implica dar significado pessoal a memórias passadas, experiências presentes, e aspirações futuras. A interiorização da carreira opera no sentido de (a) promover a consciencialização da trajectória vocacional através do tempo, (b) promover o autocontrolo, (c) impor intenção e direcção ao comportamento vocacional, e, (d) avaliar os resultados relativos aquele ajustamento adaptativo (Savickas, 2004). Neste contexto, a perspectiva temporal de futuro assume-se como uma dimensão crucial na compreensão, por exemplo, de como as pessoas, mulheres e homens, constroem a carreira, sendo um dos factores que a literatura indica como determinante da maturidade na carreira (Super & Hall, 1978; Super, 1980; 1983).

Neste artigo, apresenta-se o plano de avaliação da construção da carreira desenvolvido numa investigação mais alargada que tem como propósito compreender de que modo mulheres e homens constroem os seus percursos de carreira no ensino superior. Mais concretamente, e adoptando a lógica de convergência patente no modelo de compreensão das teorias de carreira proposto por Savickas (2004), pretendemos avaliar aspectos motivacionais, psicossociais, e identitários de estudantes universitários no último ano da Licenciatura, no início e no final do ano lectivo, mais precisamente, antes e depois do seu estágio curricular.

Objectivos e Plano da Avaliação da Construção da Carreira no Ensino Superior
O objectivo principal do presente estudo é contribuir para aumentar a compreensão sobre os modos como mulheres e homens constroem os seus percursos de carreira no ensino superior. Mais especificamente, com este estudo empírico pretende-se avaliar (a) o valor relativo atribuído pelos estudantes aos diferentes papéis de vida e a sua perspectiva temporal de futuro, (b) o conteúdo dos objectivos de vida dos estudantes em diferentes domínios da sua existência, (c) as facetas do Eu de Carreira, e (c) as facetas do Eu Vocacional.

No estudo participaram 80 estudantes de graduação da Universidade do Minho, inscritos pela primeira vez no último ano do curso de licenciatura, no ano lectivo de 2005/2006. Dos 80 estudantes, 49 são mulheres (61,25%), e 31 são homens (38,75%), com idades compreendidas entre os 21 e os 45 anos, sendo a média de 23,9 anos, com um desvio-padrão de 4,31.

Os instrumentos deste plano de avaliação foram escolhidos com base no modelo de compreensão das teorias da carreira referido anteriormente (Savickas, 2004). Na Tabela 1 apresenta-se os instrumentos, assim como, as vantagens e limitações consideradas na escolha e/ou desenvolvimento dos mesmos para o efeito do estudo.

Os procedimentos usados na administração do plano de avaliação obedeceram às exigências e particularidades da investigação mais ampla em que este estudo se insere.

Assim, o plano de avaliação foi administrado em entrevistas individuais. Estas entrevistas iniciaram-se pela assinatura do consentimento informado, seguindo-se o preenchimento dos questionários, pela seguinte ordem: *Questionário de dados de identificação sócio-demográfica e de projecção na carreira* (Silva & Taveira, 2005); *Dellas Identity Status Inventory –Occupation (DISI-O; Dellas e Jernigan, 1981, adap. de Taveira, 1986); e Grelha de Repertório da Carreira (Silva & Taveira, 2005)*. O tempo estimado como necessário para a administração individual do plano de avaliação foi de 60 minutos por cada participante. No final da entrevista, a investigadora deveria verificar todos os questionários a fim de evitar possíveis lapsos ou ausências de resposta nos mesmos. Nessa fase da entrevista, a investigadora avaliou ainda, a activação psicológica que o preenchimento dos questionários poderia provocar nos participantes, tentando prevenir algum mal-estar, ansiedade ou desconforto decorrente dessa activação.

Avaliou-se os mesmos estudantes em dois momentos: antes do estágio curricular e depois de terminarem o estágio curricular do ultimo ano das suas licenciaturas.

Os instrumentos foram administrados, no primeiro momento, a um total de 118 estudantes, entre Novembro de 2005 a Março de 2006. No segundo momento, entre Julho e Novembro de 2006, completaram a mesma bateria de avaliação, um total de 80 estudantes, cerca de 68% dos mesmos participantes. Todos os participantes que concluíram as duas fases do projecto de investigação receberam um certificado de colaboração no projecto de investigação.

Tabela 1 · Medidas de Avaliação da construção da carreira no Ensino Superior

	Medidas utilizadas	Índices/informação obtida	Vantagens e Limitações
Aspectos motivacionais	Questionário de dados de identificação sócio-demográfica e de projecção na carreira (Silva & Taveira, 2005): pretende recolher informação demográfica e motivacional dos estudantes face à carreira	Objectivos reais e ideais, a médio prazo, nos seguintes domínios de vida: académico, profissional, familiar, lazer e cidadania.	-Permite de forma rápida e estruturada recolher informação sobre a forma como o estudante se projecta no futuro nos diferentes papéis de vida.
Papéis de vida e perspectiva temporal de futuro	- Questionário de auto-relato dividido em três pares de acordo com os aspectos a avaliar: dados demográficos, objectivos de carreira e saliência de papéis. -Administração: variável conforme o tempo de reflexão do cliente (10 a 30 minutos).	Saliência de papéis e perspectiva temporal de futuro no domínio profissional, familiar, social, doméstico, lazer e cidadania.	-Ausência de dados acerca da validade -Exige muito poder de reflexão do estudante e algum apoio especializado por parte do investigador durante a aplicação.

	Medidas utilizadas	Índices/informação obtida	Vantagens e Limitações
Aspectos do Eu Vocacional	Questionário de dados de identificação sócio-demográfica e de projecção na carreira (Silva & Taveira, 2005) Dellas Identity Status Inventory – Occupation (DISI-O; Dellas e Jernigan, 1981, adap. de Taveira, 1986): avalia a identidade vocacional dos indivíduos em quatro estatutos baseados na taxonomia desenvolvida por Marcia (1964). Cada estatuto caracteriza-se pela presença/ausência e grau de exploração de alternativas e pelo grau de investimento efectivo e de acção em questões de identidade vocacional. -Escala composta por 35 itens com resposta tipo Likert. -Administração: 10 a 20 minutos	-Dados socio-demográficos: idade, nacionalidade, naturalidade, estado civil e relacional, habilitações e profissões dos pais, ano e média de curso. - Modo de resolução de identidade mais vigente: Realização da Identidade (vivência de um período de exploração e prosseguimento de objectivos); Identidade em Moratória (intensa exploração das questões da identidade e dificuldade em se decidir por uma opção); Adopção de Identidade (comprometimento com uma opção, resultante da escolha de outros significativos); Difusão de Identidade (indefinição na orientação da identidade vocacional com alguma actividade exploratória).	-Permite avaliar de forma rápida como os estudantes estão em dado momento, a implementar o seu Eu de Carreira, em termos do nível de exploração/compromisso. -O estudo da validade (conteúdo, construto, empírica) e da fidelidade (consistência interna e estabilidade dos resultados) da versão portuguesa do DISI-O apresentou resultados satisfatórios que asseguram a qualidade do instrumento para avaliar a identidade no domínio vocacional.
Aspectos do Eu da Carreira	Grelha de Repertório da Carreira (Silva & Taveira, 2005): permite avaliar a estrutura do sistema de construção de significados, no domínio da Carreira. -Entrevista semi-estruturada formalizada numa original matriz (16x15), em que os sujeitos pontuam elementos interpessoais e da sua identidade num conjunto de 15 construtos bipolares (e.g., competente vs. Incompetente) com uma escala Likert de 7 pontos. Os 15 construtos foram desenhados com base numa revisão da literatura do desenvolvimento e escolha de carreira, dando especial enfoque aos factores que se demonstraram empiricamente influentes no processo e conteúdo das decisões de carreira, em função do género. - Administração: variável de sujeito para sujeito (de 20 a 40 minutos)	-Índices de Construção Cognitiva: Diferenciação, integração, polarização, indefinição; perfis de organização cognitiva face à carreira -Índices de Construção do Self: correlação eu-ideal, eu-outros e ideal-outros; projecção do self de carreira a curto, médio e longo prazo, distância ou correlação em relação a várias pessoas significativas do ponto de vista da carreira, entre as várias pessoas e entre estas e os construtos da grelha; perfis de construção do self (positividade, isolamento, negação, superioridade) - Dilemas implicativos e conflitos	- Permite avaliar o universo cognitivo de uma pessoa no âmbito da carreira, fornecendo dados quer qualitativos quer qualitativos desse universo -É um instrumento de avaliação construído com base na teoria - É aplicável em contextos de consulta individual e/ou de grupo, com objectivos de avaliação e/ou intervenção - Custos elevados: tempo de aplicação e exigência de formação especializada do avaliador - Os construtos fornecidos podem ser menos significativos para os sujeitos do que se fossem elicitados, o que pode comprometer a validade da construção - Ausência de dados acerca da validade

CONCLUSÃO

Neste artigo pretendeu-se apresentar um plano de avaliação que pode contribuir para compreender os processos de construção e de desenvolvimento de carreira de estudantes finalistas do Ensino Superior. O modelo de compreensão das teorias da carreira de Savickas (2004) revelou-se um importante guia orientador no desenho desse plano, numa perspectiva de convergência teórica, que pretende abarcar sob diferentes perspectivas, as dimensões envolvidas na construção da carreira. A escolha dos instrumentos e procedimentos de avaliação dessas dimensões seguiu todo um conjunto de considerações relacionadas com a sua exequibilidade num plano integrado, assim como, relacionadas com os objectivos particulares do estudo e com as características específicas da população estudada.

Consideramos uma mais-valia deste plano, o facto de permitir relacionar aspectos do Eu de Carreira e do Eu Vocacional, e relacionar estes aspectos na interacção com o mundo do trabalho. Mais concretamente, o plano desenvolvido permite-nos compreender a direcção que os estudantes do ensino superior estão a dar ao comportamento vocacional, e a forma como estes comportamentos estão a ser interiorizados no universo cognitivo destes estudantes. Permite ainda, explorar os objectivos de carreira reais e ideais em diferentes domínios de vida. Estes objectivos podem ser entendidos, no modelo de Savickas (2004), como motivos, na medida em que podem contribuir para explicar porque é que as pessoas tomam as decisões que tomam. São estes motivos que alimentam a relação entre as duas dimensões em cima descritas (Eu Vocacional e Eu de Carreira). Compreender a relação entre estes motivos fortemente implementados nos Eus vocacional e de carreira, e a forma como os estudantes gerem/vivem os vários papéis das suas vidas e antecipam o futuro com base nos mesmos papéis, foi outra preocupação deste plano de avaliação. Neste sentido, sentiu-se necessidade de desenvolver um questionário de auto-relato (*Questionário de dados de identificação sócio-demográfica e de projecção na carreira*, Silva & Taveira, 2005), que permitisse concentrar esta informação, uma vez que estes dados, não eram contemplados, ou, alguns deles encontravam-se dispersos noutros questionários (eg., Inventário de Saliência das Actividades, Ferreira Marques, 1995). Optamos pelo questionário de auto-relato em detrimento da entrevista ou outro procedimento, pela facilidade de recolha e tratamento de dados, assim como, pela congruência na sequência com os instrumentos do restante plano.

Caracterizar os estudantes em termos do modo de resolução de identidade vocacional mais vigente revelou-se importante para perceber os contornos que a identidade vocacional dos estudantes assumia em determinado momento do seu desenvolvimento da carreira. Estas identidades foram entendidas como mecanismos adaptativos unitários, ou seja, como fachadas atitudinais e comportamentais, que organizam a realidade externa, para que o organismo possa reagir significativamente ao tumulto da complexidade de estímulos com que constantemente se confronta" (Savickas, 2004). Para cumprir este objectivo optou-se pelo uso da versão adaptada para jovens portugueses (Taveira, 1986), do *Dellas Identity Status Inventory–Occupation* (DISI-O; Dellas & Jernigan, 1981), devido essencialmente às suas características psicométricas favoráveis e à sua adaptabilidade à população em estudo.

Por fim, consideramos importante perceber o subconjunto organizado do universo cognitivo dos estudantes que lhes permite realizar escolhas coerentes entre alternativas comportamentais, ou seja, avaliar aspectos relacionados com o Eu de Carreira. Neste contexto, a técnica da grelha de repertório (Kelly, 1955), dedicada a compreender como as pessoas constroem experiências de vida, pareceu-nos poder contribuir de forma significativa para alcançar tal objectivo. Desenvolvemos, então, de acordo com os objectivos particulares do estudo, uma Grelha de Repertório da Carreira (Silva & Taveira, 2005). Com efeito, a partir do seu uso, conseguimos perceber, de modo estruturado, como os estudantes do Ensino Superior integram várias dimensões de significado que a teoria da Carreira indica como importantes no processo de desenvolvimento e construção da carreira de mulheres e homens, bem como, perceber como estes integram estas dimensões no seu self, e como integram tais dimensões no self em relação com outras pessoas significativas.

A perspectiva alargada do Eu de Carreira permite que a pessoa desenvolva temas de vida, valores estáveis e objectivos a longo prazo com os quais a psicologia vocacional lida através da utilização de construtos, tais como, o de carreira subjectiva (Hughes, 1958), e de auto-conceito (Super, 1963). O desenvolvimento de um instrumento inovador que permite avaliar e intervir neste domínio foi também uma das motivações deste plano de avaliação.

O plano proposto pretende então reunir todo um conjunto de informação relevante sobre a construção de carreira dos estudante, de forma a ajudar quer clientes, quer os profissionais de orientação, a compreender as vantagens da individualização dos processos de intervenção vocacional, bem como, a garantir, de modo mais efectivo, a oferta de programas de desenvolvimento vocacional que atendem, de modo especial, às características de desenvolvimento dos seus clientes.

Concluindo, a integração de todas estas dimensões/índices e, possivelmente, de outras/outros mais centradas no conteúdo da construção do sujeito, pode revelar-se uma ferramenta rica de intervenção com a população do Ensino Superior, essencialmente, ao nível do diagnóstico e promoção do auto-conhecimento. Sendo que, estas fases da intervenção são condição essencial para promover a mudança e o desenvolvimento vocacional dos clientes. Este plano de avaliação, ao conjugar diferentes perspectivas, permite compreender não só dados objectivos de como os estudantes pretendem dirigir a sua carreira, como também, permite perceber como eles interiorizam e constroem a experiência da carreira, numa fase particular das suas vidas.

REFERÊNCIAS

Dellas, M. & Jernigan, L.P. (1981). Development of an objective instrument to measure identity status in terms of occupation crisis and commitment. *Educational and Psychological Measurement*, 41, 1039-1050

Marques, J.F. (1995). The portuguese work Importance Study. In D. Super & B. Sverko (eds.), *Life roles, values and careers. International Findings of the work Importance Study* (pp. 181-187). San Francisco: Jossey-Bass Inc.

Hughes, E. C. (1958). *Men and their work*. Clencoe, IL: The Free Press.

Kelly, G. A. (1955). *The psychology of personal constructs (vols. I, II)*. Nova Cork: Norton.

Leitão, L. M., Paixão, M.P., Silva, J.T., Miguel, J.P. (2000). Apoio Psicossocial a estudantes do Ensino Superior: do modelo teórico aos níveis de intervenção. *Psicologia*. Vol XIV (nº 2), 123-147.

Márcia (1964). *Determination and construct validity of ego identity status*. Unpublished doctoral dissertation, Ohio State University.

Savickas, M. (2004). Um Modelo para Avaliação de Carreira. In Leitão, L. (Ed.), *Avaliação Psicológica em orientação escolar e profissional*. 21-44. Coimbra: Quarteto.

Silva & Taveira (2006). Promoção do desenvolvimento vocacional no ensino superior. In J. Tavares, A. Pereira, C. Fernandes, & S. Monteiro (org.),. *Actas do simpósio internacional Activação do Desenvolvimento psicológico* (pp 167.173). Aveiro: Universidade de Aveiro

Super, D. E. (1963). Vocational Development in adolescents and early adulthood: Tasks and behaviours. D. E. Super, R. Starisshevsky, R. Mattin & J. P. Jordaan (Eds.), *Career development: self-concept theory*. New York: College Entrance Board.

Super, D. E. (1980). A Life-Span, Life-Space Approach to Career Development. *Journal of Vocational Behavior, 16* (3), 282-96.

Super, D. E (1983). Assessment in Career Guidance: Toward Truly Developmental Counseling. *Personnel and Guidance Journal, 61* (9), 555-62.

Taveira, M. C. (1986). *Identidade e desenvolvimento vocacional nos jovens.* Universidade do Porto: Tese de Mestrado.

Young, R. A., & Friesen, J. D. (1990). Parental influences on career development. In R.A. Young & W.A. Borgen (Eds.), *Methodological Approaches to the Study of Career.* New-York: Praeger.

Perspectivas sobre a influência parental na execução de planos de carreira no Ensino Secundário

Marisa Carvalho
Centro de Investigação em Psicologia, Universidade do Minho - Portugal
marisacarvalho@sapo.pt

Resumo:

O presente estudo tem como objectivo analisar as perspectivas dos pais, filhos, professores, e profissionais de orientação acerca do papel dos pais no desenvolvimento vocacional e na execução de planos de carreira dos seus filhos. Este estudo prossegue investigação anterior sobre os modelos de intervenção vocacional no Ensino Secundário (Pinto, Taveira, & Fernandes, 2003). Além disso, enquadra-se na linha de investigação sobre a influência parental no desenvolvimento vocacional (Gonçalves, 1997, 2006; Pinto & Soares, 2001, 2002; Soares, 1998; Whiston & Keller, 2004; Young, 1994). A primeira parte do estudo revê criticamente a investigação conceptual e empírica sobre o processo de tomada de decisão vocacional e, mais especificamente, a influência da família no mesmo. A segunda parte diz respeito ao estudo empírico das concepções emergentes sobre o papel dos pais na execução de planos de carreira dos seus filhos. Através do método de *grounded theory* (cf. Strauss & Corbin, 1994, 1998) foram investigadas as perspectivas emergentes de um total de 119 participantes, a saber: 46 alunos, 16 pais, 34 professores, e 23 profissionais de orientação. O estudo analítico realizou-se com base nas respostas à questão aberta "Para promover e apoiar o desenvolvimento da carreira dos estudantes do 10ºano, enuncie o que, em seu entender, devem fazer os pais ou encarregados de educação?", parte integrante de um questionário mais vasto desenvolvido por Pinto e colaboradores (Pinto, 2000). Procedeu-se à codificação aberta das respostas, tendo emergido três temas principais da influência parental na carreira: (i) atitudes parentais; (ii) interacção familiar; e, (iii) actividades realizadas e promovidas pelos pais; temas estes que integram categorias e subcategorias diversas. Assim, de um modo geral, os participantes evidenciam o reconhecimento do papel dos pais no desenvolvimento vocacional dos filhos, através de atitudes parentais mais ou menos directivas, específicas e intencionais, da interacção com os filhos, variável em função de padrões relacionais e comunicacionais, e da concretização de actividades, tais como, a colaboração com a escola, a promoção de oportunidades/experiências, e o conhecimento do/a filho/a. Assim, os dados traduzem a necessidade da intervenção vocacional contemplar os contextos de vida e o seu papel no desenvolvimento da carreira.

Abstract:

The main goal of this study is to assess the parents' role in the vocational development and career choice implementation of children in high school, in the perspective of parents, children and, also teachers and career counselors. This study continues a previous investigation on models of vocational interventions in Portuguese Secondary Schools (Pinto, Taveira & Fernandes, 2003). Moreover, it follows the inquiry line on parental influence in children's and adolescent's vocational development (Gonçalves, 1997, 2006; Pinto & Soares, 2001, 2002; Soares, 1998; Whiston & Keller, 2004a; Young, 1994). The first part of the study revises conceptual and empirical investigation on the process of career decision making and, more precisely, the family's influence on it. The second part refers to the empirical study of emerging concepts about parents' roles in the execution of career plans and decisions. Through the method of grounded theory (cf. Strauss & Corbin, 1994, 1998) the emerging perspectives of a total of 119 participants were investigated: 46 students, 16 parents, 34 teachers and 23 career counselors. The answers to the open question "In your opinion, what can parents do to promote career decision making and development of their 10th grade school children?" was analysed, taking into consideration the children's, parents', teachers' and career counselors' perspectives. Results evidenced the emergence of the following themes on parental influences: (i) parental attitudes, (ii) family interaction and (iii) activities with and promoted by parents. Each one of the referred themes is organized in categories and sub-categories, which varies according to the considered group. In general terms, the participants recognize the parents' role on their children's career decision making and development through parental attitudes more or less directed, specific and intentional, interaction with students, which varies in function of its relational and communication standards, and concreteness of activities such as collaborating with the school, promoting opportunities and knowledge of the child. Results evidence the need to expand vocational interventions, taking into consideration life contexts and their role in decision making and career development.

INTRODUÇÃO

A influência dos pais no desenvolvimento vocacional tem sido considerada, de forma mais ou menos explícita, pelos diferentes modelos teóricos e investigações empíricas. Aliás, o seu reconhecimento levou a que o tema se transformasse, mais recentemente, em área específica de investigação (Schulenberg, Vondracek & Crouter, 1984; Whiston & Keller, 2004).

No âmbito da Psicologia Vocacional, a influência dos pais no desenvolvimento da carreira tem sido analisada em função das variáveis estruturais e processuais dessa mesma influência relativamente a diversas variáveis vocacionais. No que diz respeito à tomada de decisão vocacional, a influência parental parece exercer-se em função de variáveis como o estatuto socioeconómico, o ambiente familiar, as expectativas parentais, e o apoio/encorajamento (Whiston & Keller, 2004). O apoio parental tem sido, aliás, identificado como uma variável determinante de todo o processo de tomada de decisão, desde o planeamento à execução de planos de carreira (Schultheiss, Kress, Manzi & Glasscock, 2001; Whiston & Keller, 2004; Young, Marshall, Domene, Arato-Bolivar, Hayoun, Marshall, et al., 2005). Ainda assim, são escassos os estudos sobre a influência e o papel dos pais na execução de planos de carreira (Carvalho, 2007).

O presente estudo procura, assim, explorar as perspectivas dos estudantes e dos diferentes agentes educativos sobre o papel dos pais na execução de planos de carreira no 10º ano de escolaridade. Este estudo prossegue investigação anterior sobre os modelos de intervenção vocacional no Ensino Secundário (Pinto, Taveira & Fernandes, 2003). Além disso, enquadra-se na linha de investigação sobre a influência parental no desenvolvimento vocacional (Gonçalves, 1997, 2006; Pinto & Soares, 2001, 2002; Soares, 1998; Whiston & Keller, 2004; Young, 1994).

MÉTODO

O estudo empírico teve como objectivo a análise das concepções emergentes dos alunos, pais, professores, e técnicos de orientação acerca do papel dos pais na execução de planos de carreira no Ensino Secundário. Através do método de *grounded theory* (cf. Strauss & Corbin, 1994, 1998), foram investigadas as perspectivas emergentes de um total de 119 participantes, a saber: 46 alunos, 16 pais, 34 professores, e 23 profissionais de orientação. O estudo analítico realizou-se com base nas respostas transcritas à questão aberta "Para promover e apoiar o desenvolvimento da carreira dos estudantes do 10ºano, enuncie o que, em seu entender, devem fazer os pais ou encarregados de educação?", parte integrante de um questionário mais vasto desenvolvido por Pinto e colaboradores (Pinto, 2000).

A opção pela metodologia de *grounded analysis* levou à adopção dos procedimentos de codificação aberta propostos na literatura sobre o método (Fernandes & Maia, 2002; Strauss & Corbin, 1994, 1998), conduzindo a uma primeira reorganização e integração dos dados no sentido da identificação de temas emergentes sobre o papel dos pais nesta fase do processo de decisão.

A codificação aberta consiste num processo de decomposição dos dados em unidades de análise e da sua conceptualização e categorização, por via do estabelecimento de relações de similaridade, conduzindo a graus crescentes de abstracção e de compreensão do fenómeno (Fernandes & Maia, 2002; Strauss & Corbin, 1994, 1998). À codificação aberta seguem-se procedimentos de codificação axial e selectiva, o que não foi realizado neste estudo, dado pretender-se a identificação de temas emergentes que viabilizassem uma primeira organização e integração dos dados, assim como, a preparação para as fases subsequentes de codificação axial e selectiva, de acordo com a metodologia proposta.

Inicialmente foram definidas as unidades de análise, tendo-se tomado como critério o facto de definirem uma ideia única (Strauss & Corbin, 1998). O exame das unidades de análise conduziu à identificação e enumeração de numerosos conceitos (categorias descritivas). A progressiva especificação dos conceitos contribuiu para a reformulação e renomeação das categorias. Simultaneamente, os procedimentos de comparação fizeram emergir relações entre os conceitos convergindo em categorias conceptuais de maior abstracção. Para assegurar a credibilidade do processo de codificação e de verificação, recorreu-se constantemente ao discurso dos participantes.

Depois de analisadas as respostas, reviu-se todo o trabalho de categorização por referência às unidades de análise e à resposta global dos sujeitos. Isto conduziu a uma primeira reorganização dos dados, consubstanciados em categorias, propriedades, e dimensões. A partir de um processo de questionamento indutivo, identificaram-se propriedades no discurso dos sujeitos, o que permitiu especificar as diferentes categorias. Posteriormente, através de um processo de questionamento dedutivo, confrontaram-se as categorias e as respectivas propriedades com os dados do fenómeno em estudo. Os procedimentos de questionamento e comparação constante permitiram identificar um conjunto de categorias centrais hierárquicas comuns aos vários protocolos. Por referência às respostas globais dos participantes procedeu-se à reorganização dos dados em temas, categorias, e subcategorias, o que sugeriu esquemas de relações que se traduziram num primeiro esboço de integração dos dados (Quadro 1). Isto permitiu a contagem da frequência de unidades de análise por temas, categorias e subcategorias (valores apresentados no quadro).

Foi efectuado um registo de procedimentos, que se consubstanciou numa ficha de análise das respostas e que inclui: (i) a resposta global dos participantes, organizada em unidades de análise; (ii) os códigos atribuídos às unidades de análise; (iii) as categorias descritivas; (iv) as categorias conceptuais; e, (v) comentários/memorandos.

A apresentação que a seguir se descreve é o produto dos procedimentos apresentados e constitui um primeiro esboço de organização dos dados.

RESULTADOS

Os resultados da codificação aberta das respostas dos participantes apontam formas através das quais os pais podem contribuir para o desenvolvimento e execução de planos de carreira. Apesar dos processos de codificação dos discursos dos diferentes grupos de participantes se ter desenrolado de forma independente, evidencia-se tipicidade inter-grupo quanto aos temas e categorias identificadas, registando-se variações relativamente às subcategorias.

Conforme se percebe a partir do Quadro 1, identificaram-se três temas emergentes, que correspondem ao modo como os pais podem contribuir para o desenvolvimento e execução de planos de carreira no Ensino Secundário: *Atitudes Parentais, Interacção Familiar, e Actividades.*

Quadro 1 · Perspectiva dos participantes sobre a questão *"Para promover e apoiar o desenvolvimento da carreira desses estudantes, enuncie o que, em seu entender, devem fazer os pais ou encarregados de educação?"*: Grelha de categorização e frequências (n=119)

Temas (frequências)	*Categorias* (frequências)	*Sub-Categorias* (frequências)
1. Atitudes parentais (141)	1.1.Apoiar (75)	1.1.1.Geral (24)
		1.1.2.Projecto vocacional (29)
		1.1.3.Vida escolar (12)
		1.1.4.Desenvolvimento pessoal (5)
		1.1.5.Resolução de problemas (5)
	1.2.Acompanhar (57)	1.2.1.Geral (20)
		1.2.2. Projecto vocacional (9)
		1.2.3.Vida escolar (23)
		1.2.4.Desenvolvimento pessoal (4)
		1.2.5. Resolução de problemas (1)
	1.3.Aconselhar (9)	1.3.1.Geral (2)
		1.3.2.Projecto vocacional (7)
2. Interacção familiar (50)	2.1.Relação pais-filhos (32)	2.1.1.Parentalidade (10)
		2.1.2.Autonomia/Responsabilidade (16)
		2.1.3.Expectativas (6)
	2.2.Comunicação pais-filhos (18)	2.2.1.Geral (10)
		2.2.2.Projecto vocacional (7)
		2.2.3.Resolução de problemas (1)
3. Actividades (79)	3.1.Colaboração família-escola (40)	3.1.1.Geral (23)
		3.1.2.Vida escolar (1)
		3.1.3.Projecto vocacional (9)
		3.1.4.Resolução de problemas (7)
	3.2.Participação em actividades (21)	3.2.1.Actividades (7)
		3.2.2.Oportunidades/Experiências (14)
	3.3. Conhecimento do/a filho/a (18)	3.3.1.Aluno (3)
		3.3.2.Vida escolar (5)
		3.3.3.Projecto vocacional (9)
		3.3.4.Desenvolvimento pessoal (1)

O primeiro tema, designado por *Atitudes Parentais*, remete para as respostas em que os participantes enunciam atitudes que os pais devem ter para promover desenvolvimento da carreira dos seus filhos. Estas atitudes correspondem às categorias *Apoiar, Acompanhar,* e *Aconselhar.* A categoria *Apoiar* diz respeito às respostas em que se enuncia a aceitação por parte dos pais das acções/escolhas dos filhos, quer em termos gerais, quer em termos específicos, e a disponibilidade de meios (e.g., *"darem apoio ao aluno seja qual for a escolha do aluno"* Aluno 23-1; *"o apoio nas situações mal sucedidas e de reorientação do aluno"* Professor 22-3). A categoria *Acompanhar* diz respeito às respostas que apontam situações em que se trata de estar disponível e de ser interessado, em termos gerais e específicos (e.g., *"os pais deverão acompanhar sempre os seus educandos"* Aluno 40-1; *"Estar atento até ao limite desejado na vida escolar dos jovens"* Profissional de Orientação 12-1). A categoria *Aconselhar* traduz as respostas relativas à atitude de orientação dos pais em relação aos filhos, quer em termos gerais, quer em termos específicos (e.g.,*"aconselhamento"* Profissional de Orientação 7-3; *"esclarecê-los sobre as saídas profissionais e escolares"* Encarregado de Educação 8-2).

O tema *Interacção Familiar* refere-se às respostas que apontam a relação e comunicação familiares como determinantes do desenvolvimento da carreira. Foram identificadas duas categorias: *Relação pais-filhos* e *Comunicação pais-filhos*. A *Relação Pais-Filhos* é uma categoria cujo discurso identifica aspectos da relação entre pais e filhos, tais como, características da relação, autonomia, e expectativas (e.g.,*"estabelecer uma relação de apoio e de confiança com os seus educandos"* Aluno 19-1; *"fazê-los ter o futuro deles"* Encarregado de Educação 2-3; *"É nesse jovem, numa fase de grandes transformações, que têm de se encontrar, e não nos sonhos e perspectivas que eles (pais, encarregados de educação) formaram"* Professor 1-2). A categoria *Comunicação Pais-Filhos* enuncia a importância da comunicação para o desenvolvimento da carreira, quer em termos gerais, quer em termos específicos (e.g.,*"falar da sua experiência de vida"* Aluno 24-2; *"conversar com os seus educandos sobre os cursos que pretende frequentar no futuro"* Encarregado de Educação 6-1).

O tema *Actividades* diz respeito às respostas que indicam acções dos pais, por iniciativa destes ou de outros, com o objectivo de proporcionar o desenvolvimento da carreira. Reconheceram-se três categorias: *Colaboração Família-Escola*, *Participação em Actividades*, e *Conhecimento do/a Filho/a*. A *Colaboração Família-Escola* reflecte perspectivas acerca da necessidade de contacto e de cooperação entre os diferentes agentes educativos (e.g., *"comparecer na escola sempre que solicitado e não só"* Encarregado de Educação 14-3; *"procurar apoio junto do SPO, no sentido de orientar os alunos"* Professor 35-1). A categoria *Participação em Actividades* reflecte os discursos em que se enuncia um conjunto de acções realizadas ou a realizar pelos pais ou pelos alunos, promovidas pelos pais, com objectivos de desenvolvimento da carreira. (e.g., *"os pais deviam participar mais activamente nas actividades dos seus educandos fora ou dentro do recinto escolar"* Aluno 38-1; *"propor iniciativas (estágios, acção)"* Profissional de Orientação 15-2). O *Conhecimento do/a Filho/a* é uma categoria que diz respeito ao acto de conhecer o filho enquanto pessoa e aluno (e.g.,"*estar atento aos centros de interesses do educando*" Professor 34-1; "*procurarem informar-se juntamente com os filhos*" Aluno 15-2).

DISCUSSÃO E CONCLUSÕES

Os dados apresentados indicam que alunos e agentes educativos reconhecem o papel dos pais no desenvolvimento e execução de planos de carreira no 10º ano de escolaridade. Podemos afirmar que as perspectivas aqui analisadas estimulam as formulações teóricas que realçam o papel dos contextos no desenvolvimento e, especificamente, no desenvolvimento da carreira. Assim, de um modo geral, os participantes evidenciam o reconhecimento do papel dos pais no desenvolvimento vocacional dos filhos, através de atitudes parentais mais ou menos directivas, específicas e intencionais, da interacção com os filhos, variável em função de padrões relacionais e comunicacionais, e da concretização de actividades, tais como, a colaboração com a escola, a promoção de oportunidades/experiências, e o conhecimento do/a filho/a.

Fica claro que os participantes tendem a valorizar atitudes de aceitação, de apoio afectivo e instrumental, e acompanhamento dos filhos, o que é coerente com dados de investigação que identificam os outros significativos como potenciais fontes de suporte e de recursos (Lent, Brown, Talleyrand, McPartland, Davis, Chopra et al., 2002; Schultheiss et al., 2001). Além disso, as referências à cooperação entre os diferentes agentes educativos parecem estender o papel dos pais além das fronteiras familiares, o que vem reforçar o carácter complexo e dinâmico das influências parentais no desenvolvimento da carreira.

Os dados apontam, então, a necessidade da intervenção vocacional contemplar os contextos de vida e o seu papel no desenvolvimento da carreira, constituindo-se como objectivo da prática vocacional a sensibilização dos agentes educativos, e em particular dos pais, para as questões associadas ao desenvolvimento e execução de planos de carreira e para o seu papel na qualidade do processo de decisão.

Parece-nos, também, necessário continuar e aprofundar o estudo sobre o papel dos pais no desenvolvimento e execução de planos de carreira, nomeadamente quanto ao comportamento intencional dos pais, prosseguindo os estudos de Young e colaboradores (1994, 2001/2002; Young & Friesen, 1992; Young et al., 2005), assim como do papel dos próprios alunos e de outros significativos. Neste enquadramento, reforça-se a necessidade de modelos integrados de intervenção em Orientação no Ensino Secundário.

REFERÊNCIAS

Carvalho, M. (2007). Perspectivas sobre a influência parental na execução de planos de carreira no Ensino Secundário. Braga: IEP/UM. Dissertação apresentada para obtenção do grau de mestre.

Fernandes, E., & Maia, A. (2002). Grounded theory. In E. Fernandes & L. Almeida (Eds.), *Modelos e técnicas de avaliação: novos contributos para a prática e investigação psicológicas.* (pp. 49-75). Braga: CEEP Edições.

Gonçalves, C. M. (1997). *A influência da família no desenvolvimento vocacional de adolescentes e jovens.* Porto: FPCE/UP. Dissertação apresentada para obtenção do grau de mestre.

Gonçalves, C. M. (2006). *A família e a construção de projectos vocacionais de adolescentes e jovens.* Porto: FPCE/UP. Dissertação apresentada para a obtenção do grau de doutor.

Lent, R. W., Brown, S. D., Talleyrand, R., McPartland, E. B., Davis, T., Chopra, S., Alexander, M., Suthakaran, V., & Chai, C. (2002). Career choice barriers, supports, and coping strategies: college students' experiences. *Journal of Vocational Behavior, 60,* 61-72.

Pinto, H. R. (2000). *Orientação escolar e profissional no 10º ano de escolaridade. Inquérito preliminar* (versão para investigação).

Pinto, H. R., & Soares, M. C. (2001). Influência parental na carreira: Evolução de perspectivas na teoria, na investigação e na prática. *Psychologica, 26,* 135-149.

Pinto, H. R., & Soares, M. C. (2002). Influência parental no desenvolvimento vocacional dos adolescentes. *Revista Portuguesa de Psicologia, 36,* 111-137.

Pinto, H. R., Taveira, M. C. & Fernandes, M. E. (2003). Professores e desenvolvimento vocacional dos estudantes. *Revista Portuguesa de Educação, 16* (1), 37-58.

Schulenberg, J. E., Vondracek, F. W., & Crouter, A. C. (1984). The influence of the family on vocational development. *Journal of Marriage and the Family, 46* (1), 129-143.

Schultheiss, D. E., Kress, H. M., Manzi, A. J. & Glasscock, J. M. (2001). Relational influences in career development: A qualitative inquiry. *The Counseling Psychologist,* Vol. 29, 2, 214-239.

Soares, M. C. (1998). *A influência parental no desenvolvimento da carreira. Estudo piloto sobre necessidades de formação de pais.* Lisboa: Universidade de Lisboa. Dissertação apresentada para a obtenção do grau de Mestre.

Strauss, A. & Corbin, J. (1994). Grounded theory methodology: an overview. In N. K. Denzin & Y.S. Lincoln. *Handbook of qualitative research.* London: Sage Publications.

Strauss, A., & Corbin, J. (1998). *Basics of qualitative research. Techniques and procedures for developing grounded theory.* London: Sage Publications.

Whiston, S. C., & Keller, B. K. (2004). The influences of the family of origin on career development: a review and analysis. *The Counseling Psychologist, 32* (4), 493-568.

Young, R. A. (1994). Helping adolescents with career development: The active role of parents. *The Career Development Quarterly, 42* (3) 195-203.

Young, R. (2001/2002). The joint action of parents and adolescents in health and career. Conceptual, methodological and pratical applications. *Cadernos de Consulta Psicológica, 17/18*, 5-15.

Young, R. A. & Friesen, J. D. (1992). The intentions of parents in influencing the career development of their children. *The Career Development Quarterly, 40* (3), 198-207.

Young, R. A., Marshall, S., Domene, J. F., Arato-Bolivar, J., Hayoun, R., Marshall, E., Zaidman-Zait, A. & Valach, L. (2005). Relationships, communication, and career in the parent-adolescent projects of families with and without challenges. *Journal of Vocational Behaviour, 68*, 1-23.

Decisão, Adaptabilidade, e Criatividade na Carreira

PARTE 3/4

(Des)Construção de percursos de transição para o mundo do trabalho

Filomena Parada
Centro de Desenvolvimento Vocacional e de Aprendizagem ao Longo da Vida,
Faculdade de Psicologia e de Ciências da Educação, Universidade do Porto - Portugal
fparada@netcabo.pt

Joaquim Luís Coimbra
Faculdade de Psicologia e de Ciências da Educação, Universidade do Porto - Portugal
jcoimbra@fpce.up.pt

Resumo:
Nos dias de hoje, a entrada no mundo do trabalho dá-se tanto mais tardiamente como em condições mais desafiantes, o que, entre outros aspectos, leva a que os jovens se confrontem com uma (profunda) reestruturação do processo que nela culmina – mais complexo e multidimensional, pois força-os a lidar com uma sequência menos previsível (logo, menos controlável) de acontecimentos. Exige-lhes, no fundo, a capacidade de adoptarem novas e diversas formas de negociação das transições e acontecimentos de vida (vocacionais), mais abertas à imprevisibilidade do quotidiano e à necessidade (recorrente) de adaptação à mudança – isto é, de serem criativos nos modos como constroem os seus percursos (de transição, vocacionais). A fim de identificar traços da referida criatividade vocacional nos percursos de transição para o mundo do trabalho, 29 jovens nacionais (de ambos os géneros, com idades entre os 20 e os 34 anos, empregados, desempregados, e à procura do primeiro emprego) foram entrevistados. No geral, os dados apontam para um misto de tendências, destacando-se o recurso a estratégias que, até certo ponto, os afastam dos processos "normativos" de transição – a combinação de múltiplos papéis e estatutos, a construção de percursos vocacionais que, até certo ponto, reproduzem os movimentos oscilatórios de um iô-iô.

Abstract:
Nowadays, young people accede the world of work later and facing more challenging conditions, which, among other things, makes it necessary for them to deal with a (profound) reorganization of the process ending in such a transition – more complex and multidimensional, since it forces them to deal with a less predictable (thus, less controllable) sequence of events. Thus, it is required to have the ability to adopt to new and diverse ways of negotiating (vocational) life events and transitions, to be more open to the daily unpredictability of life as well as to the need of (continuously) adapting to change – i.e., to be creative while constructing their (transition, vocational) paths. In order to identify some signs of this vocational creativity, 29 Portuguese young adults (from both gender groups, with ages ranging from 20 to 34 years, currently employed, unemployed or seeking a first job), going through the school-to-work transition, were interviewed. On the overall, results point to a mix of trends, being noticeable the use of strategies that allow differentiating them from more "normative" transitional processes, specifically, the combination of multiple roles and statuses as well as the construction of vocational paths that, somewhat, reproduce the oscillatory movements of a yo-yo.

ENQUADRAMENTO DO OBJECTO DE ESTUDO

Indubitavelmente, as sucessivas fases de recessão que, desde a década de setenta, vêm (ciclicamente) afectando os sistemas económicos mundiais, ao comportarem uma série de mudanças estruturais nos modos de organização e de funcionamento dos mercados de trabalho (locais, nacionais, mundiais), em grande medida, propícias à difusão de situações de relativa vulnerabilidade face ao emprego, transformaram o desemprego e as dificuldades de integração profissional (sobretudo) dos jovens numa realidade social incontornável. Com efeito, nos dias de hoje, são cada vez mais os jovens que, por exemplo, não encontram emprego, trabalham a tempo parcial, a recibos verdes ou com contratos a termo certo, que se situam numa imensidão de situações intermédias, onde se diluem as fronteiras entre emprego, desemprego, e inactividade. Atestam-no, de resto, os vários autores e estudos que, ao longo dos anos, se vêm debruçando sobre o tema, (cf. Parada, 2007). Na verdade, a literatura é unânime em reconhecer que, de algum tempo a esta parte, não só se verifica um alongamento do período de tempo compreendido entre a conclusão de uma formação inicial (ou do número médio de anos que é dedicado à sua consecução) e o primeiro emprego, mas também, uma complexificação e diversificação das condições em que tal transição decorre – aparece como algo construído ao longo do tempo e, mais e mais, marcado por uma sucessão de acontecimentos de natureza cíclica, mais imprevisíveis, logo, menos subordinados a uma lógica de progressão hierárquica ou pré-estabelecida (cf. Coimbra, 1997/1998). Entre outros aspectos, um tal cenário apenas contribuiu para acentuação do carácter pluralista das transições juvenis (para o mundo do trabalho, para a adultez), cuja maior variedade de padrões e de acontecimentos de vida, lhes exige a capacidade de adoptarem novas e diversas formas de negociação, mais abertas à imprevisibilidade do quotidiano e à necessidade (recorrente) de adaptação à mudança – isto é, à indeterminação (Wyn & White, 2000). Nas palavras de Roberts (1997/2001), nos nossos dias, os jovens (mas não apenas) vêem-se na necessidade de se tornarem "navegadores que negoceiam oportunidades e riscos" (p. 58), que os obrigam a (intencionalmente) se socorrerem de vários dos seus recursos psicológicos, em especial, os inerentes às "expressões de *autonomia*, resultantes da capacidade de *autoria* (autor), de *iniciativa* e/ou *criatividade*" (Silva, 2002). Em que medida são tais indícios de *criatividade na carreira* (*ibid.*) visíveis nos percursos de transição para o mundo do trabalho que os jovens adultos nacionais vêm construindo? Eis o que, de imediato, se irá procurar perceber.

METODOLOGIA

Hipóteses

Em consonância com o mencionado no enquadramento do objecto de estudo, espera-se que:

(i) os percursos de transição para o mundo do trabalho construídos pelos participantes reflictam uma certa inconstância e instabilidade, articulando situações de emprego, desemprego, e de formação (sequencial ou concomitantemente);

(ii) os participantes se diferenciem, quanto ao tipo de percursos construídos, mediante a sua maior ou menor autonomia no domínio vocacional – isto é, consoante a sua capacidade para serem criativos na construção dos seus trajectos escolares e profissionais.

Instrumento e procedimentos de tratamento de dados

Desenvolveu-se um guião de entrevista semi-estruturado, em que predominavam as perguntas abertas, centradas na descrição de acontecimentos no âmbito do processo de transição da escola para o mundo do trabalho[1]. Mais concretamente, recolheram-se elementos (narrativos/biográficos) relativos ao percurso educativo e/ou de formação dos participantes, ao seu percurso profissional, bem como, a eventuais experiências de conciliação e/ou alternância desses dois tipos de papéis (estudante e trabalhador(a)), tendo-se focado tópicos tão diversos como momento(s) em que deu os estudos por concluídos, área de formação escolhida, situação actual face ao emprego e sua duração antecipada, número de empregos até à data e, eventualidade de um regresso ao contexto escolar/de formação. Depois, analisou-se o seu conteúdo, recorrendo-se à utilização do programa NUD.IST 6. O. Assumiu-se como unidade formal de registo a frase e a árvore de categorias delineada baseou-se largamente no conteúdo do guião da entrevista. A fim de se ser o mais preciso possível, para cada categoria, foi identificado um termo-chave, capaz de indicar a significação central do conceito em análise, bem como, um conjunto de indicadores susceptíveis de descrever o seu campo semântico.

---

1 É de realçar que, para os efeitos do presente trabalho, apenas serão relatados os dados referentes a uma das secções da entrevista, um dos instrumentos de avaliação utilizado num projecto de investigação mais amplo, estruturado em torno de um plano de observação com três fases distintas e assente na combinação de métodos de recolha de dados quantitativos e qualitativos. Foi seu objectivo explorar os significados assumidos pelo trabalho na vida das pessoas, especificamente, no que toca à compreensão e caracterização (i) do(s) modo(s) como os jovens adultos nacionais negoceiam o processo de transição para o mundo do trabalho e (ii) dos significados pessoais por eles associados ao trabalho e ao acto de trabalhar e suas relações com o bem-estar.

Amostra

Para a amostra do estudo, foram aleatoriamente seleccionados *29 indivíduos, de ambos os grupos de género,* que, anteriormente, tinham disponibilizado os seus dados pessoais, sabendo que os mesmos se destinavam ao estabelecimento de um contacto posterior, tendo em vista a realização de uma entrevista. Dos participantes (51,7 por cento do género feminino e 48,3 por cento do género masculino), 65,5 por cento estão empregados, 13,8 por cento estão à procura de um primeiro emprego e 20,7 por cento encontram-se desempregados. Em relação ao tipo de emprego/cargo ocupado, regista-se uma grande dispersão, havendo quem desempenhe funções tão diversas como psicólogo(a), bolseiro(a) de doutoramento, funcionário(a) público, delegado(a) comercial, empregado(a) da construção civil, empregado(a) de armazém, ou motorista. As suas idades variam entre os 20 e os 34 anos, sendo o valor médio encontrado de 26,4 (dp= 3,26).

RESULTADOS E DISCUSSÃO

De imediato, proceder-se-á à apresentação e discussão dos resultados. Optou-se pela sua junção, uma vez que, desse modo, será possível obter (mais rapidamente) uma visão integrada dos modos como os jovens adultos nacionais vêm levando a cabo a referida navegação das suas transições (cada vez mais incertas, logo, mais complexas e prolongadas) para o mundo do trabalho. Apesar de, na entrevista, os tópicos relativos ao percurso de educação/formação e ao percurso profissional terem sido abordados independentemente, aquando do tratamento do seu conteúdo, tornou-se evidente a presença de várias semelhanças nos modos como os jovens negoceiam transições e acontecimentos de vida em cada um desses dois tipos de contextos. Assim, assumindo que, hoje em dia, os percursos (de transição, formativos, profissionais) dos jovens são construídos sob o signo da indeterminação, dois aspectos sobressaem – por um lado, a diversidade e as (des)continuidades dos seus trajectos e vivências e, por outro, a prevalência de sobreposições e de reversibilidades nos respectivos papéis e estatutos. Aqui, importa, ainda, salientar que, sempre que oportuno, serão incluídas citações dos discursos dos jovens entrevistados.

Diversidade e (des)continuidades dos trajectos e vivências

Com efeito, seja no plano educativo e/ou de formação ou no domínio profissional, a generalidade dos jovens entrevistados evidencia percursos consonantes com o que a literatura denomina de desestandardização ou, até, fragmentação (pelo menos, na aparência) dos tempos e dos espaços de vida, que os levam a construir trajectos, com frequência assentes em movimentos pendulares, de vaivém – como os de um iô-iô (cf. Pais, 2001). Se não, veja-se: apesar de se ter assumido como referência, para efeitos do seu agrupamento em termos do nível de escolaridade, os três momentos que, no âmbito do sistema educativo nacional, constituem o final de um ciclo de ensino (9.º ano, 12.º ano, e licenciatura ou bacharelato), a informação recolhida requereu que, aquando da sua análise e interpretação, se procedesse a uma complexificação desta primeira leitura[2]. Vários de entre eles, principalmente elementos do género masculino, deram os seus estudos por concluídos entre os 12 e os 15 anos e, então, se não quase (se não, mesmo) de imediato, integraram o mundo do trabalho. Mais tarde, todos optaram por retomar os estudos e, por norma, fizeram-no em simultaneidade com o exercício de uma actividade profissional. Note-se que, alguns fizeram-no ao fim de vários anos de ausência da escola, e muitos foram intercalando a sua progressão com pausas, mais ou menos prolongadas, entre etapas, devido, essencialmente, ao esforço acrescido que tal conciliação lhes exigia ("Trabalhar e estudar não é fácil. O emprego absorvia muito tempo. (...) Depois, chegava a casa às 5/6 horas e tinha a cabeça cheia. (...) Era duro conciliar tudo"). Regra geral, as razões enunciadas para o regresso à escola prendem-se com a importância (pessoal, mas, sobretudo, social) atribuída às credenciais escolares ("Depois, mais ou menos há três anos, senti necessidade de ingressar nos estudos. Tinha essa necessidade... Uma escrita, um inglês. Comecei a estudar à noite. Quero ver se acabo o 9.º ano este ano, se não, para o ano. (...) Comecei a estudar porque somos excluídos. Pedem o 9.º, o 12.º ano. (...) Posso ter que dar outro salto e vou ter outra vez esse entrave do papel. Estou atrás do papel"). Todavia, isso não obsta a que vários outros participantes, por norma os diplomados do ensino superior, apenas tenham dado os seus estudos concluídos aquando da obtenção do respectivo grau académico. Contudo, para muitos de entre eles isso não invalidou o reingresso em actividades educativas, pois, vários, aquando da recolha dos dados, frequentavam cursos de formação contínua e/ou programas de mestrado ou doutoramento.

Por sua vez, nos seus percursos de integração profissional estão também bem patentes os referidos aspectos de (des)continuidades e de diversidade dos trajectos. Efectivamente, a análise do seu actual estatuto face ao emprego em conjugação com a(s) sua(s) experiência(s) anterior(es) de emprego,

---

[2] Como é óbvio, a especificidade da maioria dos contextos em que decorreu a recolha de dados (centros de gestão directa ou participada e empresas de formação profissional, inicial ou contínua, cursos do ensino recorrente) deverá, neste ponto, será tida em linha de conta e, em grande medida, poderá ajudar a compreender alguns dos resultados obtidos.

evidencia-o – enquanto uns ainda não conseguiram o primeiro emprego (havendo, inclusive, quem está nessa situação há mais de um ano), outros permanecem na sua primeira colocação (nalguns casos, há vários anos). Depois, há os que já tiveram empregos (ou, pelo menos, ocupações) e, porque o contrato acabou, a empresa faliu, ou as férias chegaram ao fim, vieram-se embora. Desses, alguns conseguiram uma nova posição (mais ou menos estável ou temporária), outros não. Uns, mesmo porque começaram a trabalhar muito cedo (e.g., com 12 ou 13 anos de idade), contam já com uma experiência profissional muito vasta e, nalguns casos, variada (em termos da natureza das funções desempenhadas, do tipo de entidade empregadora, do regime de exercício da actividade profissional...), outros, pelo contrário, apenas contam com uma ou outra experiência (mais ou menos) esporádica. Há, ainda, quem já tenha passado por empregos no sector privado, depois passado para o público e, no presente, tenha constituído a sua própria empresa. Eis dois exemplos – "Entrei para uma empresa de tratamentos de materiais e agora sou o recepcionista. Estou lá há muito tempo. O serviço é de controlador mas chamam-me recepcionista. (...) Entrei como recepcionista na parte de oficina e agora estou a controlar aquilo. (...) Os patrões gostaram e foram-me trocando com cargos de mais responsabilidade. (...) Estou efectivo. Estive um ano de experiência e depois entrei para o quadro"; "Entretanto acabou o contrato e arranjei a oportunidade de fazer trabalho administrativo para a (nome da empresa) – três meses. Depois houve uma situação irregular e eu fui trabalhar para a (nome da empresa), onde comecei a trabalhar a tempo inteiro. Depois vim embora e fui outra vez para a (nome da primeira empresa referida), não é a área que quero... (a propósito do tempo a que está nessa empresa)... desde 2002. Quando passei para a (segunda empresa mencionada) era por contrato. E agora estou a contrato de 6 meses renovável. (...) Quando entrei disse que vinha trabalhar e disse que entrava às 8 e saía às 4 e eles disseram que sim. Mas muitas vezes entrava mais cedo e eu não almoçava, porque era eu sozinha. (...) Funções, propriamente ditas não tinha. Fazia o que aparecia, tudo o que surgia era eu que fazia".

Sobreposições e reversibilidade de papéis e de estatutos
Como um primeiro aspecto a salientar da apreciação que acabou de ser efectuada, ressalta a (grande) tendência que, na actualidade, se verifica, entre os jovens, de acumulação de papéis e estatutos (enquanto estudantes e/ou trabalhadores), os quais, na maioria das vezes, surgem como algo de transitório e/ou reversível nas suas vidas – tanto retomam os estudos como os interrompem, tanto têm colocação (mais ou menos formal) no mercado de trabalho como dele são excluídos. Eventualmente, poder-se-á considerar, à semelhança de, por exemplo, Wyn e White (2000), que isso sinaliza

a sua capacidade para serem pragmáticos, proactivos e, até, engenhosos (logo, criativos) nos modos como negoceiam as transições e acontecimentos de vida no domínio vocacional. Na prática, isso acaba por lhes abrir "um leque crescente de cursos alternativos de acção" (Lehmann, 2004, p. 380) em que educação/formação e emprego, mais do que como dois extremos de um mesmo contínuo, aparecem, na maior parte das situações, como dois tipos de papéis ou estatutos a serem articulados, mediante diferentes modos de os negociar e/ou equilibrar. Além disso, tal estratégia permite-lhes, em grande medida, manter as suas opções em aberto e, dessa forma, irem contornando eventuais constrangimentos estruturais (inerentes, por exemplo, aos modos de funcionamento dos sistemas de educação/formação e emprego ou aos ciclos da actividade económica) a que se encontram submetidos (cf. Wyn & White, 2000). Eis um excerto que o ilustra – "Tenho que abrir portas. Sei que se for para a tropa e não der, posso vir para aqui e, ao contrário, não dá. Fecha-se uma porta que nunca mais se abre. (...) está tudo em aberto. (Estabelece prazos?) Às vezes, sim. (...) (Onde pára o seu prazo?) Não sei. No caso da tropa são três, quatro meses. (...) Está tudo muito dependente da tropa. Não penso a longo prazo: um dia atrás do outro. (...) Acho que planear muito não faz sentido. Às vezes, pode-se subir de posto e tal. Mas não acho possível fazer planos para daqui a 4 ou 5 anos – não sou vidente".

Indissociável do ponto anterior, é o reconhecimento da insuficiência das categorias tradicionais de classificação das pessoas enquanto trabalhador(a) ou estudante ou, ainda, como empregado(a), desempregado(a), ou à procura do primeiro emprego. De facto, se se olhar para os múltiplos papéis que, por norma, os vários entrevistados acumulam (no domínio escolar e profissional) facilmente se percebe porquê. Eis dois exemplos baseados nos seus relatos – participante do género masculino, que abandonou a escola por volta dos 15 anos (hoje, está na casa dos 30) e, alguns anos volvidos, os retomou, estando em vias de concluir a escolaridade básica (no âmbito do ensino recorrente). Na sua ficha de identificação pessoal, no item relativo ao estatuto face ao emprego, assinalou "desempregado" (oficialmente, essa é a sua condição, pois, já teve, pelo menos, uma colocação no sistema de emprego). No entanto, parte do seu dia, é passado a trabalhar no (pequeno) negócio da família (não há qualquer registo formal de que desempenha essa actividade). Resta, apenas, acrescentar que, ao referir-se a si próprio, o participante, em mais do que uma ocasião, explicitamente, definiu-se como estudante. Uma situação análoga é a de outra jovem que, na altura da entrevista, se encontrava a terminar (se é que já não tinha finalizado) um mestrado. Formalmente, o seu estatuto é o de desempregada, pelas mesmas razões que o participante anterior. Contudo, além de frequentar um curso de formação profissional (que lhe foi sugerido pelo centro de emprego), a participante dedicava muito do seu tempo e energia ao trabalho de pesquisa em laboratório, efectuado na instituição de ensino superior em que se encontrava inscrita como aluna. O "único" motivo porque se considerava "desempregada" prendia-se com a ausência de uma remuneração, como contrapartida às actividades e tarefas (altamente especializadas) que desempenhava. O que o ajudará a compreender? Se se assumir, à semelhança de Collin (2000), que o desempenho de papéis sociais (nomeadamente vocacionais) é, entre outros aspectos, fundamental para a construção de um conjunto de referências que, a cada momento, permitem, a cada um de nós, perceber qual a sua posição, direcção e possibilidades de evolução, mediante o todo de que faz parte, não se poderá considerar tal indefinição e/ou sobreposição de estatutos como mais um indício da criatividade juvenil? Note-se, a propósito, que autores como Bauman (2001) qualificam como "líquida" a contemporaneidade, logo, os contextos e estruturas em que os jovens são chamados a dar significado e a construir um sentido sobre si próprios, o mundo envolvente, bem como sobre a relação que entre ambos se estabelece.

CONCLUSÃO

Ante o que aqui foi enunciado, afigura-se óbvia a conclusão de que os jovens nacionais (seguramente, os entrevistados), no decurso do processo de transição para o mundo do trabalho, vêm construindo percursos (de educação, formação, emprego) que, ao não se restringirem ou seguirem, forçosamente, um caminho pré-determinado, traduzem o seu potencial de adaptação às mudanças (socioeconómicas, histórico-culturais) em curso. Dito de outra forma, porque procuram assumir o papel de autores dos seus próprios trajectos e, portanto, daquele(a) que arca com a responsabilidade pelo (in)sucesso das suas iniciativas, os jovens, ao se depararem com a necessidade de identificarem novos modos (ou, pelo menos, distintos dos tradicionais) de ser e de fazer as coisas, vêem-se igualmente confrontados com a indispensabilidade de serem criativos na construção das suas carreiras, pois, em grande medida, disso depende a sua (sobrevivência).

REFERÊNCIAS

Bauman, Z. (2001). Modernidade líquida. Rio de Janeiro: Jorge Zahar Ed.

Coimbra, J. L. (1997/1998). O meu "grande" projecto de vida ou os meus "pequenos" projectos: Linearidade e/ou recorrência no desenvolvimento vocacional e suas implicações educativas. *Cadernos de Consulta Psicológica, 13/14,* 21-27.

Collin, A. (2000). Dancing to the music of time. In A. Collin & R. Young (Eds.), *The future of career,* (pp. 83-97). Cambridge: Cambridge University Press.

Lehmann, W. (2004). 'For some reason I get a little scared': Structure, agency and risk in school-work transitions. *Journal of Youth Studies, 7* (4), 379-396.

Pais, J. M. (2001). *Ganchos, tachos e biscates: Jovens, trabalho e futuro.* Porto: Ambar.

Parada, F. (2007). *Significados e transições para o trabalho em jovens adultos.* Porto: Edição de Autor da Tesc de Dissertação em Doutoramento.

Roberts, K. (1997/2001). Structure and agency: The new youth research agenda. In J. Bynner, L. Chisholm & A. Furlong (Eds.), *Youth citizenship and social change in a European context,* (pp. 56-65). Aldershot: Ashgate Publishing Limited.

Silva, J. M. T. (2002). Maturidade, adaptabilidade ou criatividade de carreira?. *Psychologica, 30,* 373-385.

Wyn, J. & White, R. (2000). Negotiating social change: The paradox of youth. *Youth and Society, 32* (2), 165-183.

O género nas teorias da carreira e desenvolvimento vocacional: da teoria à prática

Luísa Saavedra
Escola de Psicologia, Universidade do Minho - Portugal
lsaavedra@psi.uminho.pt

Resumo:
Algumas teorias da carreira e desenvolvimento vocacional têm considerado o género como uma das principais barreiras que limitam as aspirações e implementação de certas áreas profissionais por parte das raparigas e a devida progressão na carreira das mulheres. Contudo, o ensino da psicologia e a prática dos psicólogos e psicólogas raramente têm incorporado a investigação e os contributos teóricos tanto quanto seria desejável e necessário. Verifica-se assim um certo desfasamento entre teoria e investigação, por um lado, e ensino e prática por outro. Ressaltando alguns contributos teóricos e da investigação na interface entre género e carreira é nosso objectivo apresentar algumas linhas de acção de modo a que o ensino da psicologia possa formar profissionais de consulta vocacional que tenham como finalidade da sua intervenção a equidade entre homens e mulheres constituindo-se como agentes de mudança e promovendo uma maior justiça social.

Abstract:
Some theories of career and vocational development have considered gender as one of the main barriers that construin girls' aspiration and implementation of several professional areas and appropriate career progression of women. However, psychology teaching and psychological practice scarcely has incorporated investigation and theoretical contribution as much as it would be desirable and necessary. In this sense, one can verify some disarticulation between theory and investigation, on one hand, and teaching and practice, on the other. Giving prominence to some theoretical and investigation contributions in the interface between gender and career it is our propose to present some action lines so that psychology teaching can contribute to training counselling vocational professionals who's intervention aims the equity between men and women becoming changing agents and promoting more social justice.

TEORIAS VOCACIONAIS E GÉNERO

Apesar da acentuada presença do sexo feminino no ensino superior e no mundo profissional persistem ainda marcadas assimetrias no tipo de formação/profissão e na posição ocupada nos postos de trabalho. Duas linhas teóricas e de investigação têm sido determinantes na compreensão destas disparidades no mercado de trabalho, nomeadamente os modelos que salientam a construção de estereótipos de género associados às profissões (onde se pode incluir a teoria sócio-cognitiva da carreira e a teoria da circunscrição e compromisso) e os que dizem respeito às relações família-trabalho.

CONSTRUÇÃO DE ESTEREÓTIPOS DE GÉNERO NAS PROFISSÕES

Hackett e Betz (1981) foram as primeiras autoras a pôr em causa algumas conceptualizações dos modelos tradicionais sobre o desenvolvimento da carreira por considerarem que não explicavam devidamente o comportamento vocacional das mulheres. Apoiando-se na teoria da auto-eficácia de Bandura (1977, 1997), descrevem como o processo típico de socialização das raparigas as impede, frequentemente, de construir expectativas de auto-eficácia elevadas para domínios habitualmente associados ao masculino. Encontram-se neste caso as ciências e as tecnologias. Segundo estas autoras, as raparigas evitam estes domínios devido a uma associação de factores que derivam das fontes de eficácia postulados por Bandura, a saber: dificuldades de realização pessoal com sucesso a matemática, pouca exposição a modelos de mulheres em domínios não-tradicionais, maiores níveis de ansiedade nas tarefas associadas ao masculino, especialmente na matemática, e menor encorajamento de que são alvo, por comparação com os rapazes, para prosseguirem as suas carreiras (Betz & Hackett, 1983; Hackett, 1985; Hackett & Betz, 1981).

Assim, de uma forma geral as raparigas e mulheres possuem expectativas de auto-eficácia face à carreira mais baixas e menos generalizadas do que os homens, o que permitiria explicar o seu leque mais restrito de opções profissionais e a subutilização das suas capacidades. Além disso, "as barreiras *externas,* i.e., a discriminação, a hostilização sexual, e a falta de sistemas de apoio, representam obstáculos que requerem fortes expectativas de auto-eficácia para serem ultrapassadas. Por isso, a teoria da auto-eficácia é considerada relevante para a conceptualização e modificação de barreiras internas e para a gestão das barreiras externas" (Hackett & Betz, 1981, p. 329).

Nos últimos anos a teoria sócio-cognitiva da carreira integrou as perspectivas destas autoras (Hackett & Lent, 1992; Lent, Brown & Hackett, 1994; Lent, Brown & Hackett, 2000), bem como as de outras que mais recentemente se debruçaram sobre esta problemática (e.g. Fassinger, 2001, 2002), alargando o seu poder explicativo neste domínio. Deste modo, a teoria sócio-cognitiva da carreira realça como a auto-eficácia, as expectativas de resultado, e os objectivos pessoais actuam em relação com outras variáveis sociais, como o género e a etnia, enfatizando os efeitos psicológicos e sociais de uma determinada socialização para certos papéis de género. Esta socialização tem levado a que os rapazes e as raparigas desenvolvam competências e interesses diferenciados por actividades que são culturalmente definidos como mais apropriados do ponto de vista do género, conduzindo a opções vocacionais distintas e que geram percursos vocacionais que se traduzem por assimetrias de género no mercado de trabalho (Lent, 2005).

Por influência da literatura do desenvolvimento da carreira das mulheres, este modelo integrou ainda o conceito de "barreiras à escolha". Como vimos as barreiras foram inicialmente concebidas como mecanismos que restringiam as aspirações de carreira das mulheres estabelecendo um desfasamento entre as suas capacidades e as suas realizações. Actualmente, e de uma forma genérica, as barreiras podem definir-se como as condições ou acontecimentos intrínsecos ao indivíduo (auto-conceito, auto-eficácia, por exemplo) ou ao meio (discriminação, sexismo, desaprovação de outros significativos, entre outros) que dificultam a sua progressão na carreira (Betz, 2005; Lent, Brown & Hackett, 2000) estendendo-se a ambos os sexos e aos grupos minoritários. Chamando atenção para o modo como as escolhas podem ser constrangidas por determinadas condições do contexto - condições económicas, da família, e da socialização de género, por exemplo – esta teoria demonstra como os contextos e as condições sociais e culturais, frequentemente exigem um compromisso nos interesses pessoais podendo estes não ser os principais motores das escolhas (Lent, Brown & Hackett, 2000; Lent, 2005).

Acentuando ainda mais a questão do compromisso, a teoria da circunscrição e compromisso, tal como foi formulada por Linda Gottfredson (2002, 2005) procura explicar como o género e a classe social são factores de elevada significância na escolha vocacional, ajudando a construir estereótipos sobre as profissões, que conduzem as jovens e os jovens durante o processo de escolha e determinam as suas aspirações. Segundo esta autora, só na adolescência os interesses, capacidades, e valores são usados para estreitecer o leque de escolhas. Antes disso, o género e a classe social vão desempenhar um papel primordial na determinação da motivação para certas tarefas e actividades em detrimento de outras. Num processo típico de escolha, as primeiras ocupações a serem eliminadas são aquelas consideradas inapropriadas para o seu sexo, depois aquelas que entram em contradição com o auto-conceito de classe social e ao mesmo tempo aquelas que requerem uma grande capacidade ou esforço relativamente à imagem que o indivíduo tem das suas capacidades gerais. Tendo em conta que por volta dos 6 ou 8 anos se dá a orientação para os papéis de género, é de considerar que esta "estrutura" será a mais dificilmente modificável quando se chega à adolescência, momento em que são exigidas as primeiras grandes decisões face à escolha vocacional.

CONFLITO FAMÍLIA-TRABALHO

A par dos contributos da teoria sócio-cognitiva da carreira e da teoria da circunscrição e compromisso, tem-se desenvolvido um amplo trabalho no domínio das relações trabalho-família. Autoras como Betz (2004), Cinamon (2006, no prelo), Cinamon e Rich (2004, 2004a), Cinamon e Hason (2005), Peake & Harris (2002), entre outras, defendem que a antecipação do conflito família-trabalho constitui-se precocemente como barreira à tomada de decisão do sexo feminino, podendo como tal ser integrado na teoria sócio-cognitiva da carreira no âmbito das barreiras às escolhas.

As perspectivas que se debruçam sobre a relação família-trabalho proliferaram a partir dos anos 70, podendo ser agrupadas resumidamente em dois grandes grupos: teorias do *spillover* e teorias da compensação. As teorias do *spillover* (Staines, 1980), defendem que as emoções e comportamentos, positivos ou negativos, de um domínio extravasam para o outro, enquanto as teorias da compensação consideram que um investimento acentuado num domínio é uma forma de compensar algo que corre mal no outro domínio. Seja qual for a abordagem, o que parece ter-se tornado evidente é que existe uma relação de interdependência entre o trabalho e a família.

A maioria dos investigadores e investigadoras da actualidade consideram que a relação família-trabalho pode provocar dois tipos de conflitos recíprocos: o conflito trabalho-família, que se refere à influência negativa do trabalho no domínio familiar e o conflito família-trabalho, que define a influência negativa da família no trabalho. Mais recentemente, os estudos apontam para novos conceitos, tais como o *spillover* positivo - considerando-se que a qualidade da relação conjugal e os papéis parentais podem ajudar a diminuir a tensão causada pelo domínio profissional (Harris, 2004) – e o ajustamento família-trabalho ou enriquecimento família-trabalho (Greenhaus & Powell, 2006), quando os indivíduos conseguem adequar as exigências dos dois papéis levando a resultados positivos no trabalho e na família (Clark, Koch & Hill, 2004).

A investigação em torno do conflito família-trabalho tem sido conduzida essencialmente com populações adultas e que exercem simultaneamente papéis profissionais e domésticos. Contudo, a saliência dos papéis desempenha um lugar importante na planificação da carreira de adolescentes e jovens adultos (Niles & Goodnough, 1996). A antecipação dos efeitos negativos do conflito família-trabalho pode interferir com as aspirações dos jovens, levando-os a secundarizar um desses papéis ao contrário do que eventualmente poderiam desejar (Cinamom, 2004, 2004a, 2006; Peake & Harris, 2002). Estudos realizados com adolescentes e jovens adultos de classes médias indicam que no momento de tomarem decisões vocacionais, sobretudo as raparigas, levam em consideração o papel da família e do trabalho de modo a adaptar-se a papéis de género mais ou menos tradicionais. Apoiando-se na teoria do *spillover*, a investigação leva a crer que estes/as adolescentes e jovens adultos/as têm consciência de que escolher um trabalho que dê acesso a salários elevados, prestígio e avanços na carreira geralmente implica que se lhe dedique mais tempo e energia. Por outro lado, os/as jovens que planeiam dedicar mais tempo e energia à família podem, mais ou menos conscientemente, procurar trabalhos que lhes permitam conciliar o trabalho e a família mais facilmente (Konrad, 2003; Konrad, Yang, Goldberg, & Sullivan, 2005). Tendo em conta uma investigação realizada com adolescentes do sexo feminino (Saavedra, Taveira, & Rosário, 2004; Saavedra & Taveira, *no prelo*) ficou patente que a conciliação entre família-trabalho ou a perspectiva de conflito nestes papéis de vida é tida em conta no processo de tomada de decisão, embora com diferentes graus de consciência e de constrangimento. Por outro lado, é certo que as pessoas podem conseguir diminuir a sua participação na esfera familiar tendo um companheiro ou companheira que esteja disposta a dedicar-se preferencialmente às tarefas familiares, contratando serviços domésticos por terceiros, contando com a ajuda de ascendentes, não tendo filhos ou adiando o seu nascimento para momentos de maior estabilidade na carreira (Konrad, 2003). Todas estas estratégias foram referidas ao longo do estudo supracitado (Saavedra, Taveira, & Rosário, 2003, Saavedra & Taveira, *no prelo*), indicando assim que urge incluir estas dimensões como factor de peso no processo de tomada de decisão de ambos os sexos, mas sobretudo das raparigas, já que estas continuam a encarar o papel familiar como lhes estando preferencialmente atribuído, mesmo quando efectuam escolhas menos convencionais do ponto de vista do género.

DA TEORIA À PRÁTICA

Embora as questões de género nas profissões e as relações família-trabalho tenham merecido a maior atenção na investigação ao longo dos anos de 2004 (Guindon & Richmond, 2005) e 2005 (Harrington & Harrington, 2006) a ponto de Harrington e Harrington (2006) sugerirem que a "preparação a nível educativo de conselheiros da carreira deveria incluir o treino em questões de trabalho-família" (p. 122), Gainor (2005) chama a atenção para o facto de os programas académicos de psicologia vocacional raramente abordarem as questões sociais e desencorajam mesmo as actividades de justiça social. A literatura vocacional a nível internacional tem assim evidenciado um certo desfasamento entre teoria, ensino e prática (Guichard & Lenze,

2005). Urge, pois, salientar o enfoque no género no ensino da psicologia e na prática de consulta psicológica vocacional, individual ou em grupo.

Num primeiro momento o ensino de Psicologia Vocacional deveria evidenciar que apesar do carácter inovador, e em muito actual, das primeiras formulações teóricas no âmbito vocacional (Blustein, McWhirter, & Perry, 2005) estas foram construídas numa época em que praticamente só os elementos do sexo masculino trabalhavam fora de casa e/ou tinham uma carreira profissional. Desta forma, as práticas de aconselhamento vocacional foram concebidas para homens brancos da classe média que se esperava viessem a casar e ter uma esposa que desempenhasse a tempo inteiro os papéis familiares e domésticos. Para a maior parte destes homens a família ocupava um lugar secundário e o trabalho podia ser encarado como o papel central de vida.

Apesar de a investigação ter demonstrado uma profunda alteração nestes padrões, a prática vocacional tem continuado a colocar a sua ênfase nos papéis profissionais descurando outros papéis de vida (Cook, Heppner, & O'Brien, 2002), tratando os jovens de ambos os sexos da mesma forma e/ou transpondo o modelo masculino para o feminino. Perante a incapacidade em reconhecer a dificuldade de gerir diferentes papéis de vida ou em enfrentar os preconceitos sociais de certas escolhas profissionais, algumas jovens vêem os percursos profissionais tradicionais como a melhor "saída" deixando frequentemente de lado domínios profissionais para os quais têm especial aptidão e motivação. Estas opções podem, por vezes – mas nem sempre - implicar colocar a carreira no centro das suas vidas. Nestes casos, as adolescentes e mulheres precisarão de um apoio especial devendo ser ajudadas a identificar as suas forças e a decidir se desejam enfrentar os mitos e estereótipos que prevalecem na sociedade. Simultaneamente pode ser útil ajudá-las a compreender o papel que os seus possíveis companheiros poderão vir a ter na gestão dos vários papéis de vida, aprenderem a negociar esta gestão (Cook, Heppner, & O'Brien, 2002) ou encararem outras alternativas.

O impacto da auto-eficácia no processo de tomada de decisão, na realização e na persistência na carreira, como já vimos, tem sido salientada por diversas autoras (Betz, 2004; Chaves, Diemer, Blustein, Gallagher, DeVoy, Casares, & Perry, 2004; Cinamon & Rich, 2004, 2004a; Cinamon & Hason, 2005; Cook, Heppner, & O'Brien, 2002) que avançaram mesmo com algumas propostas de intervenção neste sentido.

Betz (2004) aponta o conceito de auto-eficácia como um dos primeiros aspectos a trabalhar no início da consulta, avaliando em que medida podem ter existido ou estar presentes barreiras auto-impostas acerca do que a pessoa pensa estar apta a concretizar do ponto de vista profissional. Importa, assim, compreender os ideais da/do cliente, que carreira gostaria de seguir, as fantasias e sonhos que tem e o que a/o impede de concretizar esses ideais. Na verdade, podem estar presentes limitações realistas, mas a importância da auto-eficácia é determinar em que medida podem subsistir limites irrealistas acerca das suas capacidades, caso muito frequente nas mulheres, e que as afastem de percursos desejáveis e viáveis. Perante esta situação, o/a psicólogo/a deve desafiar estas crenças, levando a jovem ou mulher a considerar alterações nos seus projectos e ajudando a compreender, se for o caso, que novas competências necessitam ser desenvolvidas para implementar esses sonhos. Frequentemente estas novas competências passam por capacidades de liderança, de gestão empresarial, em falar para uma audiência, em trabalhar em equipa, entre outras.

Depois de a/o cliente e a/o conselheira/o decidirem os domínios em que é necessário aumentar a auto-eficácia deve, segundo Betz (2004), seguir-se um processo de intervenção baseado nas quatro fontes de informação sobre eficácia pessoal definidas por Bandura, isto é: realizações com sucesso, aprendizagem vicariante ou modelagem, gestão da ansiedade e apoio e encorajamento.

É fundamental que o confronto com as realizações seja um processo progressivo e só após o cliente ou a cliente terem tido algumas experiências com sucesso deve enfrentar desafios mais exigentes. A aprendizagem vicariante permite, por exemplo, que as/os jovens tenham contacto com modelos para além daqueles que as pessoas mais significativas lhes transmitem, ultrapassando assim as barreiras que a socialização destas figuras lhes pode impor (Cook, Heppner, & O'Brien, 2002). A escolha dos modelos deve ser cuidadosa, tendo em conta que sejam pessoas próximas do cliente, quer porque desempenham funções na área em que a cliente se sente pouco eficaz, quer porque são do mesmo sexo e raça. Este aspecto afigura-se tanto ou mais importante quando se trata de áreas profissionais que são consideradas pouco tradicionais do ponto de vista do género. Estes modelos podem ser apresentados pessoalmente ou através dos meios de comunicação como a televisão, cinema, livros ou outros (Betz, 2004; Betz & Schifano, 2000).

Uma grande dose de ansiedade está também frequentemente associada a opções por profissões menos tradicionais do ponto de vista do género, pelo que se torna primordial aprender a gerir a ansiedade através, por exemplo, de treino de relaxamento e da centração na actividade em vez de se concentrar em si próprio/a e nos seus estados de ansiedade. No que diz respeito ao encorajamento, a/o conselheira/o podem desempenhar um papel importante, ajudando a cliente a estabelecer objectivos, reforçando-a quando esses objectivos são alcançados e dando-lhe força quando não conseguiu totalmente concretizá-los. Este tipo de intervenção pode ser particularmente bem sucedida em grupo pois cada elemento pode ajudar os outros a lidar com a ansiedade e fornecer reforços e encorajamentos mútuos. Alguns elementos do grupo podem também servir de modelos para outros ao serem bem sucedidos em áreas em que se sentiam incompetentes.

Contudo, não basta adquirir competências profissionais e ter um sentimento de eficácia quanto a elas. Aprender a gerir os papéis familiares e profissionais afigura-se outra dimensão essencial para o processo de tomada de decisão tendo em conta que os estudos mais recentes indicam que as/os adolescentes e jovens adultos antecipam uma participação activa nestes papéis e conflito na gestão dos mesmos (Cinamon, 2004, 2004a, 2006; Peake & Harris, 2002). A percepção dos efeitos negativos da relação família-trabalho pode conduzir estas populações jovens a reduzir as suas aspirações profissionais em favor da família ou vice-versa, pelo que fomentar programas neste âmbito pode ajudar a construir planos realistas para o futuro. Um estudo recentemente realizado indica que os/as estudantes tendem a antecipar mais o conflito família-trabalho do que o conflito trabalho-família levando a crer que é importante que tomem consciência das duas direcções do conflito, de modo a estarem mais auto-eficazes para o gerirem (Cinamon, 2006). Neste sentido, afigura-se essencial ajudar os/as jovens a tomar decisões sobre a idade para ter filhos e o número de filhos (Cinamon, 2006), bem como, a discutir com os/as namorados/as sobre estas questões e a participação que tencionam ter na gestão das tarefas domésticas (Cook, Heppner, & O'Brien, 2002). Deve ser dada especial atenção às adolescentes e jovens mulheres, particularmente àquelas que foram expostas as modelos familiares tradicionais. Outra forma de adquirir auto-eficácia para uma melhor gestão destes papéis passa por uma análise de experiências passadas em gerir outros papéis, ou treino futuro, e através da exposição a modelos que combinem com sucesso os papéis familiares e profissionais (Cinamon, 2006; Cook, Heppner, & O'Brien, 2002).

O ensino intencional destas perspectivas, não de uma forma meramente genérica, mas enfatizando os seus contributos para as questões de género e outras dimensões de diversidade sócio-cultural, afigura-se cada vez mais importante nas sociedades ocidentais actuais onde a multiculturalidade e a figura feminina no terreno público se encontram cada vez mais representadas.

Cabe ao ensino de psicologia sensibilizar os futuros profissionais da carreira para o impacto do género (bem como de outras variáveis socioculturais) no processo de exploração e implementação vocacional. Importa que os jovens e as jovens psicólogas em formação tomem consciência de que a sua prática nunca é neutra e que lhes cabe decidir se querem contribuir para a manutenção de estereótipos e concepções de masculinidade e feminilidade que mantêm as desigualdades de género. Como alertam Blustein, McWhirter e Perry (2005) a consulta vocacional deve deixar de se preocupar unicamente com a população "bem-educada" e dar resposta a todos os membros da sociedade, constituindo-se como uma "agenda social activista". Este autor e colaboradores vão mais longe ao avançar com a proposta de que haja uma partilha de responsabilidades entre teóricos, investigadores e profissionais da psicologia vocacional em direcção à justiça social. Na mesma linha de ideias Borgen (2005) recomenda o movimento de mulheres como protótipo para a mudança social.

Tendo em conta as consideráveis desvantagens para as raparigas e mulheres que as desigualdades de género acarretam, urge passar da teoria à prática.

REFERÊNCIAS

Bandura, A. (1977). Self-efficacy: Toward a unifying theory of behavioral change. *Psychological Review, 84*, 191-215.
Bandura, A. (1997). *Self-efficacy: The exercise of control*. New York: Freeman.
Betz, N. (2004). Contributions of self-efficacy theory to career counseling: a personal perspective. *Career Development Quarterly, 52* (4), 340-353.
Betz, N. (2005). Women's career development. In S.D. Brown & R.W. Lent (Eds.), *Career development and counseling: Putting theory and research to work (pp. 253-280)*. New York: Wiley.
Betz, N. E., & Hackett, G. (1983). The relationship of mathematics self-efficacy expectation to the selection of science-based college majors. *Journal of Vocational Behavior*, 1-17.
Betz, N. E., & Schifano, R. (2000). Increasing realistic self-efficacy and interests in college women. *Journal of Vocational Behavior, 56*, 35-52.
Blustein, D. L., McWhirter, E. H., & Perry, J. C. (2005). An emancipatory communitarian approach to vocational development theory, research, and practice. *The Counseling Psychologist, 33*, 141-179.
Borgen, F. H. (2005). Advancing social justice in vocational theory, research, and practice. *The Counseling Psychologist, 33*, 197-206.
Chaves, A. P., Diemer, M. A., Blustein, D. L., Gallagher, L. A., DeVoy, J. E., Casares, M. T., & Perry, J. C. (2004). Conceptions of Work: The View From Urban Youth. *Journal of Counseling Psychology, 51*(3), 275-286.
Cinamom, R. G. (2006). Anticipated Work-Family Conflict: Effects of Gender, Self-Efficacy, and Family Background. *The Career Development Quarterly, 54*, 202-215.
Cinamon, R. G., & Hason, I. (2005). *Facing the Future: Barriers and Resources*

in Work and Family Plans of At-Risk Israeli Youth. Paper presented at the 7th Biennial Conference of the Society for Vocational Psychology, Vancouver, Canada, June 2-4, 2005.

Cinamon, R. G., & Rich, Y. (2004). How to prepare adolescents to combine work and family roles. In R. Erhard & A. Klingman (Eds.), *School counseling changing society*, 2004, (pp. 159-180). Tel Aviv: Ramot. (Hebrew).

Cinamon, R. G., & Rich, Y. (2004a). Model counseling interventions program to prepare adolescents for coping with work-family conflict. In E. Frydenberg (Ed.), *Thriving, surviving or going under: Coping with everyday lives*, 2004, (pp. 227-254). Information Age Publishing.

Cinamon, R. G. (no prelo). Preparing minorities adolescents to blend work and family roles: A model intervention program for increasing self efficacious work family conflict management. *International Journal for the Advancement of Counseling.*

Clarke, M. B., Koch, L. C., & Hill, E. J. (2004). The Work-Family Interface: Differentiating Balance and Fit. *Family and Consumer Sciences Research Journal, 33*; 121-140.

Cook, E. P., Heppner, M. J., & O'Brien, K. M. (2002). Career development of women of color and White women: Assumptions, conceptualization, and interventions from an ecological perspective. *The Career Development Quarterly, 50,* 291-305.

Fassinger, R. E. (2001). Diversity at work: Research issues in vocational development. In D. Pope-Davis & H. Coleman (Eds.), *The Intersection of Race, Class, and Gender in Multicultural Counseling* (pp. 267-288). Newbury Park, CA: Sage Publications.

Fassinger, R. E. (2002). Hitting the ceiling: Gendered barriers to occupational entry, advancement, and achievement. In L. Diamant & J. Lee (Eds.), *The Psychology of Sex, Gender, and Jobs: Issues and Solutions* (pp. 21-46). Westport, CT: Greenwood Publishing Group, Inc.

Gainor, K. A. (2005). Social justice: The moral imperative of vocational psychology. *The Counseling Psychologist, 33,* 180-188.

Gottfredson, L. S. (2002). Gottfredson's theory of circumscription, compromise and self creation. In Duane Brown & Associates. *Career choice and development* (pp. 85-148). San Francisco: Jossey Bass.

Gottfredson, L. S. (2005). Using Gottfredson's theory of circumscription and compromise in career guidance and counseling. In S. D. Brown & R. W. Lent (Eds.), *Career development and counseling: Putting theory and research to work* (pp. 71-100). New York: Wiley.

Greenhaus J. H., & Powell G. N. (2006). When work and family are allies: A theory of work-family enrichment, *Academy of Management Review*, 31, 72-92.

Guichard, J., & Lenz, J. (2005). Career theory from an international perspective. *The Career Development Quarterly, 54*, 17-28.

Guindon, M. H., & Richmond, L. J. (2005). Practice and research in career counseling and development—2004, *Career Development Quarterly, 54* (2), 90-137.

Hackett, G. (1985). Role of mathematics self-efficacy in the choice of math-related majors of college women and men: a path analysis. *Journal of Counseling Psychology, 32*(1), 47-56.

Hackett, G., & Betz, N.E. (1981). A self-efficacy approach to the career development of women. *Journal of Vocational Behavior, 18*, 326 – 339.

Hackett, G., & Lent, R. W. (1992). Theoretical advances and current inquiry in career psychology. In S.D. Brown & R.W. Lent (Eds), *Handbook of Counseling Psychology* (pp. 419-451). New York: Wiley.

Harrington, T. F., & Harrington, T. A. (2006). Practice and Research in Career Counseling and Development—2005. *The Career Development Quarterly, 55*, 98-167.

Harris, H. (2004). Global careers: work-life issues and the adjustment of women international managers. *Journal of Management Development, 23* (9), 818-832.

Konrad, A. M. (2003). Family demands and job attribute preferences: a 4-year longitudinal study of women and men. *Sex Roles, 49* (1/2), 35-46.

Konrad, A. M., Yang, Y., Goldberg, C., & Sullivan, S. E. (2005). Preferences for job attributes associated with work and family: A longitudinal study of career outcomes. *Sex Roles, 53*, 303-315.

Lent, R. W. (2005). A social cognitive view of career development and counseling. In Steven D. Brown e Robert W. Lent (Eds.), *Career development and counseling: putting theory and research to work* (pp. 101-127). New Jersey: John Wiley & Sons Inc.

Lent, R. W., Brown, S. D., & Hackett, G. (1994). Toward a unifying social cognitive theory of career and academic interest, choice, and performance. *Journal of Vocational Behavior, 45*, 79-122.

Lent, R. W., Brown, S. D., & Hackett, G. (2000). Contextual supports and barriers to career choice: A social cognitive analysis. *Journal of Counseling Psychology, 47*, 36-49.

Niles S. G., & Goodnough, G. E. (1996). Life-role salience and values: A review of recent research. *The Career Development Quarterly, 45*(1), 65-86.

Peake, A., & Harris, K. L. (2002). Young adults' attitudes toward multiple role plan-ning: The influence of gender, career traditionality, and marriage plans. *Journal of Vocational Behavior, 60*, 405-421.

Saavedra, L. & Taveira, M.C. (no prelo). Discursos de adolescentes sobre a vida profissional e familiar: entre o sonho e a realidade. *Educação & Sociedade.*

Saavedra, L., Taveira, M. C., & Rosário, P. (2004). *Classe social no feminino: percursos e (co)incidências.* Braga: Centro de Investigação em Educação.

Staines G. L. (1980). Spillover versus compensation: A review of the literature on the relationship between work and nonwork., *Human Resources, 33,* 111-129.

Compreendendo a orientação vocacional sob a perspectiva da psicologia social: Uma nova proposta

Marcos Gatti
Instituto de Psicologia, Universidade de São Paulo - Brasil
mgatti@usp.br

Resumo:

Nas últimas 3 décadas, frente às transformações que o mundo do trabalho e a sociedade em geral têm sofrido, a Orientação Vocacional tem-se proposto buscar respostas às inúmeras demandas que surgem deste contexto, num processo de constante expansão de seu papel dentro da sociedade, numa busca em que podemos reconhecer como guia a crescente preocupação em contemplar a diversidade da melhor forma possível. Tendo em vista que a diversidade é um facto inerente à complexidade da nossa realidade, o presente trabalho entende que a Orientação Vocacional, a nível mundial, tem adoptado a estratégia de ocupar um número cada vez maior de espaços sociais, e estruturar-se de forma mais consistente enquanto campo de pesquisa, como forma de melhor compreender e atender as demandas provenientes deste contexto. Distanciando-se da simples utilização do modelo de atendimento baseado nas escolhas pontuais, essencialmente baseado numa perspectiva clínica, a orientação vocacional adopta uma visão mais ampla dos fenómenos psicossociais envolvidos no desenvolvimento da relação entre sujeito e mundo do trabalho, aproximando-se dos estudos e proposições da Psicologia Social e das contribuições de outros campos de pesquisa científico.

Abstract:

In the last 3 decades, facing the transformations suffered by the world of work and the society in general, Vocational Guidance has proposed to look for answers for the countless demands that appear in this context, in a process of constant expansion of its' role inside society, in a search that we can recognize as the guide to the crescent concern in contemplating diversity in the best possible way. Having in mind that diversity is an inherent fact to our reality's complexity, the present work understands that Vocational Guidance, at world level, has adopted the strategy of occupying a greater number of social spaces, structuring itself as a more consistent and established field of research. This is seen as the best way to understand and attend demands from this context, distancing itself from the simple decision-making model, essentially understood from a clinical perspective, to a broader vision of psychosocial phenomena involved in the development of the relation between the individual and the world of work, approaching studies and propositions from Social Psychology and from other fields of scientific research.

REVISÃO DOS CONSTRUTOS EM ORIENTAÇÃO VOCACIONAL

Savickas (1995, p.1) coloca o seguinte convite a qualquer profissional envolvido com a Psicologia Vocacional:

Eu convido o leitor a reunir-se ao questionamento no sentido de entrar na discussão e apoiar um dos credos conflituantes [...] Eventualmente, todo o psicólogo vocacional irá participar em cursos de acção fortemente influenciados por seu ponto de vista sobre as duas questões teóricas examinadas aqui [convergência e divergência].

A teoria e prática em Orientação Profissional surgem na primeira década do século XX como uma via de diálogo e contribuição da Psicologia com as questões da sociedade, sobretudo, através do estudo entre a relação do sujeito com o emprego e com suas escolhas.

Campos Silva (2001, p.87), afirma que

"[...] é no terreno fértil de uma economia centrada na aptidão e na destreza do corpo, que uma psicologia apta a medir, avaliar, e comparar habilidades e competências tomará como fundamento um inatismo biológico para a justificação das diferenças individuais, tendo como lema a máxima: 'colocar o homem certo no lugar certo'. (...) Essa é a origem da Orientação Profissional [...]".

Ferretti (1997) avalia que o objectivo que se atribui historicamente a esta Orientação Profissional resume-se ao auxílio para que o indivíduo no processo de escolha realize opções ocupacionais adequadas, conscientes e/ou críticas e/ou racionais. Para Rivas (1993), a Orientação Profissional é a área da Psicologia que centra o seu trabalho no que as pessoas pensam sobre as carreiras, que expressa a ênfase no desenvolvimento pessoal, e sua implicação numa área vocacional, presente ou futura, uma abordagem com foco no indivíduo.

Na leitura de Savickas (2001a, pp. 167-168), a Orientação poderia ser tradicionalmente definida como:

"[...] o estudo do comportamento vocacional e seu desenvolvimento em carreiras, particularmente enfatizando questões de escolha ocupacional e ajustamento ao trabalho".

Este "comportamento/conduta vocacional", segundo Rivas (1993) pode ser descrito "como expoente da relação dialéctica entre a pessoa e o meio socioprofissional que assinala a culminação do processo evolutivo de socialização do ser humano em seu meio produtivo". A isto, o autor acrescenta que esta relação dialéctica entre o indivíduo e a sociedade nunca está resolvida de forma definitiva; pelo contrário, é fonte constante de tensões, de inseguranças, e desajustes. Ou seja, a função da orientação, segundo tais leituras, deveria ser a análise da dialéctica entre sujeito e sociedade, atentando basicamente para as escolhas e formas de ajustamento do sujeito a essas escolhas, construindo-se um panorama a respeito do desenvolvimento da sua carreira, seja através de intervenções preventivas (longo prazo, geralmente associadas à educação) ou naquelas desenhadas para momentos de crise[1]. Uma visão dualista, que opõe o indivíduo e a sociedade, que mantém o seu

---
1 Entendido como "momento de eleição-discriminação" (Rivas, 1993, p.26), momento da escolha.

foco na actuação sobre o indivíduo.

Lehman (1995) aponta a necessidade de uma clara delimitação das necessidades do actual campo de actuação da orientação, pois, como a própria autora afirma: "observamos que as abordagens actuais não abarcam toda a gama da problemática vocacional, pois é muito restrita frente aos novos problemas e situações sociais", isto é, por mais que Rivas (1993) esteja correcto, sua perspectiva pode (e deve) ser ampliada. Esta ampliação pode ser alcançada através do foco nas relações, não apenas no individual ou no social isoladamente.

Nesse sentido, Guichard & Huteau (2001) apresentam no seu trabalho o quanto a prática actual se distancia da noção tradicional de Orientação, no sentido de uma perspectiva mais ampla. Segundo os autores, podemos apontar algumas diferenças fundamentais entre a visão "clássica" e a realidade actual da Orientação: a orientação nos dias actuais não se limita mais a uma simples mediação da transição da escola para o mundo do trabalho, ou a uma simples inserção em vagas disponíveis, ou transição entre profissões; as práticas actuais visam um espectro populacional mais amplo; as práticas actuais adoptam referenciais teóricos menos diretivos, onde o sujeito é compreendido como alguém passível de desenvolvimento durante todo o espaço de sua vida, e faz-se uma referência mais ténue à Psicologia como um todo, na medida em que se busca elementos de apoio em outras áreas do conhecimento, como a Economia, a Sociologia, e as Ciências Políticas.

Dentro desta nova proposta, o campo da Psicologia Vocacional, na óptica de Savickas (2001b, p. 286), poderia ser descrito da seguinte forma:

"A Psicologia Vocacional, uma especialidade da Psicologia Aplicada, conduz pesquisas sobre o comportamento vocacional entre todos os grupos de trabalhadores, em cada estágio da vida, com o intuito de avançar o conhecimento, melhorar a intervenção nas carreiras, e informar a política social. É caracterizada por uma teorização inovadora para entender a diversidade da experiência humana e as mudanças no mundo do trabalho" [...]

Considerando tais colocações como pressupostos da orientação contemporânea, se tomarmos como definição de paradigma "um conjunto comum de pressupostos a respeito da teoria e dos métodos partilhados por uma comunidade de cientistas, geralmente durante um período significativo de tempo, dentro de um campo particular de pesquisa" (Kuhn, 1962; Farr, 1998), seria correcto afirmarmos que a orientação passa hoje por um processo de configuração[2] de um paradigma?

Esta pergunta se deve, em particular, à tendência de globalização que se

---

2 Visto que não podemos citar momentos anteriores em que houvesse consenso (ou a busca por esse) a respeito dos métodos adequados para o estudo de tal objecto, o que justificaria falarmos em mudança de paradigma.

tem desenvolvido e acentuado nos últimos 30 anos e, consequentemente, da planificação dos elementos que contribuem com a constituição de demandas atendidas pela Orientação.

Focando a sua atenção sobre esta relação entre Orientação e contexto atendido, Pope (2000) propõe um modelo cuja hipótese central é a de que o desenvolvimento e as transformações da orientação estão intimamente associados às grandes transições que ocorrem num determinado contexto durante a sua história. Desta forma, seria de se esperar que a compreensão das transformações a que está sujeita uma dada sociedade nos traria dados relevantes sobre como suas demandas se constroem e como as teorias e práticas em orientação buscaram respostas a essas demandas.

De forma semelhante, Guichard e Huteau (2001) afirmam que o desenvolvimento das práticas em Orientação parece determinado pela evolução do contexto no qual se verificam. Compreender as suas transformações, avaliar a sua pertinência, interrogar-se sobre as suas evoluções possíveis exigem que as situemos no seio das sociedades onde elas se desenvolvem, ampliando a base da abordagem actual em Orientação de uma Psicologia individualista para uma Psicologia social.

CONVERGÊNCIA OU DIVERGÊNCIA?

Tomando-se os trabalhos de Zhang, Hu, e Pope (2002), Tan (2002), Salazar-Clemeña (2002), Leung (2002), Tatsuno (2002), Pope e colaboradores (2002), e Chang (2002), a respeito do desenvolvimento da Orientação em países asiáticos, podemos notar duas características fundamentais: a) uma nítida tendência à construção de uma prática que se comunica com o trabalho de outros países, pertencentes ou não à mesma região, numa tentativa de se aprender e desenvolver a Orientação enquanto uma instituição consistente; e b) um grande respeito da maior parte dos estudiosos e pesquisadores pelos aspectos socioculturais dos contextos aos quais pertencem ou se remetem.

Retomando a questão proposta inicialmente, acredita-se possível afirmarmos que a Orientação Vocacional está dando os últimos passos, no sentido de configurar um paradigma, mas não segundo a ideia apresentada por Savickas (1995) - de que a convergência seja apenas uma tentativa de alguns profissionais em buscar fontes comuns entre as diversas abordagens para reuni-las sob uma mesma agenda, numa única grande teoria; enquanto a divergência seria a busca pela utilização de conceitos pós-modernos, como filosofia de ciência a ser seguida pela teoria e prática em Orientação Vocacional - o que seria, supostamente, um passo para além dos ideais clássicos do modelo positivista de ciência, tido como limitado, e que supostamente marca a pesquisa desenvolvida pelos académicos da área, reduzindo a discussão a uma dicotomia.

Entende-se que tal perspectiva não responde à complexidade dos dias actuais pois, como podemos verificar em Santos, Ferreira & Chaves (2001, p.49), em termos globais, ao confrontar os desafios deste século "[...] a convergência [nas práticas em orientação] está sendo alcançada no que diz respeito a seus objectivos principais [...]". De forma semelhante, Hartung (2002, p.13) afirma que há diversos pontos de promoção de convergência que podem propiciar o enriquecimento teórico e prático da orientação. Contudo, por mais que seja possível verificarmos que uma convergência esteja se constituindo nos aspectos mais amplos da orientação, por exemplo, na busca por modelos heterogéneos em nível mundial, como forma de atendimento às demandas de cada contexto, em nenhum momento isto implica limitação ou negação das particularidades de diferentes contextos e teorias, ou da tentativa de imposição de elementos estranhos a uma dada cultura, por influência directa de uma determinada abordagem, por conta de uma tentativa de reunião de propostas sob uma única teoria global. Pelo contrário, verifica-se um cuidado geral no que diz respeito a necessidade de se respeitar os elementos de cada cultura na constituição e, principalmente, na transferência de métodos e técnicas em orientação pois, como aponta Chang (2002, p. 218):

"Indivíduos não podem ser separados de sua sociedade e do contexto cultural no qual nasceram. O eu-mesmo é definido num relacionamento de actividades e papéis em interacção, que formam cada contexto social. Isto é especialmente verdadeiro nas culturas chinesas.

CONSIDERAÇÕES FINAIS

Verifica-se nos estudos actuais os primeiros passos na constituição de um paradigma de Orientação Vocacional que ultrapassa a discussão sobre modelos de ciência e que busca o atendimento das demandas da população a que se remete, e não respostas a conceitos académicos. Nota-se uma fuga de extremismos e da visão dualista, e coloca-se a questão de convergir ou divergir em segundo plano, focando-se os esforços nas questões advindas das relações indivíduo-sociedade, e na busca por uma prática profissional consistente que vise atender à diversidade; uma noção que deve ocupar um lugar central em qualquer construção teórica em Orientação Vocacional, a fim de que a mesma possa realizar todo o seu potencial transformador dentro de uma época em que suas contribuições podem ser maximizadas por conta da crescente complexidade da estrutura macroeconómica e das demandas impostas por esta a todos os países do mundo, como exemplifica Herr (1999), ao apontar que, a partir das mudanças que ocorrem na economia global, a atenção à sua força de trabalho pode ser a questão mais crítica para qualquer nação. Conforme ocorrido outrora, quando a discussão migrara de um embate sobre qual seria a melhor abordagem em Orientação para o questionamento sobre a existência de convergências ou divergências no campo da Orientação Vocacional, podemos notar indícios de uma nova mudança. É na discussão sobre o compartilhamento de pressupostos e práticas, no seio de um paradigma devidamente constituído, paralelamente ao respeito às características específicas das diferentes culturas e sociedades que a Orientação pode realizar sua contribuição e afirmar seu papel social dentro da actual estrutura mundial de crescente complexidade, imprevisibilidade e insegurança; em suma, sob os auspícios de uma visão proveniente da Psicologia Social tem-se o caminho para a Orientação constituir-se como uma *Geistenwissenschaft*[3] mais madura e coerente com a realidade.

REFERÊNCIAS

Campos Silva, L. B. (2001). *Orientação Profissional: Desafios e Perspectivas Contemporâneas*. LABOR, 0, 85-90.

Chang, D. H. F. (2002). *The past, present and future of career counseling in Taiwan*. The Career Development Quarterly, 50 (3), 218-225.

Farr, R. M. (1998). *As raízes da Psicologia Social moderna*. Petrópolis, Vozes.

Ferretti, C. J. (1997). *Uma nova proposta em Orientação Profissional*. São Paulo, Cortez.

Guichard, J. & Huteau, M. (2001). *Psicologia da Orientação*. Instituto Piaget, Lisboa.

Hartung V. (2002). Location and the Innovation Performance of Commercial GIS Companies. *Growth and Change: A journal of Urban and Regional Policy*. 32, 1, 3-22.

Herr, E. L. (1999). *Preparation for the World of work*. Ottawa, CCDF, pp. 12-25.

Kuhn, T. (1962). *The Structure of Scientific Revolutions* (1962) publ. University of Chicago Press.

Lehman, Y. P. (1995). O papel do Orientador Profissional – revisão crítica, in: Bock, A.M.B. et al. *A Escolha Profissional em Questão*. Casa do Psicólogo, São Paulo, pp. 239-247.

---

3 Termo que designa uma Ciência Humana e Social (Farr, 1998) em lugar de uma Ciência Natural.

Leung, S. A. (2002). *Career counseling in Hong Kong: Meeting the social challenges*. The Career Development Quarterly, *50* (3), 237-245.

Pope, M. (2000). *A brief history of career counseling in the United States*. The Career Development Quarterly, *48* (3), 194-211.

Pope, M. et al. (2002). *From colonialism to ultra nationalism: History and development of career counseling in Malaysia*. The Career Development Quarterly, *50* (3), 264-276.

Rivas, F. (1993) *Psicologia vocacional: enfoque del assessoramiento*. 2ª edição. Madrid. Morata.

Salazar-Clemeña, R. M. (2002). *Family ties and peso signs: Challenges for career counseling in the Philippines*. The Career Development Quarterly, *50* (3), 246-256.

Santos, E. J. R., Ferreira, J. A., & Chaves, A. (2001). *Implications of sociopolitical context for career services delivery*. The Career Development Quarterly, *50* (1), 45-56.

Savickas, M. L. (1995). Current theoretical issues in vocational psychology: Convergence, divergence, and schism. In W. B. Walsh & S. H. Osipow (Eds.), *Handbook of vocational psychology: Theory, research, and practice* (2nd ed., pp. 1-34). Mahwah, NJ: Erlbaum.

Savickas, M. L. (2001a). *Envisioning the future of Vocational Psychology*. Journal of Vocational Behavior, 59, 167-170.

Savickas, M. L. (2001b). *The next decade in Vocational Psychology: Mission and objectives*. Journal of Vocational Behavior, 59, 284-290.

Tan, E. (2002). *Career guidance in Singapore schools*. The Career Development Quarterly, *50* (3), 257-263.

Tatsuno, R. (2002). *Career counseling in Japan: Today and in the future*. The Career Development Quarterly, *50* (3), 211-217.

Zhang, W., Hu, X., & Pope, M. (2002). The evolution of career guidance and counseling in the People's Republic of China. *Career Development Quarterly, 50* (3), 226-236.

O estudo da transição para a reforma: A utilização do Inventário das Preocupações de Carreira

Sandra Fraga
Gabinete de Apoio Psico-Pedagógico ao Estudante, Faculdade de Psicologia,
Universidade de Lisboa - Portugal
sfraga@fp.ul.pt

Resumo:

Num mundo em mudança, os trabalhadores mais velhos necessitam de lidar com os últimos anos de trabalho nas organizações e, deste modo, de planear a transição para a reforma. De um modo geral, os dados sugerem que trabalhadores nesta faixa etária revelam mais preocupação acerca das tarefas de desenvolvimento das fases de Manutenção e de Declínio da carreira. Por outro lado, o papel de Trabalho parece ser mais saliente, seguido dos papéis de Casa, Tempos Livres, Serviço à Comunidade, e Estudo. Os dados sugerem ainda a ausência de um planeamento sistematizado da transição pelos indivíduos. Assim, torna-se igualmente necessário o apoio através de intervenções nas organizações com vista ao planeamento enquadrado nas políticas governamentais relativas à reforma.

Abstract:

In a changing working world, older workers face the need to cope with their last years in their organizations living and planning the transition to retirement. In general, data suggests that workers in this age show more concern about developmental tasks in "Maintenance" and "Disengagement" life stages. On the other hand, the Work role seems to be much more relevant, followed by Home, Leisure, Community Service and Study roles. Data also suggests the lack of a systematic planning of transition retirement by the individual. So, necessary support through organizational interventions is also needed, in order to enhance this planning, within the general framework provided by retirement governmental policies.

ENQUADRAMENTO E OBJECTIVOS

A reforma corresponde a uma das questões mais importantes que os países europeus enfrentam (Fouquereau, Fernandez, Fonseca, Paul, & Uotinen, 2005), sendo definida por Feldman (1994, cit. por Lim, & Feldman, 2003) como a saída de uma posição organizacional ou trajectória de carreira de considerável duração, levada a cabo por indivíduos após a meia-idade, com a intenção de redução do compromisso psicológico para trabalhar posteriormente. Corresponde, assim, a uma mudança no papel profissional em indivíduos mais velhos mas não envolve necessariamente o afastamento total de uma actividade profissional.

Segundo Beehr (1986), a reforma consiste num processo que ocorre ao longo de um período de tempo e que inclui tomar decisões, agir sobre essas decisões, e vivenciar as suas consequências. Para este autor, as características individuais e os factores do ambiente em que o indivíduo se insere influenciam a decisão de reforma, e tanto o indivíduo como a entidade empregadora experienciam as consequências decorrentes da mesma (p. 50).

Assim, apesar de a transição para a reforma ser um processo vivido de forma pessoal, não pode ser entendida fora do contexto profissional e organizacional em que o indivíduo se encontra. Tal como sublinha Duarte (2004), os determinantes de natureza individual e organizacional assumem a mesma importância no desenvolvimento da carreira, devendo-se salientar sobretudo a interacção que existe entre ambos.

Embora autores de diversas áreas do conhecimento sublinhem a pertinência da investigação centrada nas vivências da reforma, a Psicologia dos Recursos Humanos tem investido comparativamente menos atenção aos estudos com populações mais velhas. Com a discussão política e pública despoletada pelas alterações ao regime de aposentações em Portugal (Lei n.º 60/2005, de 29 de Dezembro), justificava-se a realização de um estudo sobre como as pessoas antecipam e se preparam para a reforma no contexto português.

Em 2007 foi apresentado um estudo exploratório cujo principal objectivo consistia em contribuir para uma melhor compreensão da vivência da transição para a reforma em trabalhadores a partir dos 50 anos de idade, através da análise das preocupações de carreira e da saliência dos papéis nesta fase da carreira do indivíduo (Fraga, 2007). Apresenta-se agora parte dos dados desse estudo, com o objectivo específico de identificar as preocupações de carreira mais características numa amostra de trabalhadores nesta faixa etária.

MÉTODO

Participantes
A amostra do estudo principal é composta por 55 participantes (amostra de conveniência), havendo um equilíbrio entre o número de participantes do sexo masculino (47.3%) e do sexo feminino (52.7%), residentes maioritariamente na Grande Lisboa. As idades variam entre os 50 e os 63 anos (média de 54.7 anos), o que decorre do próprio critério de amostragem por idade adoptado. Grande parte encontra-se casada (72.7%), destacando-se a licenciatura como o grau académico com maior representatividade (29.1% da amostra).

Instrumento
Os dados que se apresentam resultam da aplicação do *Inventário de Preocupações de Carreira* (IPC), uma medida associada aos modelos desenvolvimentistas de carreira (Super, 1990), cujo principal objectivo consiste na avaliação do "planeamento da carreira e a previsibilidade de pensar no fu-

turo, naquilo que diz respeito ao trabalho do indivíduo e à vida de trabalho" (Duarte, 1999, p. 49).

O IPC é composto por 60 itens ou afirmações de preocupações sobre a carreira e a tarefa do indivíduo consiste em avaliar o seu grau de preocupação face a cada uma dessas afirmações, atendendo ao momento em que responde e recorrendo para tal a uma escala de cinco pontos: desde 1 – "não preocupa" até 5 – "preocupa bastante". Inclui um item adicional relativo à possibilidade de mudança de carreira (Item 61), permitindo também obter dados relativos à situação actual no emprego (profissão, funções exercidas, empresa, tempo de trabalho em geral e na empresa, tempo na mesma categoria e se pensa mudar de categoria daqui a um ano) e ao grau de satisfação do indivíduo (expresso numa escala de 4 pontos, desde "Insatisfeito" a "Muito satisfeito") face ao seu emprego actual (ou situação de reforma), ao progresso global da carreira até ao momento e às perspectivas futuras sobre a mesma (Duarte, 1993, 1998, 1999).

Procedimento

No estudo principal foram utilizados três instrumentos de avaliação – Questionário *"Planeamento e Transição para a Reforma"* (criado para este estudo), *Inventário das Preocupações de Carreira* (IPC), e a Escala de Valores e Actividades do *Inventário Sobre a Saliência das Actividades* (ISA) – organizados em protocolos de aplicação individual para uma resposta autónoma. No acto de devolução procurou-se verificar se os instrumentos foram preenchidos na sua totalidade. Foram entregues 94 protocolos e recolhidos 55 devidamente preenchidos.

RESULTADOS PRINCIPAIS

Propriedades psicométricas

Os coeficientes de precisão da medida das preocupações pelas Fases sugerem uma adequada e elevada consistência interna do instrumento, com a amplitude a variar entre 0.93 (Fase de Declínio) e 0.96 (Fases de Exploração e de Manutenção). Nas preocupações pelas Subfases, a amplitude dos coeficientes varia entre 0.75 (Subfase Desacelerar) e 0.93 (Subfase Especificar). Corrobora-se a tendência de resultados de estudos anteriores com amostras mais amplas de adultos trabalhadores, nomeadamente, o estudo de adaptação à população portuguesa (Duarte, 1993).

No estudo da validade através da matriz de intercorrelações verificam-se correlações mais elevadas e estatisticamente significativas entre as Subfases e as respectivas Fases em que se estruturam, aspecto que constitui um suporte importante ao nível da validade de construção, e que corrobora dados de estudos anteriores com amostras portuguesas (Duarte, 1993; Rafael, 2001).

Frequências e medidas de tendência central e dispersão

Na análise ao grau de satisfação com o emprego e com a carreira (Quadro 1), 56.4% dos participantes afirma sentir-se satisfeito com o emprego actual, e igual percentagem sente o mesmo sobre o progresso global da carreira até ao momento. Quanto às perspectivas futuras de carreira, regista-se um total de 65.5% dos sujeitos a referir sentir-se algo insatisfeito (40%) ou mesmo insatisfeito (25.5%). Estes resultados sugerem uma perspectiva menos favorável em relação às oportunidades profissionais futuras e reforçam a importância de um planeamento e de apoio, em termos institucionais, de modo a ir ao encontro das expectativas profissionais dos trabalhadores mais velhos.

Quadro 1 · Trabalho, Emprego Actual e Satisfação na Carreira (IPC) (n=55)

	Muito satisfeito		Satisfeito		Algo insatisfeito		Insatisfeito	
	n	%	n	%	n	%	n	%
O que sente sobre o seu emprego actual (ou situação de reforma)	5	.1	9	1	3	6.4	5	4	1	5.5	2	5	.1	9
O que sente sobre o progresso global da sua carreira até agora	4	.3	7	1	3	6.4	5	5	1	7.3	2	5	.1	9
O que sente sobre as perspectivas futuras da sua carreira	2	.6	3	7	1	0.9	3	2	2	0.0	4	4	1	5.5	2

Nota: Frequências de resposta mais elevadas (por item) assinaladas a negrito

No Item 61 verifica-se que a maioria dos participantes se identifica com a alternativa *"Não estou a pensar numa mudança de carreira"* (78.2%) (Quadro 2). De referir também que 7.3% tenciona mudar de carreira e encontra-se a escolher uma nova actividade, 5.5% está a pensar se deve ou não mudar de carreira, 5.5% mudou recentemente de carreira e está a procurar estabelecer-se, e 3.6% escolheu uma nova actividade profissional e está a tentar começar a trabalhar na mesma. Apesar da insatisfação que sentem relativamente às perspectivas futuras da carreira, na sua maioria não parecem equacionar a hipótese de mudança. Tal dever-se-á talvez a motivos pessoais, relacionados com o sentido de estabilidade que lhes é proporcionado pelo vínculo efectivo à instituição, ou talvez pela instabilidade profissional a que se assiste em diversas áreas de actividade que os leva a preferir manter-se na actual função e/ou instituição.

Quadro 2 · Frequências e percentagens de resposta ao item 61 do IPC (n=55)

Tipo de resposta	n	%
Não estou a pensar numa mudança de carreira	43	78.2
Estou a pensar se devo ou não mudar de carreira	3	5.5
Tenciono mudar de carreira e estou a escolher uma nova actividade	4	7.3
Escolhi uma nova actividade profissional e estou a tentar começar a trabalhar	2	3.6
Mudei recentemente de carreira, e estou a estabelecer-me	3	5.5
Total	55	100.0

Na análise às medidas de tendência central e dispersão dos resultados nas preocupações pelas Fases e pelas Subfases (Quadro 3) verifica-se um valor médio mais elevado nas preocupações pela Fase de Manutenção (m=46.84), seguindo-se a Fase de Declínio (m=45.44), a Fase de Estabelecimento (m=41.47) e a Fase de Exploração (m=33.40). Os valores dos desvios-padrão e da amplitude dos resultados são relativamente próximos entre si nas preocupações pelas Fases e pelas Subfases.

Quadro 3 · Medidas de tendência central e dispersão dos resultados nas Preocupações pelas Fases e Subfases do IPC

Fases e Subfases	M	me	DP	Amplitude dos resultados	Amplitude da escala
Exploração	33.40	29.00	15.64	15 – 72	15 – 75
Cristalizar	10.18	8.00	5.36	5 – 23	5 – 25
Especificar	11.36	10.00	5.74	5 – 24	5 – 25
Implementar	11.85	11.00	5.45	5 – 25	5 – 25
Estabelecimento	41.47	43.00	16.12	15 – 69	15 – 75
Estabilizar	12.98	12.00	5.61	5 – 24	5 – 25
Consolidar	15.64	16.00	6.30	5 – 25	5 – 25
Promover	12.85	13.00	5.82	5 – 25	5 – 25
Manutenção	46.84	49.00	13.90	15 – 71	15 – 75
Manter	15.73	17.00	4.68	5 – 24	5 – 25
Actualizar	15.76	17.00	5.06	5 – 25	5 – 25
Inovar	15.35	16.00	5.02	5 – 24	5 – 25
Declínio	45.44	45.00	12.66	17 – 72	15 – 75
Desacelerar	14.60	15.00	4.07	5 – 24	5 – 25
Planear a Reforma	14.49	15.00	4.79	5 – 25	5 – 25
Reforma	16.35	16.00	4.99	5 – 25	5 – 25

Nas preocupações pelas Subfases da Fase de Exploração verificam-se valores médios mais baixos (médias entre 10.18 e 11.85 nas Subfases Cristalizar e Implementar), comparativamente aos valores médios mais elevados nas preocupações pelas Subfases da Fase de Manutenção (Manter - 15.73; Actualizar - 15.76; e Inovar - 15.35) e da Fase de Declínio (Desacelerar - 14.60; Planear a Reforma - 14.49; e Reforma - 16.35), aos quais correspondem valores de desvio-padrão ligeiramente mais baixos. Estes dados corroboram a maior preocupação dos participantes pelas tarefas tipicamente associadas à fase da carreira em que se encontram (Manutenção) e à que se seguirá (Declínio). Contudo, na perspectiva da intervenção individualizada não se podem negligenciar aqueles que, apesar de próximos da reforma, obtêm resultados mais elevados nas preocupações pelas Fases de Exploração e de Estabelecimento (tal como se verifica a partir da ocorrência do resultado mais elevado).

CONCLUSÕES

A transição para a reforma não é necessariamente a vivência linear que à partida se poderia supor, e nem sempre os indivíduos aguardam com uma expectativa positiva este momento. Se alguns desencadeiam os mecanismos para a pré-reforma assim que a lei permite, para outros o papel de trabalhador é bastante valorizado e central nas suas vidas.

No estudo das preocupações pelas Fases e pelas Subfases da carreira as respostas sugerem na sua generalidade que as tarefas relacionadas com as Fases Manutenção e de Declínio (e respectivas Subfases) são aquelas que maior preocupação suscita nos trabalhadores mais velhos. Estes terão vivenciado a carreira num sentido mais "tradicional" de progressão estável, não estando na sua maioria a pensar numa mudança de carreira. A maior preocupação consiste em manter aquilo que alcançaram, actualizar competências e conhecimentos, e inovar a forma como desempenham certas tarefas (Fase de Manutenção). Mas começam também a manifestar desde já preocupação face a tarefas que se colocarão posteriormente, como delegar algumas tarefas, planear a reforma ao demarcarem-se da actividade profissional, e começar a organizar uma nova estrutura e estilo de vida para a reforma (Fase de Declínio).

Mais especificamente, poder-se-ão sugerir quatro principais aspectos que suscitam preocupação. Primeiro, os aspectos relacionados com a forma como o indivíduo se vê a si no seu estatuto de trabalhador, e ao ambiente no local de trabalho (incluindo as condições e as relações sociais que aí se geram), ou seja, sentir-se integrado no grupo de colegas, conservar o respeito e manter a reputação junto das pessoas da mesma área profissional, e ser considerado um profissional responsável e competente. Estes dados salientam as questões da integração dos recursos humanos de modo a contemplar também os indivíduos mais velhos. Segundo, os aspectos relacionados com o planeamento, progressão, e gestão da carreira, independentemente de existirem oportunidades concretas de mudança. Inclui o planear a ascensão profissional, conseguir estabilidade no trabalho, fazer o possível por se manter na actividade profissional, e encontrar novas oportunidades à medida que a actividade se vai modificando e evoluindo. Terceiro, preocupação por se manterem actualizados no exercício da sua actividade profissional (estar ao corrente de conhecimentos, equipamentos e de métodos novos), ser um profissional informado, e desenvolver processos que aliviem o trabalho. Este aspecto parece sugerir uma atitude favorável à gestão da carreira, bem como, ao desenvolvimento de competências que facilitem o desempenho profissional, salientando o papel da organização enquanto responsável pela gestão do *know-how* dos trabalhadores mais velhos que se manterão ainda mais alguns anos na sua estrutura. Um quarto aspecto reporta-se às preocupações pela preparação da reforma, que se traduzem em assegurar boas condições e ter uma vida agradável nessa fase. Tal implicará apoiar o indivíduo na identificação das necessidades e das condições que mais valoriza para viver de forma plena a reforma, bem como, na definição de objectivos para esse período da vida.

À Psicologia dos Recursos Humanos caberá o papel de apoio na antecipação de necessidades de ajuda, e na identificação e implementação de estratégias e de práticas organizacionais mais adequadas e ajustadas à resolução das necessidades que a transição para a reforma coloca ao indivíduo. Trata-se de ajudar o indivíduo na construção de um percurso futuro mais congruente com os objectivos pessoais, aspirações, e estilo de vida desejado, promovendo a gestão da carreira enquanto percurso de vida nos diversos papéis que ainda desempenha (nomeadamente, o profissional) e que irá desempenhar. Tal possibilitará no indivíduo a diminuição da ansiedade face ao desempenho e ao estatuto profissional nos anos finais da actividade e face à mudança que a transição para a reforma acarreta, levando ao progressivo envolvimento em outro tipo de actividades. Para a organização, as vantagens referem-se ao facto de esta reter mais satisfeitos com o papel profissional os trabalhadores que detêm o *know-how*, promover a diminuição do absentismo, e possibilitar o aumento dos níveis de satisfação e, consequentemente, da produtividade dos seus trabalhadores.

REFERÊNCIAS

Beehr, T. A. (1986). The process of retirement: A review and recommendations for future investigation. *Personnel Psychology, 39*, 31-55.

Duarte, M. E. (1993). *Preocupações de carreira, valores e saliência das actividades em adultos empregados. Para uma psicologia desenvolvimentista da orientação de adultos em Portugal.* Dissertação de doutoramento em Psicologia da Orientação Escolar e Profissional. Lisboa: Faculdade de Psicologia e de Ciências da Educação da Universidade de Lisboa (policopiado).

Duarte, M. E. (1998). *Inventário das Preocupações de Carreira. Manual português.* Lisboa: Centro de Psicometria e Psicologia da Educação, Universidade de Lisboa.

Duarte, M. E. (1999). Inventário das Preocupações de Carreira (I.P.C.). In M. Simões, M. Gonçalves, & L. Almeida (Eds.), *Testes e provas psicológicas em Portugal* (Vol. II) (pp.49-60). Braga: SHO - Sistemas Humanos e Organizacionais.

Duarte, M.E. (2004). O indivíduo e a organização: Perspectivas de desenvolvimento. *Psychologica*, extra-série, 549-557.

Fouquereau, E., Fernandez, A., Fonseca, A. M., Paúl, M. C., & Uotien, V. (2005). Perceptions of and satisfaction with retirement: A comparison of six european union countries. *Psychology and Aging, 20*, 524-528.

Fraga, S. (2007). *Preocupações de carreira e saliência das actividades na transição para a reforma: Estudo exploratório.* Dissertação de *Mestrado em Psicologia, Área de especialização em Psicologia dos Recursos Humanos*, apresentada à Faculdade de Psicologia e de Ciências da Educação da Universidade de Lisboa (policopiado).

Lim, V. K. G., & Feldman, D. (2003). The impact of time structure and time usage on willingness to retire and accept bridge employment. *International Journal of Human Resources Management, 14*, 1178-1191.

Rafael, M. (2001). *O modelo desenvolvimentista de avaliação e aconselhamento da carreira (C-DAC). Preocupações de carreira, crenças e stress profissional.* Dissertação de doutoramento em Psicologia da Orientação e Desenvolvimento da Carreira. Lisboa: Faculdade de Psicologia e de Ciências da Educação da Universidade de Lisboa (policopiado).

Super, D.E. (1990). A life-span, life-space approach to career development. In D. Brown & L. Brooks (Eds.), *Career choice and development. Applying contemporary theories to practice* (2nd ed.) (pp. 197-261). San Francisco: Jossey-Bass Publishers.

Novos rumos na investigação das carreiras e do desenvolvimento vocacional: A necessidade de uma abordagem qualitativa, etnográfica e longitudinal

Marcelo Afonso Ribeiro
Maria da Conceição Coropos Uvaldo
Fabiano Fonseca da Silva
Instituto de Psicologia, Universidade de São Paulo - Brasil
marcelopsi@uol.com.br

Resumo:
Essa proposta visa analisar os novos rumos da investigação em psicologia vocacional e desenvolvimento de carreira, pois, com as constantes transformações do mundo do trabalho, a carreira tornou-se mais heterogénea, complexa, menos genérica, e não mais associada exclusivamente às organizações. Através de uma pesquisa bibliográfica, constatou-se que, diante desse contexto do trabalho, as pesquisas devem levar em conta um estudo extensivo das pessoas (desenvolvimento vocacional), das organizações do trabalho (desenhos de carreira), e da relação entre ambos; uma análise do mundo do trabalho como dimensão psicossocial heterogénea constituída de uma diversidade de contextos e dinâmicas de carreiras em relação às outras dimensões sociais (família, educação, lazer, Estado); e um estudo exploratório aprofundado sobre as populações não-tradicionais e minorias no mundo do trabalho. Como proposta temos que, num momento de transição, os estudos interdisciplinares, qualitativos, exploratórios, longitudinais, etnográficos, e hermenêuticos são fundamentais e conseguem alcançar as estruturas por detrás do caos aparente, marcando que não haverá mais uma estrutura normativa e homogénea de carreira como antes, mas também não haverá uma infinidade de estruturas singulares impossíveis de serem analisadas, e sim uma variedade limitada de modelos de processos de construção de carreira, passíveis de identificação pelas modalidades metodológicas indicadas.

Abstract:
This proposal aims to analyze the new directions of research on vocational psychology and career development, because career has become more heterogeneous, complex, less general and no longer associated exclusively to organizations as a result of the constant changes in the world of work. A bibliographic research was carried out and found out that, in this work context, researches must consider an extensive study of people (vocational development), the work organization (career designs) and the relation between them; an analysis of the world of work as a heterogeneous psychosocial dimension composed by a variety of contexts and career dynamics in relation to other social dimensions; and an exploratory study about the non-traditional populations and the minorities in the labor market. The proposal is that the study in this field should be more interdisciplinary, qualitative, longitudinal, ethnographic and hermeneutics, because these methodologies allow the understanding of the structures behind the apparent chaos, emphasizing that there will not be a homogeneous and normative structure of career as before, as well as a multitude of structures of career that are impossible to be analyzed, but a limited variety of career development processes that can be identified by the procedures indicated.

INTRODUÇÃO

Em função das mudanças estruturais do capitalismo, iniciadas na década de 1970, principalmente marcadas pela reestruturação produtiva e pela flexibilização, a carreira sofreu uma transformação profunda em termos práticos, o que ocasionou a perda da sua estrutura genérica, adquirindo contornos mais individualizantes. Em geral, a carreira perdeu a sua base nos processos organizativos, deixou de ter uma estrutura e um padrão a ser seguido, ficando mais submetida às modificações constantes do mundo do trabalho, principalmente, a ruptura do modelo do vínculo empregatício como referência para a estruturação dos modelos de carreira, e se tornando uma tarefa a ser realizada por cada indivíduo na sua relação específica com o trabalho (Ribeiro, no prelo).

Os pensadores da carreira e do desenvolvimento vocacional, então, começaram a repensar as suas bases de análise e de definição da carreira, inclusive para continuarem a ser uma referência para o mundo do trabalho, o que implicou mudanças teóricas e metodológicas.

Segundo Young & Borgen (1990), a carreira é uma área interdisciplinar, e tem os mesmos problemas e soluções para a sua pesquisa encontrados pelas ciências humanas e sociais, ou seja, tendem a dicotomizar indivíduo e sociedade (no caso do estudo da carreira, há uma separação entre carreira interna - desenvolvimento vocacional, e carreira externa - planos organizacionais de carreira), analisando cada dimensão de forma dissociada e, basicamente, através de uma visão positivista e quantitativa, sendo a verificação de hipóteses o caminho mais utilizado. Toda a metodologia implica uma opção epistemológica, uma opção de método e instrumentos, e uma opção de análise dos dados.

Em geral, pode-se separar, esquematicamente, duas dimensões metodológicas (Figueiredo, 1989):

MATRIZES CIENTIFICISTAS	
Ciências naturais: realidade objetiva, natural e dada (crença numa ordem natural dos fenômenos psicossociais)	Objetivação do objeto de estudo
	Observador é neutro (neutralidade científica)
Bases epistemológicas: Positivismo, Mecanicismo e Funcionalismo	Tipo de pesquisa: quantitativa
	Método hipotético-dedutivo: redução, observação ou experimentação, mensuração, descrição e classificação
Objetivos: comprovação de hipóteses e busca de leis gerais (verdades objetivas)	Instrumentos: questionários, escalas, experimentos

MATRIZES ROMÂNTICAS	
Ciências humanas: realidade subjetiva e construída (crença na construção interacional indivíduo-ambiente dos fenômenos psicossociais)	Subjetivação do objeto de estudo
	Observador é parte da observação (neutralidade científica não é possível)
Bases epistemológicas: Fenomenologia, Psicanálise, Etnologia,	Tipo de pesquisa: qualitativa
Construtivismo e Construcionismo e Sócio-historicismo	Método hermenêutico: observação, interpretação e explicação através de uma hermenêutica
Objetivos: explicação de uma realidade e busca de leis particulares (significado subjetivo das singularidades)	Instrumentos: estudos de caso, autobiografias, entrevistas abertas, grupos focais, observação participante, pesquisa-ação, etnografia

Tradicionalmente, os estudos da carreira realizaram as suas pesquisas pela dissociação entre carreira interna e carreira externa, sem relacionar uma com a outra, buscando comprovar hipóteses e descrever os padrões de carreira e desenvolvimento vocacional para a previsão do futuro através da postulação de leis gerais de construção da carreira.

Young & Borgen (1990), Collin (1998), e Bailyn (1989) constatam que, num mundo em transição mais complexo, heterogéneo e flexível, a busca de leis gerais e padrões normativos de carreira, com base na estabilidade do mundo social e do trabalho, se tornou um caminho metodológico pouco eficaz, pois numa realidade marcada pela instabilidade e mudança constante, o foco das pesquisas deveria ser a exploração qualitativa, ao invés da comprovação quantitativa de hipóteses, o que permitiria a análise da mudança e não da estabilidade, como se tem realizado por tradição.

O que nos recomenda a literatura da área?

OBJECTIVOS

Essa pesquisa visou analisar os novos rumos da investigação em psicologia vocacional e desenvolvimento de carreira, pois, com as constantes transformações do mundo do trabalho, a carreira tornou-se mais heterogénea, complexa, menos genérica, e não mais associada exclusivamente às organizações.

MÉTODO

Foi realizada uma breve pesquisa bibliográfica nos principais periódicos que tratam do tema da carreira e do desenvolvimento vocacional, buscando levantar os principais temas e objectos de estudo, e as principais linhas metodológicas utilizadas e, principalmente, as dificuldades e sugestões apontadas pelos pesquisadores para a realização de suas investigações.

RESULTADOS PRINCIPAIS

Através de uma pesquisa bibliográfica, constatou-se que ainda há um predomínio de pesquisas quantitativas que buscam analisar partes da realidade e comprovar hipóteses. Entretanto, vários autores têm sugerido, ao longo dos últimos 20 anos, uma mudança de postura metodológica pela utilização de métodos mais qualitativos de pesquisa.

Como exemplos, pode-se citar Young & Borgen (1990), que indicam, como caminhos mais coerentes com o mundo actual de instabilidade, pesquisas sistémicas, com foco na acção humana, ou com foco no significado das experiências de carreira (abordagem hermenêutica e fenomenológica); Collin (1998) que aponta a importância de métodos interpretativos e longitudinais na contemporaneidade, e Herr (1990) que constata a necessidade de combinação de métodos tradicionais com não-tradicionais para a possibilidade de capturar a riqueza do fenómeno psicossocial chamado "carreira".

Dessa maneira, então, pode-se dizer que a carreira se tornou, actualmente, mais complexa e menos genérica, requisitando aos seus pensadores e pesquisadores uma postura mais interdisciplinar (Arthur, Hall & Lawrence, 1989), mais qualitativa (Bailyn, 1989; Collin, 1998; Young & Borgen, 1990; Young & Collin, 1992), e marcada por estudos longitudinais (Bailyn, 1989; Baruch, 2004; Collin, 1998).

Diante desse contexto do trabalho, as pesquisas deveriam levar em conta um estudo extensivo das pessoas (desenvolvimento vocacional), das organizações do trabalho (desenhos de carreira), e da relação entre ambos; uma análise do mundo do trabalho como dimensão psicossocial heterogénea constituída de uma diversidade de contextos e dinâmicas de carreiras em relação às outras dimensões sociais (família, educação, lazer, Estado); e um estudo exploratório aprofundado sobre as populações não-tradicionais e minorias no mundo do trabalho (Ribeiro, no prelo).

Nesse contexto, destacam-se estudos etnográficos e longitudinais que conseguem, com suas características, abarcar uma melhor exploração e compreensão das construções actuais de carreira, num mundo instável e em transformação, na sua dimensão espaço-temporal pela exploração e compreensão dos contextos de trabalho, da dinâmica das carreiras, e das relações possíveis entre carreira interna e carreira externa, o que permitiria a apresentação de um panorama geral das construções actuais de carreira.

CONCLUSÃO

Como proposta temos que, num momento de transição, os estudos interdisciplinares, qualitativos, exploratórios, longitudinais, etnográficos, e hermenêuticos são fundamentais e conseguem alcançar as estruturas por detrás do caos aparente, marcando que não haverá mais uma estrutura normativa e homogénea de carreira como antes, mas também não haverá uma infinidade de estruturas singulares impossíveis de serem analisadas, e sim uma variedade limitada de modelos de processos de construção de carreira, passíveis de identificação pelas modalidades metodológicas indicadas.

REFERÊNCIAS

Arthur, M. B., Hall, D. T., & Lawrence, B. S. (1989). (Orgs.). Generating new directions in career theory: the case for a transdisciplinary approach. Em *Handbook of career theory* (pp. 7-25). Cambridge, UK: Cambridge University Press.

Bailyn, L. (1989). Understanding individual experiences at work: comments on the theory and practice of careers. In M. B. Arthur, D. T. Hall, & B. S. Lawrence (Orgs.), *Handbook of career theory* (pp. 477-489). Cambridge: Cambridge University Press.

Baruch, Y. (2004). Transforming careers: from linear to multidirectional career paths - organizational and individual perspectives. *Career Development International, 9* (1), 58-73.

Collin, A. (1998). New challenges in the study of career. *Personnel Review, 27* (5), 412-425.

Figueiredo, L. C. M. (1989). *Matrizes do pensamento psicológico*. Petrópolis, RJ: Vozes.

Herr, E. L. (1990). Issues in career research. Em R. A. Young & W. A. Borgen (Orgs.), *Methodological approaches in the study of career* (pp. 3-21). New York, NY: Praeger Publishers.

Ribeiro, M. A. (no prelo). *Psicologia e gestão de pessoas: reflexões críticas e temas afins (ética, competência e carreira)*. São Paulo: Vetor.

Young, R. A. & Borgen, W. A. (1990). Introduction. Em R. A. Young & W. A. Borgen (Orgs.), *Methodological approaches in the study of career* (pp. xi-xviii). New York, NY: Praeger Publishers.

Young, R. A. & Collin, A. (1992). *Interpreting career hermeneutical studies of lives in context*. Westport, CT: Praeger.

Avaliações e Intervenções Vocacionais

PARTE 4/4

Educação para a carreira em idade pré-escolar: estudo exploratório de uma intervenção de consultoria psicológica

Maria do Céu Taveira
Séli Chaves
Alexandra Araújo
Escola de Psicologia, Universidade do Minho - Portugal
ceuta@psi.uminho.pt

Resumo:

A carreira tem sido conceptualizada como um processo do ciclo vital com início na infância, evoluindo até à idade adulta e velhice (e.g., Vondracek, Lerner, & Schulenberg, 1986). Idealmente, as intervenções vocacionais deveriam iniciar-se precocemente, sendo a idade pré-escolar a faixa etária de eleição para estimular o desenvolvimento naquele âmbito. O presente estudo é parte integrante de um projecto de Dissertação de Mestrado que visa avaliar o impacto de uma intervenção de consultoria psicológica (com recurso a pré e pós-teste) junto de educadoras de infância e seus respectivos educandos. O estudo insere-se no âmbito da perspectiva da Educação para a Carreira, enquanto "instrumento para proceder a uma ligação mais intencional entre a escola e o trabalho" (Hoyt, 1995, p. 15), recorrendo a estratégias de infusão curricular. Nesta comunicação apresentam-se os resultados do pré-teste, no qual foi solicitado o preenchimento, por partes das educadoras de infância, do Questionário de Avaliação de Necessidades de Formação em Educação para a Carreira (Gomes & Taveira, 1999), e uma Lista de Verificação para o Profissional de Educação (Araújo & Taveira, 1999), para avaliar atitudes, conhecimentos e competências daquelas educadoras relacionadas com a promoção intencional do desenvolvimento da carreira das crianças. Os resultados são discutidos à luz da perspectiva da Educação para a Carreira e das implicações para o desenho curricular.

Abstract:

Career has been conceptualized as a life-long process that begins in childhood and progresses through adulthood and old age (e.g., Vondracek, Lerner, & Schulenberg, 1986). Ideally, career interventions should begin earlier in the education system, at pre-school ages. The present study adopts the Career Education perspective, here defined as an "instrument of effective and intentional school-work bonding" (Hoyt, 1995, p. 15) that emphasizes curricular infusion, and is designed to analyze the impact of a psychological consultation intervention in this domain, with pre-school teachers. The study adopts a quasi-experimental design, with pre- and post test assessment, in which four pre-school teachers completed four questions of the Elementary School Career Education Questionnaire for Teachers (Soares & Taveira, 2001), the Career Education Training Needs Assessment Questionnaire (Gomes & Taveira, 1999) and the Teacher's Checklist (Araújo & Taveira, 1999, 2003). These instruments are measures of pre-school teachers' career education attitudes, knowledge and competencies. Results concerning the pre-test will be discussed according to the Career Education perspective, and implications for curricular design are addressed.

INTRODUÇÃO

A carreira tem sido conceptualizada como um processo do ciclo vital com início na infância, evoluindo até à idade adulta e velhice, influenciado por factores individuais e ambientais (Vondracek, Lerner, & Schulenberg, 1986). As teorias desenvolvimentais caracterizam o desenvolvimento vocacional na infância como um estádio de Fantasia (Ginzberg, Ginsburg, Axelrad & Herma, 1951), ou de Crescimento (Super, 1953), durante o qual se desenvolvem interesses, capacidades e atitudes associados ao auto-conceito, através da fantasia e da exploração.

Embora seja reconhecida a importância da infância no processo de desenvolvimento vocacional, Araújo e Taveira (2002) referem que o desenvolvimento vocacional durante os primeiros anos de vida tem sido alvo de pouca investigação até à década de 80 do século passado, período durante o qual esta fase desenvolvimental assumiu maior relevo devido aos trabalhos de Super (1953) e de Gottfredson (1981). Mais recentemente, Herr e Cramer (1996) enfatizaram a importância dos dez primeiros anos de vida na definição de objectivos, motivação para a realização e auto-concepções enquanto indivíduo mais ou menos competente. Numerosos autores partilham esta posição, tais como Seligman (1994) que adaptou as tarefas desenvolvimentais de Havigurst (1952) ao domínio do desenvolvimento vocacional. Em Portugal, assiste-se actualmente, a um aumento de publicações no âmbito do desenvolvimento vocacional na infância e da influência de pais e professores nos resultados vocacionais de crianças (A. Araújo & Taveira, 2006ab; S. B Araújo, 2002; S. B. Araújo & Taveira, 2002; Gomes, 2000; Soares, 2002).

Em suma, vários autores têm salientado a importância das experiências de exploração vocacional vivenciadas durante a infância, visto estarem na base da formação dos interesses, dos valores e das atitudes que afectam os processos de tomada de decisão e de ajustamento vocacional posteriores (e.g., Taveira, 1999).

Os pais e os professores assumem um papel fundamental no desenvolvimento vocacional das crianças. Com efeito, funcionam como modelos de trabalho, facilitam a aquisição de informação do meio ambiente assim como estimulam comportamentos exploratórios, considerados precursores do desenvolvimento de interesses e da autonomia da criança (A. Araújo & Taveira, 2006b; Lent, 2004; Super, 1990). Por sua vez, os professores e os educadores de infância possuem igualmente um papel fundamental neste processo, visto as crianças passarem a maior parte do seu tempo em contexto escolar.

Neste contexto, as intervenções no âmbito da Educação para a Carreira definidas como "instrumento para proceder a uma ligação mais intencional entre a escola e o trabalho" (Hoyt, 1995, p. 15), deverão iniciar-se, idealmente, nos primeiros anos de escolaridade, nomeadamente na Educação Pré-Escolar e no 1º Ciclo de Ensino Básico. Nestas condicionantes, as principais características da perspectiva de Educação para a Carreira consistem na preparação para o mundo do trabalho, a infusão curricular e a colaboração entre o sistema educativo e a comunidade (Gomes, 2004). De acordo com esta perspectiva, os professores deverão colaborar activamente com os psicólogos educacionais e vocacionais de modo a facilitar o desenvolvimento vocacional de crianças e adolescentes (A. Araújo & Taveira, 2006b; S. Araújo & Taveira, 2002; Baptista & Costa, 2004). Com efeito, o papel do psicólogo no âmbito da Educação para a Carreira deverá ser considerado como um consultor que presta auxílio aos professores na definição e implementação de programas de Educação para a Carreira, bem como, na articulação dos diversos actores envolvidos neste processo (e.g., conselho executivo, pais, empresas locais) (Baptista & Costa, 2004; Herr & Cramer, 1996; Hoyt, 1995).

METODOLOGIA

Participantes e Procedimento

A presente investigação foi realizada com uma amostra de conveniência, constituída por 4 educadoras de infância pertencentes a um Jardim-de-Infância (JI) do distrito de Braga, com uma idade média de 48.75 (DP= 3.59) e seus respectivos educandos, 40 rapazes e 28 raparigas com idades compreendidas entre os 3 e os 5 anos (M= 4.37; DP= 0.81). A escolha desta instituição prendeu-se com a facilidade de acesso aos membros das mesmas e a sua resposta voluntária de participação na investigação. No quadro 1, apresentam-se as frequências de idade e sexo das crianças do JI de cada educadora.

Quadro 1 · Distribuição das crianças do JI por idade e sexo

Educadoras de infância	Idade das crianças	Sexo M (N)	F (N)	Total
A	5 anos	13	9	22
B	5 anos	10	8	20
	4 anos	2	1	
C	4 anos	7	5	12
D	3 anos	8	6	14
	Total	40	28	68

Nota: A educadora de infância B. é responsável, dentro da mesma sala, por alunos com 4 e 5 anos de idade.

Os dados foram recolhidos entre Novembro e Dezembro de 2007. Num primeiro momento, foi solicitado às educadoras o preenchimento de um questionário de auto-relato no âmbito da Educação para a Carreira, na presença de uma psicóloga educacional. Em seguida, as educadoras preencheram uma grelha de observação para cada um dos seus educandos.

Instrumentos de Medida

Os conhecimentos e as opiniões das educadoras acerca da Educação para a Carreira foram avaliados através de quatro perguntas com uma escala de resposta dicotómica (sim/não) do *Questionário de Educação para a Carreira para professores do 1ºCiclo de Ensino Básico* (Soares & Taveira, 2001): (i) "Já ouviu falar, alguma vez, em Educação para a Carreira ou Educação Vocacional?"; (ii) "Está sensibilizado/a e preocupado com esta temática?"; (iii) "Acha pertinente a introdução de uma abordagem à educação vocacional no curso de Educação de Infância?"; e (iv) "A sua formação é suficiente para desenvolver e implementar objectivos e estratégias no âmbito da Educação Vocacional?". Estas perguntas foram colocadas principalmente com o intuito de introduzir e familiarizar as educadoras ao tópico em estudo.

Além disso, aplicou-se o questionário de avaliação de *Necessidades de Formação em Educação para a Carreira para Professores* – NEFEC-P (Gomes & Taveira, 1999), destinado a educadores de infância e professores de Ensino Básico e Secundário, com o intuito de avaliar as necessidades de formação das educadoras no domínio da Educação para a Carreira. O NEFEC-P é constituído por 49 itens, com uma escala de resposta de tipo *Likert* de cinco pontos, em que 1 pode significar "Completamente em desacordo" ou "Probabilidade muito baixa", e o valor 5 "Completamente de acordo" ou "Probabilidade muito elevada", permitindo recolher informação sócio-demográfica, nomeadamente, o sexo, a idade, o nível de ensino dos professores, o tempo de serviço, o vínculo, e a formação académica (6 itens – Parte A), assim como, a avaliação das necessidades de formação de educadores e professores, no âmbito da Educação para a Carreira, em três componentes principais consistentes: (i) Factor 1 - Relação entre Ensino/Aprendizagem e Educação para a Carreira; (ii) Factor 2 – Competências em Educação para a Carreira; e (iii) Factor 3 – Crenças e atitudes face à Orientação Vocacional (Gomes, 2001).

A *Lista de Verificação para o Profissional de Educação* (Araújo & Taveira, 1999, 2003), constituída por 29 itens com uma escala *Likert* de resposta (1 = nada semelhante com a criança e 5 = completamente semelhante à criança), permite avaliar os comportamentos de exploração da criança, bem como, os comportamentos de vinculação na perspectiva do educador de infância. Além disso, existe um espaço no qual o educador de infância é convidado a indicar quais as áreas de exploração preferidas das crianças no jardim-de-infância.

ANÁLISES

As análises estatísticas dos resultados – frequências, análises descritivas e teste de qui-quadrado – foram realizadas com o programa SPSS (Statistical Package for the Social Sciences) para Windows (*versão* 14.0).

RESULTADOS E DISCUSSÃO

É possível constatar que todas as educadoras relatam nunca terem ouvido falar em Educação para a Carreira, bem como, estarem sensibilizadas para aprender mais sobre o tema, mencionando a pertinência de introduzir uma disciplina no curso de Educação de Infância acerca da Educação para a Carreira. No entanto, apenas uma das educadoras revela possuir falta de competências nesta área (cf. Quadro 2).

Quadro 2 · Respostas dos participantes em termos de Conhecimentos e Opiniões acerca da Educação para a Carreira

Conhecimentos e Opiniões acerca da Educação para a Carreira	Educadora A	B	C	D
Já ouviu falar, alguma vez, em Educação para a Carreira ou Educação Vocacional?	Não	Não	Não	Não
Está sensibilizado/a e preocupado/a com esta temática?	Sim	Sim	Sim	Sim
Acha pertinente a introdução de uma abordagem à educação vocacional no curso de Educação de Infância?	Sim	Sim	Sim	Sim
A sua formação é suficiente para desenvolver e implementar objectivos e estratégias no âmbito da Educação Vocacional?	Sim	Sim	Sim	Não

No Quadro 3 apresentam-se os valores de média e desvio-padrão das educadoras nos três factores avaliados pelo NEFEC-P no que respeita às Necessidades de Formação no âmbito da Educação para a Carreira.

Quadro 3 · Necessidade de Formação no âmbito da Educação para a Carreira das educadoras: Médias e desvios-padrão dos factores do NEFEC-P

Educadoras de infância	Factor 1		Factor 2		Factor 3		Total	
	Min Score (16)	Max Score (80)	Min Score (8)	Max Score (40)	Min Score (25)	Max Score (125)	Min Score (49)	Max Score (245)
A	53		25		87		165	
B	60		32		87		179	
C	58		28		85		171	
D	55		29		80		164	
Média Factor M (DP)	56.50 (3.1)		28.50 (2.9)		84.75 (3.3)		169.75 (6.9)	

Como é possível observar pela leitura do Quadro 3, todas as educadoras consideram a influência que algumas actividades de aprendizagem podem ter na promoção do desenvolvimento da carreira dos seus educandos (i.e., possuem conhecimentos acerca da relação entre o ensino/aprendizagem e a Educação para a Carreira – Factor 1).

Relativamente ao segundo factor – Percepção das Competências em Educação para a Carreira – os resultados revelam que as educadoras se percepcionam como profissionalmente competentes e preparadas para implementar intervenções de Educação para a Carreira nas suas salas de aula.

De um modo geral, as participantes registam uma visão adequada do processo e das intervenções de Orientação Vocacional, bem como, do papel dos profissionais de orientação quando responderam aos itens do Factor 3 (Crenças e Atitudes face à Orientação Vocacional). No entanto, as respostas das educadoras aos itens 4, 13, 14 e 20 apontam para uma falta de conhecimento ou a existência de crenças erradas em relação ao processo de Orientação Vocacional e na Educação para a Carreira. Além disso, todas as educadoras referiram a necessidade em aumentar os seus conhecimentos acerca das teorias de desenvolvimento vocacional, bem como, o interesse em frequentar uma acção de formação no âmbito da Educação para a Carreira, com excepção de uma educadora.

Finalmente, o preenchimento da *Lista de Verificação para o Profissional de Educação* (Araújo & Taveira, 1999) permite caracterizar os comportamentos de exploração das crianças do JI. Assim, de acordo com a perspectiva das educadoras, as áreas preferidas dos educandos no jardim-de-infância são: os Jogos de Mesa (70,6%), a Casa (67,6%), e as Construções (57,4%). Além disso, na perspectiva das educadoras, as áreas menos exploradas pelas crianças são as áreas da Água/Areia, da Música e do Movimento, e a área das TIC (cf. Quadro 4).

Quadro 4 · Frequência das Áreas Preferidas das crianças, na perspectiva da sua educadora

Áreas	Educadoras				Total
	A (N=22 crianças)	B (N=20 crianças)	C (N=12 crianças)	D (N=14 crianças)	(N=68 crianças)
Água/areia	0 (0%)	0 (0%)	1 (8.3%)	0 (0%)	1 (8,3%)
Construções	10 (45.5%)	14 (70.0%)	7 (58.3%)	8 (51.7%)	39 (57.4%)
Casa	14 (63.6%)	12 (60%)	9 (75%)	11 (78.6%)	46 (67.6%)
Expressão Plástica	6 (27.3%)	8 (40%)	5 (41.7%)	1 (7.1%)	20 (29.4%)
Jogos de Mesa	14 (63.6%)	12 (60%)	11 (91.7%)	11 (78.6%)	48 (70.6%)
Biblioteca	7 (31.8%)	12 (60%)	9 (75%)	4 (28.6%)	32 (47.1%)
Música/Movimento	1 (4.5%)	2 (10.0%)	3 (25%)	4 (28.6%)	10 (14.7%)
TIC	4 (18.2%)	12 (60%)	0 (0%)	0 (0%)	16 (23.5%)

Efectuaram-se testes de qui-quadrado de modo a verificar se existiam associações entre as áreas preferidas das crianças e as variáveis sexo e idade. Assim, foi encontrada uma associação significativa entre o sexo das crianças e as áreas preferidas assinaladas pelas educadoras. Deste modo, mais rapazes tendem a preferir a área dos Blocos (52,9%) e das TIC (19,1%) ($x^2(1)$= 42.33, p < .001 e $x^2(1)$= 4.35, p < .05, respectivamente), quando comparados com as raparigas (4,4% e 4,4%, respectivamente). Por sua vez, as raparigas tendem a explorar mais as áreas da Casa (38,2%) e da Expressão Plástica (26,5%) ($x^2(1)$= 13.82, p < .001 e $x^2(1)$= 27.88, p < .001), quando comparadas com os rapazes (29.4% e 2.9% respectivamente). Não foram registadas associações significativas entre o sexo das crianças e as restantes áreas.

Relativamente à variável idade das crianças, observou-se uma associação significativa entre esta variável e a área das TIC ($x^2(2)$= 8.49, p < .05). Assim, as crianças com 5 anos tendem a explorar mais esta área do que as crianças mais novas (35.9% vs. 0% das crianças com 3 anos e 13.3% das crianças com 4 anos).

No Quadro 5 apresentam-se as estatísticas descritivas que sumarizam as respostas acerca dos comportamentos de vinculação e de exploração das suas crianças. Com excepção da educadora D. todas as educadoras discriminam os seus educandos em termos de comportamentos de exploração e de vinculação. As educadoras caracterizam os seus educandos como exploradores debutantes e moderadamente inseguros em termos de vinculação relacional.

Quadro 5 · Classificação dos Comportamentos de Exploração e Vinculação das Criança pelas Educadoras

Educadoras	Exploração Média (DP)	Min-Max	Vinculação Média (DP)	Min-Max
A (N= 22 crianças)	3.22 (1.41)	1 – 4.93	2.71 (1.24)	1-5
B (N= 20 crianças)	2.96 (.64)	1.78 – 4.04	2.47 (.62)	1.50 – 4
C (N= 14 crianças)	3.25 (.80)	1.81 – 4.67	2.96 (.58)	2-4
D (N= 12 crianças)	2.74 (.16)	2.52 – 3.04	2.60 (.37)	2.50 – 3.50
Média Factor M (DP)	2.68 (.80)	1-5	3.04 (.90)	1 – 4.93

CONSIDERAÇÕES FINAIS

Os resultados apresentados mostram as necessidades de formação das educadoras no domínio da Educação para a Carreira. A análise e discussão dos dados apontam para a necessidade de promover uma intervenção de consultoria psicológica com ênfase na perspectiva da Educação para a Carreira. Assim sendo, e tendo em conta os resultados obtidos, bem como as sugestões de Gomes (2004), a formação para as educadoras deverá, idealmente, abranger os seguintes aspectos: (a) exploração das percepções, crenças, e expectativas pessoais acerca da orientação vocacional; (b) conhecimento dos estádios e das tarefas do desenvolvimento vocacional nas diferentes fases do desenvolvimento; (c) reconhecimento da importância do papel do educador de infância e do professor na educação vocacional dos seus alunos; (d) inventário dos aspectos da prática pedagógica que possam ser intencionalizados em termos de educação vocacional; (d) relacionamento das Orientações Curriculares para a Educação pré-escolar com as necessidades de desenvolvimento vocacional dos alunos; (e) revisão crítica dos princípios do sistema educativo e identificação das intenções explícitas e implícitas de educação vocacional; (f) planificação da integração curricular de objectivos e de actividades de educação e desenvolvimento vocacional (e.g., estimular os comportamentos exploratórios das crianças em todas as áreas, de modo a possibilitar o desenvolvimento de interesses diversificados, bem como, promover uma exploração das áreas que não corresponda a uma visão estereotipada dos papéis sexuais definidos para cada género); (g) estimulação da colaboração com outros profissionais na implementação de actividades de educação vocacional.

Este tipo de intervenção vocacional junto das educadoras tem por finalidade a promoção de competências de identificação de objectivos e de desenvolvimento de estratégias no âmbito da Educação para a Carreira, ajustadas às necessidades dos seus educandos (alvo indirecto da intervenção). Estes aspectos são fundamentais para o desenvolvimento do auto-conceito e da promoção de comportamentos exploratórios desde a infância, que por sua vez terão uma influência positiva no ajustamento vocacional em idades posteriores (e.g., Taveira, 1999).

REFERÊNCIAS

Araújo, S. B. (2002). *Desenvolvimento vocacional na Infância: um estudo exploratório com crianças em idade pré-escolar*. Tese de Dissertação de Mestrado não publicada. Braga: Universidade do Minho.

Araújo, A. & Taveira, M. C. (2006a). Estudo exploratório de precursores do desenvolvimento vocacional na infância: Dados preliminares de um estudo. *Actas do VI Simpósio Nacional de Investigação em Psicologia*, Évora, 28 – 30 de Novembro.

Araújo, A. & Taveira, M. C. (2006b). Activação do desenvolvimento vocacional na infância: O papel promotor dos pais e professores. In J. Tavares, A. Pereira, C. Fernandes, & S. Monteiro, Actas do Simpósio Internacional Activação do Desenvolvimento Psicológico (pp. 179-188). Aveiro: Universidade de Aveiro - Comissão Editorial.

Araújo, S. B., & Taveira, M. C. (1999). *Lista de Verificação para o Profissional de Educação de Infância*. Braga: Centro de Estudos em Educação e Psicologia, Universidade do Minho.

Araújo, S. B., & Taveira, M. C. (2002, Novembro). *O papel do educador na facilitação do desenvolvimento vocacional: uma perspectiva desenvolvimental-contextualista*. Comunicação apresentada no Seminário Internacional da APELF – Lisboa.

Baptista, C., & Costa, J. (2004). O desenvolvimento Vocacional numa perspectiva de integração curricular. In M. C. Taveira (Coord.), *Desenvolvimento vocacional ao longo da vida. Fundamentos, princípios e orientações* (pp. 172 - 180). Coimbra: Almedina.

Ginzberg, E., Ginsburg, S. W., Axelrad, S., & Herma, J. L. (1951). *Occupational choice: an approach to a general theory*. New York: Columbia University.

Gomes, I. (2000). *Educação para a carreira e formação de professores*. Tese

de Dissertação de Mestrado não publicada. Braga: Universidade do Minho.
Gomes, I. (2004). O Desenvolvimento Vocacional na infância: políticas e intervenções nacionais. In M. C. Taveira (Coord.), *Desenvolvimento vocacional ao longo da vida. Fundamentos, princípios e orientações* (pp. 181 - 190). Coimbra: Almedina.
Gottfredson, L. (1981). Circumscription and compromise. A developmental theory of occupational aspirations. *Journal of Counseling Psychology, 28* (6), 545 - 579.
Havighurst, R. (1952). *Developmental tasks and education*. New York: David McKay.
Herr, E., & Cramer, S. H. (1996). *Career guidance and counseling through the life-span: systematic approaches* (4ª ed.). NY: Collins Publishers.
Hoyt, K. B. (1995). El concepto de educación para la carrera y sus perspectivas. In M. L. Rodríguez (Coord.). *Educación para la carrera y diseño curricular. Teoria y practica de programas de educación para la carrera* (pp. 15 - 37). Barcelona: U. B.
Lent, R. W. (2004). Social cognitive theory, career education, and school-to-work transition: Building a theoretical framework for career preparation. In M. C. Taveira (Coord.), *Desenvolvimento vocacional ao longo da vida. Fundamentos, princípios e orientações* (pp. 13 - 24). Coimbra: Almedina.
Seligman, L. (1994). *Developmental career counselling and assessment* (2ª ed.). Thousand Oaks, CA: Sage Publications.
Soares, A. (2002). *Educação para a carreira ao nível do ensino básico. Estratégias para a formação de professores*. Tese de Dissertação de Mestrado não publicada. Braga: Universidade do Minho.
Soares, A. & Taveira, M. C. (2001). *Desenvolvimento vocacional de jovens adultos: a exploração, a indecisão e o ajustamento vocacional*. Tese de mestrado não publicada. Braga: IEP, Universidade do Minho.
Super, D. E. (1953). A theory of vocational development. *American Psychologist, 8*, 185 - 190.
Super, D. E. (1990). A life-span, life-space approach to career development. In D. Brown & L. Brooks (Eds.), *Career choice and development: Applying contemporary theories to practice* (2nd ed.) (pp. 197 - 261). San Francisco, CA: Jossey-Bass.
Taveira, M. C. (1999). Intervenção precoce no desenvolvimento vocacional. *Psicologia: Teoria, Investigação e Prática, 1*, 173 - 190.
Vondracek, F. W., Lerner, R. M., & Schulenberg, J. E. (1986). *Career development: A life-span developmental approach*. N. J.: Lawrence Erlbaum Associates.

Análise do processo da consulta psicológica vocacional: estudo das reacções dos clientes ao processo terapêutico

Liliana Faria
Maria do Céu Taveira
Centro de Investigação em Psicologia, Universidade do Minho - Portugal
lilianafaria@delphis.com.pt

Resumo:

As investigações acerca do processo de consulta psicológica vocacional são um potencial para o estudo da sua eficácia (e.g., Spokane, 2004). Neste sentido, apresenta-se um estudo destinado a avaliar o processo da consulta psicológica vocacional através do sistema complexo de reacções cognitivas e afectivas dos clientes ao mesmo. O estudo realizou-se com 153 adolescentes, alunos do 9º ano de escolaridade, com idades compreendidas entre os 13 e os 17 anos ($M_{idade=}14.12$, $D.P_{idade=}.50$), clientes do Serviço de Consulta Psicológica e Desenvolvimento Humano da Universidade do Minho. As reacções dos clientes foram medidas através do Client Reactions System (CRS, Hill, Helms, Spiegel, & Tichenor, 1988, adap. Taveira et al., 2004). Realizou-se o teste Cochran'Q para analisar a significância da mudança das respostas dos clientes às sessões da intervenção. Discutem-se os resultados à luz da teoria e investigação sobre a eficácia da intervenção vocacional. Retiram-se implicações para o desenho de intervenções vocacionais sensíveis às necessidades dos clientes, e para o treino de psicólogos na consulta psicológica vocacional. Os dados apresentados nesta comunicação são parte integrante de um estudo mais alargado sobre a avaliação da eficácia da consulta psicológica vocacional.

Abstract:

Career counseling process research is an important component of career counseling efficacy study (Spokane, 2004). Thus, the main goal of this study is to evaluate the career counseling process through the clients' affective and cognitive complex reactions system. The sample includes 153 adolescents, from 9th grade and with ages from 13 to 17 years old ($M_{age}=14.12$; $S.D_{age}=.50$), attending the Career Counselling Center, in the Department of Psychology of University of Minho. The clients' reactions to the career counseling process were measured through the Client Reaction System (CRS, Hill, Helms, Spiegel, & Tichnor, 1988, adap. Taveira et al., 2004). A Cochran'Q test was made to evaluate the significance of the clients' responses changes though career intervention. Results and implications for career intervention design are discussed, considering the clients' needs and the counselors' training. These results are part of a larger PhD study on the theme of career counseling efficacy.

INTRODUÇÃO

A investigação acerca do processo terapêutico demonstra que o contexto relacional criado entre clientes e psicólogos constitui um mediador importante do sucesso da intervenção na consulta psicológica (e.g., Luborsky, 1994). Explorar a interacção entre o cliente e o psicólogo, verificar se as reacções dos clientes acerca da relação terapêutica mudam ao longo do processo de intervenção, e explicar ou compreender como este fenómeno acontece, tem sido uma das vias de pesquisa mais valorizadas na área da investigação em Psicologia (Machado, 1994). Todavia, em Portugal, é escassa a pesquisa realizada neste âmbito, e menos ainda, no que se refere ao contexto da consulta psicológica vocacional (cf. Silva, 2004). De notar, os estudos exploratórios apresentados por Taveira e colaboradoras (2005a,b), destinado a avaliar o impacto da intervenção praticada na Consulta Psicológica Vocacional da Universidade do Minho. No sentido de contribuir para o desenvolvimento da investigação nesta área, este estudo procura dar continuidade aos estudos de Taveira e colaboradoras (2005a,b), avaliando as reacções dos clientes à consulta psicológica vocacional em grupo e analisando a mudança dessas mesmas reacções ao longo da intervenção. Pretende-se, deste modo, tentar compreender o que ocorre no contexto da consulta psicológica vocacional através da análise da natureza, frequência, e significância de mudança das reacções cognitivo-motivacionais dos adolescentes às sessões terapêuticas, tendo em consideração os objectivos das sessões de intervenção.

No presente estudo, o processo terapêutico refere-se a tudo que acontece durante as sessões de consulta, em termos do comportamento do psicólogo, comportamentos do cliente, e comportamentos entre ambos. Diz respeito, quer aos pensamentos abertos e encobertos, quer aos sentimentos do psicólogo e do cliente, durante cada uma das sessões do processo terapêutico (Hill & Williams, 2000). Compreende as intenções do psicólogo (Hill & O'Grady, 1985), bem como, as reacções do cliente (Hill, Helms, Spielgel, & Tichenor, 1988). Durante esta interacção, quer o psicólogo, quer o cliente, agem de forma parcial, legitimando, analisando, confrontando, desafiando, estimulando ou *empatizando* um com o outro, reflexo das suas dinâmicas particulares. Existe, portanto, uma subjectividade em tudo o que o psicólogo e o cliente dizem ou fazem (Hoffman, 1996), e que afecta as interacções psicólogo-cliente e cliente-psicólogo. Apesar disso, a relação terapêutica tem vindo a ser apontada como uma das variáveis-chave na análise do processo da consulta psicológica em geral (e.g., Safran, 1998), e da consulta psicológica vocacional em particular (e.g., Gurman & Razin, 1977).

A literatura neste domínio tem vindo a demonstrar que a relação terapêutica, definida como a construção conjunta entre o cliente e o psicólogo, bem como, as expectativas, opiniões, e construções singulares que cada um vai desenvolvendo relativamente ao processo terapêutico facilita o processo e os resultados terapêuticos (Corbella & Botella, 2003). Do mesmo modo, a sua qualidade está associada a resultados de intervenção positivos (Orlinsky & Howard, 1986).

Num estudo de revisão de 26 estudos, conduzidos entre 1954 e 1974, Gurman (1977) anotou a existência de uma correlação positiva entre a percepção dos clientes acerca da existência da relação terapêutica, e as reacções dos clientes acerca de resultados terapêuticos positivos. Morgan, Luborsky, Cris-Chrisph, Curtis, e Solomon (1982) demonstraram que a correlação entre o grau da relação terapêutica e os resultados positivos da intervenção era de .50. Deste modo, a relação terapêutica contribuía para 25% da variância dos vários resultados de medida usados para avaliar a intervenção. Morgan e colaboradores (1982) avançaram, ainda, com a ideia de que, caso existisse uma relação directa causa-efeito entre a relação terapêutica e os resultados da intervenção, toda a variabilidade das medidas de resultados (100%) poderia ser explicada pelo grau de relação terapêutica que foi desenvolvida. Na mesma linha de investigação, Greenberg e Webster (1982) corroboraram as descobertas de Morgan e colaboradores (1982) e avançaram com a hipótese de que 30% a 46% da variância dos resultados na intervenção pode ser atribuída ao grau de percepção do cliente sobre o estabelecimento de uma relação terapêutica na segunda ou terceira sessões. Segundo Muran, Segal, Samstag e Crawford (1994), a relação terapêutica assume-se como um preditor mais forte do resultado da intervenção do que as mudanças cognitivas. Deste modo, a relação terapêutica pode ser vista como um organismo de mudança em si próprio (Safran & Segal, 1990), podendo os efeitos ou resultados de uma variedade de intervenções ser explicados pela qualidade da relação terapêutica que é estabelecida.

Estudos (e.g., Soares, 2007) demonstram que o sexo do cliente é uma variável que revela associações com os resultados da relação terapêutica.

MÉTODO

Participantes
A amostra abarca um total de 153 adolescentes (106 raparigas e 47 rapazes) com idades compreendidas entre os 13 e os 17 anos (M_{idade}=14.1; $D.P_{idade}$=.5). Na selecção da amostra obedeceu-se aos seguintes critérios: (a) frequência do 9º ano de escolaridade pelos participantes, (b) participação voluntária na intervenção, (c) a autorização dos pais para o efeito e, (d) a ausência de acompanhamento psicológico simultâneo. Os adolescentes frequentavam no 9º ano de escolaridade, no ano lectivo de 2004/2005, em cinco instituições educativas da área de influência da Universidade do Minho, que solicitaram ao Serviço de Consulta Psicológica e Desenvolvimento Humano da Universidade do Minho (SCPDHUM), apoio específico à tomada de decisão vocacional.

Instrumentos
As reacções dos clientes foram avaliadas através do Client Reactions System

(CRS, Hill et al., 1988, adap. Taveira et al., 2004[1]). O CRS consiste numa grelha de reacções que considera as reacções do cliente relativas à qualidade da relação terapêutica. É constituído por 21 reacções, das quais, 14 são positivas: a Compreensão (o cliente sente que a psicóloga o compreendeu e percebeu o que se passa com ele), o Apoio (o cliente sente-se reconhecido, tranquilo, apreciado, seguro, e apoiado), a Confiança (o cliente sente-se seguro, encorajado, optimista, forte, e satisfeito, e acredita que pode mudar), o Bem-estar (o cliente sente-se menos deprimido, ansioso, culpado, aborrecido, e pensa que os sentimentos de desconforto e dor diminuíram), os Pensamentos/Comportamentos Negativos (o cliente sente que se tornou mais consciente dos seus pensamentos e comportamentos negativos, e das consequências que estes lhe provocam a si e aos outros), o Auto-conceito (o cliente sente que adquiriu estratégias de auto-conhecimento e de relacionamento entre as coisas, que lhe permitem compreender melhor a forma como se comporta e sente, o que leva a melhorar o seu auto-conceito), a Clareza (o cliente sente que conseguiu concentrar-se naquilo que queria de facto dizer, nos aspectos que precisava de alterar na sua vida, nos seus objectivos, e naquilo que queria trabalhar no processo terapêutico), o Reconhecimento de Sentimentos (o cliente sente uma agradável consciencialização dos sentimentos que melhor exprimem as suas emoções), a Responsabilidade (o cliente admite responsabilidade por certos acontecimentos e deixa de se culpabilizar por outros), o Envolvimento (o cliente ultrapassa um obstáculo, e sente que está mais livre e envolvido no processo terapêutico), a Alteração de Perspectivas (o cliente consegue alcançar novas formas de ver uma pessoa ou situação, ou até mesmo o mundo), a Educação (o cliente adquire conhecimentos e informação importantes que não adquiria), a Alteração de Comportamentos (o cliente aprende estratégias muito específicas para lidar com situações e problemas particulares), a Mudança (o cliente sente-se forçado a questionar-se e a olhar para certos resultados de um outro modo). E ainda, por 7 reacções de tonalidade negativa: o Medo (o cliente sente-se confuso, receoso, ou com dificuldade em reconhecer ter algum problema), o Agravamento da Situação (o cliente sente-se menos confiante, mais doente, fora de controlo, incompetente), o Bloqueio (o cliente sente-se bloqueado, impaciente, e aborrecido), a Desorientação (o cliente sente-se aborrecido porque a psicóloga não lhe forneceu uma pista de acção ou uma orientação sobre o que devia fazer), a Confusão (o cliente não sabe como se sentiu ou talvez se tenha sentido descentrado daquilo que queria dizer), a Incompreensão (o cliente sente que a psicóloga não o compreendeu o que lhe tentava dizer e fez juízos de valor errados acerca dele), e a Falta de Re-

---

[1] Autorizada a sua utilização para o efeito da investigação por Hill, Spiegel, & Tichenor.

acção (o cliente não tem qualquer reacção particular) (cf. Hill, et al., 1988). Cada cliente aponta, para cada uma das sessões de intervenção, a presença ou ausência de cada uma das reacções.

Procedimentos

Primeiramente, foi estabelecido um contacto com o SCPDUUM, por parte da direcção das instituições integradas no estudo, no sentido de pedir apoio na tomada de decisão dos seus adolescentes. Nesta ocasião, foi apresentado às instituições, sob a forma de protocolo de investigação, o programa de intervenção psicológica vocacional denominado *Futuro Bué!*, sob a modalidade de consulta psicológica vocacional em grupo, breve e estruturada, a partir de abordagem desenvolvimentista relacional proposta por Taveira (2001, 2004). O *Futuro Bué!* está estruturado num conjunto de seis fases: (a) uma sessão de divulgação e inscrição no programa; (b) uma sessão de pré-teste, em ambiente de sala de aula e por turma; (c) uma entrevista semi-estruturada inicial com a família ou equivalente; (d) cinco sessões, de 90 minutos cada, em grupos de 6 a 8 adolescentes; (e) uma sessão final de esclarecimento e aconselhamento com os familiares ou equivalente; e, (f) uma sessão de pós-teste, em ambiente de sala de aula e por turma. O CRS foi preenchido no final de cada uma das cinco sessões terapêuticas, pelos adolescentes e devolvido ao psicólogo. Os participantes e as suas famílias consentiram de modo informado participar na investigação proposta, tendo sido garantidos os princípios de confidencialidade.

Os resultados foram processados pelo programa estatístico SPSS (*Statistical Package for the Social Sciences* – versão 15.0). Os dados relativos à caracterização da amostra foram obtidos a partir da estatística descritiva, análises de distribuições e frequências. Para analisar a significância da mudança das respostas dos clientes às sessões da intervenção, foi utilizado o teste de Cochran'Q.

RESULTADOS

Analisa-se a natureza e frequência das reacções dos adolescentes em cada uma das cinco sessões do processo terapêutico. No sentido de verificar a significância da mudança das respostas dos adolescentes nas cinco sessões realiza-se o teste Cochran'Q (cf. Tabela 1).

Através da Tabela 1 podemos observar que as reacções positivas ao processo de consulta predominam sobre as reacções negativas. A Compreensão, o Apoio, a Clareza, o Bem-estar, e a Confiança são as reacções positivas mais frequentes ao longo de todo o processo terapêutico. Em todas as sessões registam-se, igualmente, reacções negativas ao processo, sendo as mais frequentes, em todas as sessões, a Confusão, a Falta de Reacção, o Medo, e a Desorientação.

A Tabela 1 permite-nos verificar ainda que, ao longo do processo de intervenção, somente 5 das 21 reacções registaram mudanças estatisticamente significativas (p ≤ .05) quanto à pontuação em cada uma das cinco sessões de avaliação, em favor da intervenção. As reacções que registaram mudanças estatisticamente significativas foram a Confiança (Q=26,862; p ≤ .05), o Auto-conceito (Q=31.700; p ≤ .05), a Responsabilidade (Q=18,483; p ≤ .05), a Mudança (Q=14,551; p ≤ .05), e a Falta de Reacção (Q=14,174; p ≤ .05). Em todas as restantes reacções não se verificaram mudanças significativas quanto à sua pontuação ao longo das cinco sessões em que o CRS foi administrado.

Tabela 1 · Diferenças na proporção de reacções ao processo da consulta psicológica vocacional: estatística descritiva e nível de significância (N=153)

Reacções	Sessão 1	Sessão 2	Sessão 3	Sessão 4	Sessão 5	Cochran' Q	Sig.
Compreensão	141	138	142	134	141	4.238	0,375
Apoio	121	128	131	123	129	5,014	0,286
Confiança	85	104	118	108	116	26,862	<0,001
Bem-estar	94	102	110	106	111	8,935	0,063
Pensamentos/Comportamentos negativos	45	56	53	49	45	4,491	0,344
Auto conceito	52	81	86	81	85	31,700	<0,001
Clareza	108	110	113	112	123	6,640	0,156
Reconhecimento de Sentimentos	68	81	83	79	79	5,231	0,264
Responsabilidade	71	72	74	91	94	18,483	0,001
Envolvimento	79	78	83	84	85	1,546	0,818
Alteração de Perspectivas	37	52	53	51	49	8,114	0,087
Educação	87	103	84	87	96	9,162	0,057
Alteração de Comportamentos	23	26	30	34	38	8,227	0,084
Mudança	45	46	46	34	27	14,551	0,006
Medo	2	3	4	7	8	6,700	0,153
Agravamento da Situação	1	4	5	0	4	7,231	0,124
Bloqueio	2	2	2	4	5	2,963	0,564
Desorientação	6	6	2	5	3	3,568	0,468
Confusão	11	7	5	7	5	4,286	0,369
Incompreensão	1	1	0	1	1	2,000	0,736
Falta de Reacção	12	7	3	4	2	14,174	0,007

Procurou-se igualmente analisar a existência de diferenças nas reacções à relação terapêutica entre raparigas e rapazes. Os resultados evidenciam uma variação desejável e estatisticamente significativa em seis reacções, em função do sexo do cliente. São elas: o Auto-conceito (Q=24.463, p ≤ .01), a Responsabilidade (Q=16.222, p ≤ .05), a Educação (Q=12.817, p ≤ .05), e a Falta de Reacção (Q=15.394, p ≤ .05), em favor das raparigas quando comparadas com os rapazes. E, nas reacções de Bem-estar (Q=16.623, p ≤ .05) e Mudança (Q=12.716, p ≤ .05), em favor dos rapazes.

DISCUSSÃO DOS RESULTADOS

Inicia-se este ponto de discussão com os resultados obtidos no CRS, um instrumento com uma posição de relevo, na medida em que permite obter, acerca da mesma dimensão (relação terapêutica), o ponto de vista do cliente, em todos os momentos do processo. Relativamente ao primeiro objectivo definido para o conhecimento desta variável do processo terapêutico – analisar a natureza e frequência das reacções nos cinco momentos terapêuticos, os resultados parecem constituir um argumento indicador de resultados positivos da intervenção, face aos objectivos propostos. Assim sendo, e com base no conjunto de clientes da amostra estudada, parece-nos que a relação terapêutica foi estabelecida logo na primeira sessão. Os adolescentes parecem ter-se sentido apoiados e compreendidos pela psicóloga responsável pela intervenção, desafiados à mudança, tendo clarificado e desenvolvido novo conhecimento e alteradas as suas perspectivas e comportamentos. Através da análise da distribuição de frequências de reacções à primeira sessão de consulta psicológica, manifesta na frequência elevada de reacções de Compreensão, Apoio, Bem-Estar e Confiança, depreende-se que foi estabelecida, uma boa relação terapêutica entre a psicóloga e a maioria dos adolescentes, bem como, o reconhecimento do modo como o cliente pensa e sente (principais objectivo desta sessão). Estes dados são consonantes com a opinião de Morgan e colaboradores (1982) que defendem que muitos clientes e psicólogos conseguem estabelecer uma boa aliança de trabalho logo na primeira sessão, em especial quando se trata de intervenções breves e limitadas no tempo, como é o caso desta intervenção. O tipo de reacções registadas às sessões parece ser, igualmente, um bom preditor da manutenção dos clientes na intervenção. De referir que nenhum dos 153 clientes desistiu da intervenção, nem faltou a nenhuma sessão terapêutica. Refira-se a propósito os resultados dos estudos de Castonguay e Beutler (2006), e de Constantino, Castonguay, e Schut (2002) que demonstram que a qualidade da relação terapêutica se correlaciona positiva e consistentemente com a evolução positiva dos clientes e com a sua permanência na intervenção (Soares, 2007).

Os resultados positivos das reacções de Auto-Conceito, na segunda sessão, sugerem que os objectivos desta sessão, de promover a exploração de valores pessoais e culturais em relação com a carreira. As reacções negativas a esta sessão podem estar relacionadas com o processo de consciencialização da necessidade de tomar decisões, que poderá por si só causar confusão. Assim como, com o facto de esta sessão ser mais expositiva no sentido dos esclarecimentos acerca dos passos e implicações de um processo de tomada de decisão vocacional.

Na terceira sessão, os resultados da reacção Auto-conceito parecem indiciar a percepção de maior conhecimento e consciência de si próprios enquanto decisores. As reacções negativas poderão estar relacionadas com a consciencialização dos seus interesses, competências, pontos fracos e fortes, assim como com a exploração das áreas rejeitadas. Ao avaliar as suas capacidades, os seus valores, os seus interesses, as suas aspirações, os jovens podem viver alguns conflitos internos, pessoais ou mesmo externos (e.g., com a família), causadores de confusão, de sensações de descontrolo, e de pouca confiança (Gottfredson, 1981).

O aumento das reacções de Responsabilidade, Envolvimento, e Reconhecimento de Sentimentos, na quarta sessão, vêm de encontro aos objectivos do programa nesta sessão: explorar oportunidades de formação e trabalho após o 9.º ano de escolaridade, criar um conjunto de hipóteses prováveis para cada aluno e, ajudar os adolescentes a avaliar cada uma das hipóteses colocadas - vantagens e desvantagens, assim como a identificarem possíveis incongruências e zonas de conflito. O aumento das reacções negativas Agravamento da Situação, Confusão, e Medo poderão estar relacionadas com o facto de, nesta sessão, os adolescentes serem convidados a explorar as oportunidades de formação e de trabalho remunerado para pessoas com o 9.º ano de escolaridade. O desconhecimento da variedade de oportunidades ocupacionais futuras, e a análise das vantagens e desvantagens das hipóteses colocadas, poderá ter concorrido para as reacções de Confusão, Desorientação, e Medo registadas.

Os dados obtidos na quinta sessão parecem sugerir que a maioria dos adolescentes, no final da intervenção, estava satisfeita e segura das suas decisões. Contudo, as reacções de Alteração de Comportamentos e de Medo percebidos nesta fase, podem relacionar-se, no primeiro caso, com o comprometimento com uma escolha e a antecipação dos passos necessários à concretização do projecto vocacional e, no segundo caso, com as necessidades acrescidas de apoio à finalização.

Quanto ao segundo objectivo definido para o estudo do conhecimento da relação terapêutica – analisar a significância da mudança das respostas dos adolescentes nas cinco sessões, verifica-se a existência de diferenças de proporção das reacções ao longo das cinco sessões de avaliação. As reacções mais associadas à mudança de perspectiva da relação terapêutica são, a Confiança, o Auto-conceito, a Responsabilidade, a Mudança e a Falta de Reacção. Estes resultados sugerem, desde logo, que os adolescentes conseguiram focar-se individualmente nas suas necessidades e nos seus objectivos, assim como, foram gradualmente responsabilizando-se pelas suas escolhas, aprendendo estratégias específicas de resolução de problemas, e preparando-se para a tomada de decisão vocacional eminente, testando-a e resolvendo problemas relacionados com a sua concretização. Estes resultados corroboram as conclusões dos estudos anteriores de Taveira e colaboradores (2005a,b).

Relativamente à análise de variação dos resultados nas reacções à relação terapêutica em função do sexo, é interessante constatar que ser rapaz ou rapariga influencia as reacções dos clientes. Com efeito, ao longo das cinco sessões de intervenção, os rapazes apresentam mudanças estatisticamente significativas nas reacções Bem-estar e Mudança, enquanto as raparigas registam mudanças estatisticamente significativas nas reacções de Auto-conceito, Responsabilidade, Educação, e Falta de Reacção. Estes resultados vão de encontro aos dados dos estudos de Sue e Lam (2002), evidenciando que a intervenção deverá ser diferenciada ou ajustada num determinado sentido quando estamos perante rapazes ou raparigas.

CONCLUSÃO

A ideia subjacente ao desenho deste estudo foi permitir uma exploração do modo como os adolescentes percepcionam a relação terapêutica no decorrer do processo terapêutico. Os resultados registados demonstram que os adolescentes são, em termos globais, competentes no estabelecimento de uma relação terapêutica adequada, bem como, a desenvolver uma representação positiva dessa mesma relação. No entanto, a generalização destes dados deve ser feita de forma cautelosa. Trata-se de resultados que encorajam a continuidade desta linha de investigação.

Será importante que, em investigações futuras, se averigúe os efeitos da relação terapêutica nas medidas de resultados do processo terapêutico. O sexo dos participantes parece ser outro factor a levar em consideração em estudos posteriores, bem como a eficácia diferencial dos diferentes grupos de intervenção. Outra área importante de estudo será a análise da relação terapêutica na perspectiva do psicólogo. Tal como as reacções negativas têm um significado para os clientes, também o têm para os psicólogos.

REFERÊNCIAS

Castonguay, L. G., & Beutler, L. E. (2006). Common and unique principles of therapeutic change: What do we know and what do we need to know? In L. G. Castonguay & L. E. Beutler (Eds.), *Principles of therapeutic change that work* (pp. 353-369). NY: Oxford University Press.

Constantino, M. J., Castonguay, L. G., & Schut, A. J. (2002). The working alliance: A flagship for the "scientist-practioner" model in psychotherapy. In G. S. T. (Ed.), *Counselling based on process research: Applying what we know* (pp. 81-131). Boston: Allyn & Bacon.

Corbella, S., & Botella, L. (2003). La alianza terapéutica: historia, investigación y evaluación. *Anales de Psicologia, 19* (2), 205-221.

Gottfredson, L. S. (1981). Circumscription and compromise: A developmental theory of occupational aspirations. *Journal of Counselling Psychology (Monograph), 28*.

Greenberg, L. S. & Webster, M. C. (1982). Resolving decisional conflict by Gestalt two-chair dialogue: Relating process to outcome. *Journal of Counseling Psychology, 29,* 468-477.

Gurman, A. S. (1977). The patient's perception of the therapeutic relationship. In A. S Gurman & A. M. Razin (Eds.), *Effective psychotherapy: A handbook of research* (pp. 503-543). NY: Pergamon Press.

Gurman, A. S., & Razin, A. M. (Eds.), (1977). *Effective psychotherapy: A handbook of research.* NY: Pergamon Press.

Hill, C. E. & O'Grady, K. E. (1985). A list of therapist intentions illustrated in case study and with therapists of varying theoretical orientations. Journal of Counseling Psychology, 32, 3-22.

Hill, C. E. Helms, J. E., Spielgel, S. B., & Tichenor, V. (1988). Development of a system for categorizing client reactions to therapist interventions. Journal of Counseling Psychology, 35, 27-36.

Hill, C., & Williams, E. (2000). The Process of Individual Therapy. In Brown, S. & Lent, R. (2000).In S. Brown & R. Lent (2000). Handbook of Counseling Psychology. (3rd. Ed.). (pp.670-710). N.Y: John Wiley & Sons, Inc.

Hoffman, L. (1996). Una postura reflexiva para la terapia familiar. In S. McNamee & K. J. Gergen (Eds.), La terapia como construcción social. Barcelona. Piados.

Luborsky L. (1994). Therapeutic alliances as predictors of psychotherapy outcomes: Factors explaining the predictive success. In, A. O. Horvath & L. S. Greenberg, (Eds.), The working alliance: Theory, research and practice (pp. 38-50). NY: Wiley.

Machado, P. P. (1994). Retos actuales a la investigación en psicoterapia. *Psicología Conductual, 2* (1), 113-120.

Morgan, R., Luborsky, L., Cris-Chrisph, P., Curtis, H., & Solomon, J. (1982). Predicting outcomes of psychotherapy by the Penn Helping Alliance Rating Method. *Archives of General Psychiatry*, 39, 397-402.

Muran, J. C., Segal, Z. V., Samstag, L. W., & Crawford, C. E. (1994). Patient pre-treatment interpersonal problems and therapeutic alliance in short-term cognitive therapy. Journal of Consulting and Clinical Psychology, 62 (1), 185-190.

Orlinsky, D.E., & Howard, K.I. (1986). Process and outcome in psychotherapy. In S. L. Garfield & A. E. Bergin (Eds.), *Handbook of psychotherapy and behavior change* (3rd Ed.). (pp. 311-384). NY: Wiley.

Safran, J. D. (1998). Widening the scope of cognitive therapy. NJ: Jason Aronson Inc.

Safran, J. D., & Segal, Z. V. (1990). *Interpersonal processes in cognitive therapy*. NY: Basic Books.

Silva, J. T. (2004). A eficácia da intervenção vocacional em análise: implicações para a prática psicológica. In M. C Taveira (Coord.). *Desenvolvimento vocacional ao longo da vida. Fundamentos, princípios e orientações* (pp. 95-125). Coimbra: Editorial Almedina.

Soares, M. L. (2007). *Parar, pensar e avaliar a psicoterapia* - contribuições da investigação de díades de terapeutas e clientes portugueses. Tese de doutoramento. Universitat Ramon Llull. Barcelona.

Spokane, A. (2004). Avaliação das Intervenções de Carreira. In L. M. Leitão (Coord.) *Avaliação Psicológica em Orientação Escolar e Profissional* (pp. 455-473). Coimbra: Quarteto.

Sue, S., & Lam, A. G. (2002). Cultural and demographic diversity. In J. Norcross (Ed.), *Psychotherapy relationships that work: Therapist´s relational contributors to effective psychotherapy* (pp. 401-421). NY: Oxford University Press.

Taveira, M. C. (2001). Exploração vocacional: teoria, investigação e prática. *Psychologica*, 26, 5-27.

Taveira, M. C. (2004). Comportamento e desenvolvimento vocacional da adolescência. In M.C.Taveira (Coord.) *Temas de Psicologia Escolar. Uma proposta científico-pedagógica* (pp.143-178). Coimbra: Quarteto.

Taveira, M. C., Oliveira, H., & Gonçalves, A. (2004). Sistema de Reacções do Cliente. Serviço de consulta Psicológica e Desenvolvimento Humano da Universidade do Minho, Braga.

Taveira, M. C, Faria, L., Loureiro, N., Silva, A. D., Afonso, F., & Oliveira, H. (2005a). Reacções dos clientes à consulta psicológica vocacional; novos dados de um estudo na Universidade do Minho. VIII Congresso GalaicoPortuguês de PsicoPedagogia. Universidade do Minho. Braga.

Tavelra, M. C, Oliveira, H., Loureiro, N., Faria, L., Afonso, F., & Silva, A. D. (2005b). Avaliação do processo da consulta psicológica de carreira: a perspectiva dos clientes. III Encontro Anual do IOP - a Orientação Vocacional: uma visão integrada. Faculdade de Psicologia e Educação da Universidade de Lisboa. Lisboa.

Orientação profissional: Questões Sociais

Laura De Carvalho
Daieni Marla
Fernando Heiderich
Universidade Federal de Mato Grosso, Rondonópolis - Brasil
llauracarvalho@uol.com.br

Resumo:
O projecto de orientação profissional desenvolvido na Universidade Federal de Mato Grosso, Campus de Rondonópolis, teve como objectivo facilitar o momento da escolha ao jovem, auxiliando-o a compreender a sua situação específica de vida, na qual estão incluídos aspectos pessoais, familiares, e sociais. Partindo de um referencial sócio-histórico, a pesquisa teve como lócus de investigação dois grupos compostos por oito adolescentes cada, de ambos os sexos, e estudantes da rede estadual de ensino do município de Rondonópolis, Mato Grosso, Brasil. O trabalho estruturou-se num total de 10 encontros, nos quais foram desenvolvidas técnicas de autoconhecimento, pesquisas referentes às profissões, e momentos de discussão sobre diversos temas. Tendo em vista que "a Orientação Profissional deve olhar o indivíduo que escolhe uma profissão de modo a compreender que a escolha, que é do sujeito, é feita a partir de muitos elementos que estão no meio social" (Bock, 2002), percebemos a grande influência de factores externos ao sujeito na sua decisão. Assim, questões como ganho salarial configuram a maior preocupação dos estudantes ao optar por uma profissão, seguida pela possibilidade de manter-se na faculdade ou não, tendo em vista a sua situação socioeconómica, a qual não permitiria estudar fora da cidade ou por um período integral. Por outro lado, foi possível observar um certo "comodismo" e aceitação da sua situação actual como determinante para a vida e empecilho para concorrer com outros estudantes a uma vaga universitária. Diante do exposto, fica evidente que embora o desejo pessoal direccione a escolha profissional, referenciais como o mercado de trabalho ganham maior importância, além disso, as vivências sociais desenvolvidas ao longo da vida do sujeito podem ser determinantes na construção e manutenção dos seus objectivos profissionais futuros.

Abstract:

The Professional Orientation Project developed in the Federal University of Mato Grosso, Rondonópolis Campus, has the objective to facilitate youngsters' moment of choice, assisting him to understand his specific life situation, in which are included personal, familiar and social aspects. Based on a social-historical theory, the research aims at investigating two groups of eight teenagers each one, from both sexes and from the municipal education system in Rondonópolis city, Mato Grosso, Brazil. The research is structured in a total of ten meetings, where techniques of self-knowledge development, inquiry referring professions, and moments of debate on diverse subjects, were developed. Stating that "Professional Guidance should see the person that chooses a profession, in order to understand that choice is individual, and based on many elements of the social environment" (Bock, 2002), we identify the great influence of external factors to the person's decision. As a result, matters such as salary, followed by the possibility of remaining in college or not, regarding the person's social and financial situation that would not allow to live in another city or study for an integral period, configure the biggest students' preoccupations in the choice of a profession. However, it is possible to observe a certain "conformism" and acceptance to their actual situation, as a determinant fact to life and an obstacle to dispute with other students for a vacancy in a university. Considering the statements presented above, we suggest that although personal desire directs professional choice, criteria, such as the work market, gain greater importance. Besides this, the social experiences developed during life can be determinant in the construction and maintenance of the person's future professional goals.

INTRODUÇÃO

A orientação profissional nasceu no século XX, como resultado das transformações do sistema socioeconómico, e a sua prática está intimamente relacionada às necessidades do mercado de trabalho de cada época. Actualmente, o aumento das opções profissionais associado a estereótipos de ascensão social, possível ganho salarial, e desejo pessoal, dificultam a decisão do jovem, podendo gerar conflitos. Dessa forma, percebe-se a impossibilidade de pensar uma prática apenas no campo individual, sem a mínima reflexão sobre o contexto no qual cada indivíduo está inserido.

Portanto, a Orientação Profissional faz-se necessária para auxiliar o adolescente a tomar conhecimento da sua situação específica, histórico e culturalmente, abrangendo tanto os aspectos individuais como os sociais e económicos, levando-o a uma reflexão acerca da sua futura actuação profissional e das possibilidades de escolhas na situação em que se encontra. Nesta perspectiva, o projecto desenvolvido na Universidade Federal de Mato Grosso, Campus de Rondonópolis, emergiu da inexistência de um serviço desta natureza voltado aos estudantes do ensino médio da rede pública dessa cidade.

Tal projecto teve como objectivo central auxiliar jovens que estudam em escolas públicas na sua escolha profissional, considerando os diversos aspectos que influenciam ou até mesmo determinam a opção a ser escolhida. Para isto, outros objectivos foram estabelecidos, tais como: promover o auto-conhecimento, favorecer a compreensão das influências externas, bem como, facilitar o conhecimento das diferentes opções de cursos universitários na região mato-grossense.

A Orientação Profissional na Perspectiva Sócio-histórica

As teorias tradicionais de orientação profissional caminham de acordo com os ideais liberais norteados pelo capitalismo. Primam por uma escolha acertada, realizada de forma consciente e ajustada às necessidades do mercado. Consideram também que as oportunidades são igualmente oferecidas a todos os indivíduos, independente da classe social na qual está inserido, e que o conflito relativo à escolha se dá no âmbito individual, subjectivo, e em nada se relaciona com factores socioeconómicos, como aponta Silva (1995).

Bohoslavisky (1980), por sua vez, considera a escolha como uma articulação entre indivíduo e sociedade, realizada por meio de identificações tanto afectivas como sociais. A tentativa de conciliar estas esferas é fonte geradora de conflito, e em situações cuja necessidade material se impõe ao desejo pode causar sofrimento psíquico, assim permanece também no campo individual.

Em contrapartida, Ferreti (1988) nega a existência da individualidade, liberdade, e igualdade de escolha. Para ele, estas ideias ocultam e mantém as desigualdades sociais, responsabilizando exclusivamente o sujeito pela sua situação actual. Nesta perspectiva, a orientação profissional deve preocupar-se em levar o sujeito a perceber as contradições nas quais está inserido, para assim escolher de forma consciente, a opção mais adaptada à sua situação específica.

Segundo Bock (1995), tal perspectiva, traz a nova visão de um homem sócio-histórico, o qual ao nascer não está pronto para viver em sociedade, mas adquire aptidões para isto a partir da cultura criada pelas gerações precedentes. A relação estabelecida com o meio é intermediada por outros sujeitos, apropriando-se não apenas dos objectos já existentes, mas também da visão de mundo do seu núcleo social. Dessa forma, pode-se dizer que a desigualdade social gera desigualdades de acesso à cultura e consequentemente de capacidades e aptidões do homem.

De acordo com Duran (1995), a organização da educação é também responsável pela manutenção deste sistema, pois está dividida em duas redes – ideia desenvolvida por Baudelot e Establet, citados por este autor - por um lado, contribui para a formação de quadros gerenciais e reprodução da ideologia dominante e, por outro, cria a mão-de-obra básica da sociedade. Assim, o acesso à cultura e à informação está limitado à classe social a que se pertence. Em geral, alunos com situação económica privilegiada detêm maiores informações a respeito das profissões, quando não aprofundadas, ao menos superficiais, pela vivência próxima a adultos que as exercem.

Neste ponto de vista, o homem parece ser um reflexo da sua sociedade, porém, como aponta Bock (2002), isto não condiz com a realidade uma vez que negaria a existência do indivíduo, retirando dele o mínimo de responsabilidade pelas suas acções. Na realidade, o homem é multideterminado, ou seja, por um lado está sob influência dos aspectos individuais e, por outro, da esfera socioeconómica. Dessa forma, não existe um pólo de influência absoluto, mas dependendo da situação específica na qual se encontra o sujeito, um ou outro pólo se sobrepõe na decisão.

Ainda, de acordo com esse autor, a prática em orientação profissional deve ter como objectivo criar condições de reflexão, por parte do sujeito, sobre sua história, conflitos e determinações socioeconómicas, possibilitando compreender a si mesmo e ao outro, minimizando os preconceitos, estereótipos, e ideologias construídas ao longo de sua vida.

MÉTODO

Este trabalho atendeu um total de 16 adolescentes, divididos em dois grupos, de ambos os sexos, com idade entre 17 e 19 anos, estudantes do terceiro ano do ensino médio de uma escola da rede pública do estado de Mato grosso, na cidade de Rondonópolis. Foram realizados dez encontros por grupo, nos quais se desenvolveu actividades referentes ao autoconhecimento, orientação nas dificuldades da escolha, profissões e mercado de trabalho. Cada encontro foi composto por três actividades diferentes, obedecendo ao objectivo do dia, e uma tarefa para casa.

DISCUSSÃO DOS RESULTADOS

Ao longo dos encontros percebeu-se a predominância de factores externos ao sujeito na sua decisão. Embora todos buscassem satisfação pessoal, o ganho salarial configurou a maior preocupação dos estudantes ao escolher uma profissão, seguido pelas dificuldades de se manter na faculdade caso optasse por cursos integrais ou diurnos, tendo em vista a necessidade de trabalhar, evidenciando a impossibilidade de uma escolha pautada apenas pelo desejo individual, sem nenhuma influência socioeconómica como apontou Ferreti (1988).

Os jovens atendidos pelo projecto demonstraram sentirem-se inferiores aos estudantes de escolas não periféricas e particulares, pois acreditam que são incapazes de concorrer a uma vaga universitária com os mesmos. Assim, verifica-se que, de facto, a educação parece estar dividida em dois grupos, como apontou Duran (1995), sem entrar na discussão a respeito da qualidade de ensino, mas o estereótipo criado ao redor do público frequentador de cada instituição, por si só é fonte geradora de diferença.

Além disso, a pouca ou nenhuma informação referente às profissões também esteve bem clara nestes grupos, denunciando a criação de fantasias a respeito da actuação profissional. Entretanto, este facto reflecte a desigualdade de acesso à cultura, já que dos dezasseis participantes, quatro tinham informações objectivas a respeito das profissões pretendidas, e apenas eles desfrutavam de acesso a Internet na sua residência, e os seus pais se não tinham, estavam cursando, o ensino superior. Portanto, pôde-se perceber que realmente, desigualdade pode gerar desigualdade e incapacidades, como apontou Bock (1995), uma vez que o homem se apropria de dados e das ideias existentes no seu meio, então se a profissão pretendida não lhe parece algo possível ou familiar à sua experiência a capacidade de alcançá-la fica comprometida.

Outro dado importante refere-se à capacidade de mudança experimentada por estes jovens ao participarem do projecto de orientação profissional. De acordo com o autor citado acima, a escolha é influenciada por diversos factores, e a partir da reflexão da sua situação específica, o orientando pode tomar uma decisão autónoma e dentro da sua possibilidade. Assim, ao final do projecto, dez jovens chegaram a uma decisão mais clara a respeito da sua opção profissional confirmando o seu desejo anterior ou percebendo novas possibilidades de trabalho, também satisfatórias, com o mínimo de conflito e dentro de sua realidade actual. Os demais adolescentes não chegaram ao fim do projecto, na sua maioria porque começaram a trabalhar, confirmando mais uma vez a predominância dos aspectos socioeconómicos no momento da escolha profissional.

CONSIDERAÇÕES FINAIS

Diante do exposto, fica evidente que, embora o desejo pessoal direccione a escolha profissional, referenciais como o mercado de trabalho ganham maior importância, e as vivências sociais podem ser determinantes na construção e manutenção de objectivos profissionais futuros.

Além disso, a prática em orientação profissional não deveria caracterizar um momento específico na vida do estudante, mas uma constância no ensino fundamental e médio, diminuindo assim a discrepância das informações e idealizações a respeito do mundo profissional. Da mesma forma, os valores priorizados no momento da escolha merecem mais atenção, uma vez que decisões pautadas exclusivamente por factores externos ao sujeito podem ser tão conflituosas quanto àquelas direccionadas apenas pelo desejo individual.

Percebe-se também que outros aspectos precisam de ser melhor abordados em relação à orientação profissional, entre eles os conflitos familiares e a sua influência no momento da escolha. Nesse sentido, outras pesquisas precisam de ser realizadas em diferentes contextos e regiões, nas áreas das ciências psicológicas e afins.

REFERÊNCIAS

Bock, S. D.(1995). Concepções de indivíduo e sociedade e as teorias em orientação profissional. Em A. M. B. Bock (Org), *A Escolha Profissional em Questão* (pp. 61-70). São Paulo: Casa do Psicólogo.

Bock, S. D. (2002). *Orientação profissional: A abordagem sócio-histórica*. São Paulo: Cortez.

Bohoslavsky, R. (1980). *Orientação Vocacional: A Estratégia Clínica* (3ª ed.). São Paulo: Martins Fontes.

Duran, R. I. (1995). A Orientação Profissional e a Discussão Sobre Trabalho. Em A. M. B. Bock (Org). *A Escolha Profissional em Questão (pp. 45-60)*. São Paulo: Casa do Psicólogo.

Ferreti, C. J.(1988). *Uma Nova Proposta de Orientação Profissional*, São Paulo: Cortez Editora.

Silva, L. B. C. (1995). Contribuições Para Uma Teoria Psicossocial da Escolha da Profissão. Em A.M.B.Bock (Org), *A Escolha Profissional em Questão (pp. 25-44)*. São Paulo: Casa do Psicólogo.

Abordagens à Carreira na Vida Adulta: Estudo de Avaliação de um Modelo de Intervenção

Joana Carneiro Pinto
Maria do Céu Taveira
Centro de Investigação em Psicologia, Universidade do Minho - Portugal
joanacpinto_@hotmail.com

Resumo:
O campo de investigação orientado para a avaliação da eficácia das intervenções vocacionais indica que são cada vez mais as diversas entidades interessadas em obter evidência acerca da eficácia dos serviços de carreira e, de um modo geral, tem-se confirmado que as intervenções vocacionais são eficazes, provocando mudanças positivas no desenvolvimento da carreira dos clientes (Fretz, 1981; Holland, Magoon & Spokane, 1981; Myers, 1986; Swanson, 1995 in Whiston, Brecheisen & Stephens, 2003). Neste sentido, o foco do presente artigo incide sobre um primeiro estudo de desenvolvimento do programa Gestão Pessoal da Carreira (GPC, Taveira, Loureiro, Araújo, Silva, & Faria, 2006), na sua versão para adultos Bolseiros de Investigação da Universidade do Minho (GPC. B). A intervenção psicológica foi levada a cabo com um número limitado de casos (N=5; 2 mulheres e 3 homens), com idades compreendidas entre 28 e 30 anos e a desenvolver investigação/doutoramento nas áreas de Engenharia e Produção de Sistemas, Ambiente, Qualidade e Segurança no Trabalho, Sistemas Informáticos, Engenharia Civil e, Matemática e Ciências da Computação, todos eles bolseiros de investigação da Universidade do Minho, inscritos voluntariamente no programa, no ano lectivo de 2006/07. Avaliou-se o impacto da intervenção, em termos de exploração e avanço em objectivos valorizados de carreira, tal como foram avaliados pela Escala de Exploração Vocacional (CES; Stumpf, Colarelli & Hartman, 1983, EEV, adapt. por Taveira, 1997) e pelo Inventário de Preocupações da Carreira (ACCI; Super, Thompson & Lindeman, 1985, IPC, adapt. por Duarte, 1997), em situação de pré e pós-teste. Discutem-se os resultados principais do estudo e retiram-se implicações para o desenvolvimento do programa.

Abstract:
Research on the assessment of career interventions effectiveness indicates that an increasing number of different entities are becoming interested in obtaining evidence about the efficacy of career services. Moreover, it has been confirmed that career interventions are effective, causing positive changes in the career development of clients (Fretz, 1981; Holland, Magoon & Spokane, 1981; Myers, 1986; Swanson, 1995 in Whiston, Brecheisen & Stephens, 2003). Accordingly, this article focuses on a first study of a Self Career Management Seminar (GPC, Taveira, Loureiro, Araújo, Silva, & Faria, 2005), designed for doctoral students of the University of Minho, in Portugal. The psychological intervention was carried out with a limited number of cases (N = 5, 2 women and 3 men, aged between 28 and 30 years and developing their research/doctorate in Engineering and Production Systems, Environment, Quality and Safety at Work, Information Systems, Civil Engineering, Mathematics and Computer Science domains), who voluntarily enrolled in the program, during the academic year of 2006/07. The impact of the intervention was evaluated in terms of the career exploration process and progress on valued career goals, as assessed by the Career Exploration Survey (CES; Stumpf, Colarelli & Hartman, adapt. by Taveira, 1997) and the Adult Career Concerns Inventory (ACCI; Super, Thompson &

Lindeman, 1985, adapt. by Duarte, 1987), at a pre- and post-test. The main results of the study will be discussed and implications for the development of the program will be considered.

INTRODUÇÃO

As intervenções psicológicas de carreira devem ser entendidas ao longo de um *continuum* que se estende desde as modalidades diádicas, mais tradicionais, realizadas entre um psicólogo e um cliente, até todo um conjunto de tratamentos alternativos, menos intensivos, como por exemplo, o preenchimento de inventários ou a realização de intervenções intencionais informais (Spokane, 1990). Em virtude da grande diversidade de modalidades de intervenção na carreira, é desapontante constatar que os psicólogos sabem tão pouco acerca da sua eficácia.

A investigação que tem sido realizada no âmbito dos resultados da intervenção de carreira tem procurado, fundamentalmente, encontrar resposta para as seguintes questões: (i) quão eficazes são as intervenções de carreira?; e, (ii) será que a eficácia de uma intervenção varia em função das características do cliente, da modalidade, e das estratégias ou técnicas utilizadas? (Miller & Brown, 2005).

Embora a resposta a estas e outras questões varie em função dos autores e estudos aos quais nos reportamos, os resultados de quase sessenta anos de revisões de literatura sobre as intervenções de carreira confirmam os seus efeitos benéficos numa vasta gama de medidas de resultado (e.g., Brown & Krane, 2000). Contudo, importa lembrar que, na generalidade, as investigações sobre o aconselhamento de carreira foram desenvolvidas tendo por base uma determinada realidade social, histórica, económica, e cultural que nem sempre vai ao encontro da nossa realidade (Silva, 2000). Torna-se assim pertinente que os psicólogos, um pouco por todo o mundo, continuem a investir nesta linha de investigação (Lea & Leibowitz, 1992). Neste sentido, este estudo tem como objectivo, avaliar a eficácia de um Seminário de Gestão Pessoal da Carreira (GPC; Taveira, Loureiro, Araújo, Silva, & Faria, 2006), para adultos Bolseiros de Investigação, em termos de exploração e avanço em objectivos valorizados de carreira.

METODOLOGIA

Participantes
Participaram no estudo um grupo de Bolseiros de Investigação (N=5), com

média de idade de 28,8 anos (M=28.8; DP=0.84), de ambos os sexos (2, 40% raparigas), a desenvolver os seus projectos de investigação/doutoramento na Universidade do Minho, uma universidade pública portuguesa do norte do país, nas áreas de Engenharia e Produção de Sistemas, Ambiente, Qualidade e Segurança no Trabalho, Sistemas Informáticos, Engenharia Civil e, Matemática e Ciências da Computação.

Instrumentos de medida

A avaliação dos níveis de exploração e do avanço em objectivos valorizados de carreira recorreu ao uso dos seguintes questionários de auto-relato: (a) Escala de Exploração Vocacional (CES, Stumpf, Colarelli & Hartman, 1983; EEV, adapt. por Taveira, 2000), instrumento que permite avaliar cinco tipos de crenças, quatro tipos de comportamento, e três reacções à exploração vocacional, através de 54 itens, 53 formulados sob o formato *Likert* (escala de cinco categorias de resposta, nos itens 1-43 e sete categorias nos itens 44-53) e o item 54 de resposta aberta; (b) Inventário de Preocupações de Carreira (ACCI, Super, Thompson e Lindeman, 1988; IPC, adapt. por Duarte, 1997), questionário constituído por 61 itens, 60 dos quais organizados em grupos de 15, correspondendo cada grupo às fases de carreira Exploração, Estabelecimento, Manutenção, e Declínio (Super, Thompson e Lindeman, 1988, p.13). O item 61 exprime situações diferentes de mudança de carreira, relativamente às quais, os sujeitos devem seleccionar a que melhor descreve a sua actual situação.

Procedimento e Análises

Integram este estudo os bolseiros de investigação que se inscreveram voluntariamente no "Seminário de Gestão Pessoal da Carreira para Bolseiros de Investigação", desenvolvido na Consulta Psicológica Vocacional do Serviço de Consulta Psicológica e Desenvolvimento Humano da Universidade do Minho. A intervenção foi realizada em pequeno grupo ao longo de seis momentos, entre Abril e Maio de 2006: (a) uma sessão de pré-teste de 60 minutos, (b) quatro sessões, de 120 minutos cada, com periodicidade semanal, com vista a apoiar os participantes na reflexão sobre a sua história vocacional, no reconhecimento de competências adquiridas, bem como na análise de interesses, valores, objectivos, aptidões e projectos científicos e de trabalho a desenvolver numa multiplicidade variada de empregos e ocupações, e (c) uma sessão de pós-teste de 60 minutos. As medidas da exploração e preocupações de carreira foram aplicadas imediatamente antes e após o processo de intervenção psicológica, com o devido consentimento informado dos participantes.

Com base na recolha dos dados, procedeu-se a análises de estatística descritiva para a caracterização sócio-demográfica dos participantes, bem como, a análises de estatística não paramétrica para a comparação de resultados intra-grupo, o teste de Wilcoxon, com base no uso do *software* estatístico SPSS *(Statistical Program for Social Sciences)* para Windows, versão 15.0.

RESULTADOS

As Tabelas 1 e 2 apresentam a distribuição dos participantes, para cada dimensão avaliada pelo EEV e pelo IPC, respectivamente, tendo em conta a comparação entre os valores pré e pós-intervenção. Na ausência de normalidade estatística na distribuição dos valores de medida, utilizou-se para a análise, um teste não paramétrico para amostras emparelhadas, o Teste Wilcoxon. A leitura da Tabela 1 permite nos constatar que entre o pré e o pós-teste houve uma variação estatisticamente significativa dos resultados (p<0.05), no sentido desejado, no processo de exploração de carreira, sobretudo no que respeita, as dimensões de Certeza nos Resultados da Exploração, de Instrumentalidade da Exploração com *locus* em Si Próprio/a, de Exploração com *locus* em Si Próprio/a, e de Stress antecipado com a Tomada de Decisão. Nas restantes dimensões de exploração, é também de registar o aumento de participantes com valores superiores nas medidas do pós-teste.

Tabela 1 · Gestão Pessoal da Carreira em Bolseiros de Investigação: Processo de Exploração Vocacional nos momentos de pré e pós-intervenção

Componentes	Dimensões	Pré-teste > Pós-teste	Pré-teste < Pós-teste	Pré-teste = Pós-teste	Z	Sig.
Crenças de Exploração Vocacional	Percepção do Estatuto de Emprego	1	3	1	-1,512	0,07
	Certeza nos Resultados da Exploração	1	4	0	-1,761	0,04
	Instrumentalidade da Exploração com *locus* no Meio	2	3	0	-,962	0,17
	Instrumentalidade da Exploração com *locus* em Si Próprio/a	0	4	0	-1,826	0,03
	Importância da Posição Preferida	1	3	1	-,557	0,29
Processo de Exploração Vocacional	Exploração com *locus* no Meio	2	3	0	-1,214	0,11
	Exploração com *locus* em Si Próprio/a	0	3	2	-1,604	0,05
	Carácter Sistemático e Intencional da Exploração	1	3	1	-1,134	0,13
	Quantidade de Informação Obtida	1	3	1	-,736	0,23
Reacções de Exploração Vocacional	Satisfação com a Informação Obtida	1	3	1	-1,473	0,07
	Stress antecipado na Exploração	2	3	0	,000	0,5
	Stress antecipado na Tomada de Decisão	4	1	0	-1,753	0,04

Por sua vez, a análise da Tabela 2 evidencia a ausência de variações estatisticamente significativas dos resultados, do momento de pré-teste para o momento de pós-teste, no que respeita às preocupações de carreira mais típicas destes bolseiros de investigação. Ainda assim, registam-se resultados mais elevados no pós-teste, em oito preocupações de carreira associadas às tarefas Cristalizar, Especificar, Implementar, Promover, Actualizar, Inovar, Desacelerar, e Reformar o papel profissional actual (Super, Thompson, & Lindeman, 1988). Contudo, na subescala Consolidar, os resultados do pré-teste foram superiores aos do pós-teste. Nas restantes subescalas, registou-se o mesmo padrão de resultados nos dois momentos de avaliação.

Tabela 2 · Gestão Pessoal da Carreira em Bolseiros de Investigação: Preocupações de Carreira nos momentos de pré e pós-intervenção

Componentes	Dimensões	Pré-teste > Pós-teste	Pré-teste < Pós-teste	Pré-teste = Pós-teste	Z	Sig.
Exploração	Cristalizar	2	3	0	-1,219	0,11
	Especificar	2	3	0	-,813	0,21
	Implementar	2	3	0	,000	0,50
Estabelecimento	Estabilizar	2	2	1	-,552	0,29
	Consolidar	3	1	1	-,730	0,23
	Promover	1	4	0	-,962	0,17
Manutenção	Manter	2	2	1	-,552	0,29
	Actualizar	1	4	0	-1,511	0,66
	Inovar	1	2	2	-,535	0,30
Declínio	Desacelerar	1	3	1	-1,461	0,07
	Planear a reforma	2	2	1	-,184	0,43
	Reforma	2	3	0	-,674	0,25

DISCUSSÃO

O presente estudo visou avaliar o impacto da implementação de uma modalidade de Gestão Pessoal da Carreira junto dos Bolseiros de Investigação da Universidade do Minho, testando a sua eficácia relativamente à exploração e avanço em objectivos valorizados de carreira.

A análise dos resultados obtidos sugere uma evolução positiva do processo de exploração vocacional, do início para o final da intervenção psicológica, em especial no que se refere às crenças sobre os resultados da exploração vocacional (grau de certeza dos participantes acerca de virem a atingir uma posição favorável no mercado de trabalho), e sobre o valor instrumental da exploração com *locus* em Si Próprio/a (probabilidade percebida da exploração de si próprio/a concorrer para atingir objectivos vocacionais), a Exploração com *locus* em Si Próprio/a (grau de exploração pessoal e de retrospecção realizada nos últimos três meses) e, o Stress antecipado com a Tomada de Decisão (quantidade de *stress* indesejado que cada um sente como função do processo de tomada de decisão, por comparação a outros acontecimentos). Quer as crenças acerca dos resultados da exploração como a sua utilidade percebida (valor instrumental da exploração), reforçam nos indivíduos o envolvimento e a perseverança na actividade exploratória (Afonso, 2000; Stumpf & Lokart, 1987; Taveira, 2000), pelo que estes resultados sugerem que os participantes, apesar de já possuírem condições motivacionais adequadas para realizarem uma boa exploração do papel de trabalhador, aumentaram ainda mais esses pré-requisitos através da frequência do Seminário. Por outro lado, após a intervenção, os indivíduos estão afectivamente mais envolvidos nas actividades de exploração da sua carreira, sobretudo quando a fonte da informação é o *self*. As actividades de intervenção propostas parecem ter facilitado, também, quer o planeamento, quer a tomada de decisões vocacionais futuras, bem como o ajustamento às opções realizadas (Afonso, 2000), registando-se níveis inferiores de ansiedade face à antecipação da tomada de decisão no segundo momento de avaliação.

Relativamente às preocupações de carreira, trata-se de um grupo de bolseiros com preocupações de carreira múltiplas, quer típicas de uma fase de Exploração da Carreira (e.g., Cristalizar, Especificar, Implementar um papel profissional), quer da vontade de Estabelecimento (e.g., Promover), de Manutenção (e.g., Actualizar, Inovar) ou mesmo de Declínio do seu papel profissional actual (e.g., Desacelerar, Reforma) (Super, Thompson & Lindeman, 1988). É possível registar uma mudança com significado, do momento de pré para o momento de pós-teste, nestas tarefas de desenvolvimento da carreira. Um exemplo disso prende-se com as preocupações relativas à desaceleração e reforma do papel profissional que registaram um aumento através da frequência do programa, podendo ser entendido como uma necessidade de os bolseiros de investigação envolvidos no programa começarem a antecipar, de modo mais intenso, a redução a curto prazo, da sua participação no papel de bolseiro de investigação, com o término da bolsa. Ainda assim, trata-se de uma mudança de magnitude baixa, pelo que será importante avaliar melhor até que ponto o processo de intervenção desenvolvido se relaciona com a multiplicidade ou indiferenciação de preocupações registada no pós-teste. Em termos gerais, concluímos que o Seminário de Gestão Pessoal da Carreira pode constituir-se uma modalidade de intervenção psicológica vocacional eficaz para promover a exploração e a definição de objectivos de carreira dos Bolseiros de Investigação e que será importante prosseguir o estudo dos resultados e do processo psico-educacional deste programa de forma a decidir com mais segurança sobre a adequação da sua administração em mais larga escala.

Com efeito, autores como Nyquist e Wulff, (2000) têm vindo a sugerir que o actual sistema de educação dos bolseiros de investigação a trabalhar no ensino superior não os prepara de forma adequada para as necessidades de uma força de trabalho em mudança. Por conseguinte, a prestação de serviços de gestão pessoal de carreira compreensivos para os bolseiros possibilita que as instituições produzam cidadãos que vêem o seu treino relacionado de forma mais próxima com as necessidades da sociedade e da economia global (Nyquist & Wulft, 2000). Justifica-se, assim, a continuidade e o interesse em aprofundar a presente investigação, através do desenvolvimento de novos estudos que colmatem as actuais limitações sentidas, quer em termos amostrais, quer metodológicos.

REFERÊNCIAS

Afonso, M. J. (2000). *Exploração vocacional de jovens: Condições do contexto relacionadas com o estatuto socioeconómico e com o sexo.* Tese de Mestrado, Universidade do Minho.

Brown, S. D., & Ryan Kranc, N. E. (2000). Four (or five) sessions and a cloud of dust: Old assumptions and new observations about career counseling. In S. D. Brown & R. W. Lent (2000). *Handbook of Counseling Psychology.* (3rd ed.). New Jersey: John Wiley & Sons. 740-749.

Duarte, M. E. (1997). A avaliação em orientação e desenvolvimento da carreira. In: M. Gonçalves, et al. (Org). *Avaliação psicológica: formas e contextos.* Braga: Associação dos Psicólogos Portugueses (APPORT) (pp. 385-391).

Lea, H. D. & Leibowitz, Z. B. (1992). *Adult Career Development: Concepts, issues and practices* (2nd ed). Alexandria: The National Career Development Association.

Miller, M. J. & Brown, S. D. (2005). Counseling for career choice: implications for improving interventions and working with diverse populations. In S. D. Brown & R. W. Lent (2005). *Career Development and Counseling: Putting theory and research to work.* New Jersey: John Wiley & Sons. (pp. 441-465).

Nyquist, J., & Wullf, D. H. (2000). *Re-envisioning the Ph.D.: Recommendations from National Studies on Doctoral Education.* University of Washington.

Silva, J. T. (2004). A eficácia da intervenção vocacional em análise: Implicações para a prática psicológica. In M. C. Taveira (Coord.), *Desenvolvimento vocacional ao longo da vida. Fundamentos, princípios e orientações.* Coimbra: Editorial Almedina. (pp. 95-125).

Spokane, A. R. (1990). Self-guided interest inventories: The self-directed search. In E. Watkins, & V. Campbell (Eds.), *Testing in counseling practice.* Hillsdale, NJ: Lawrence Erlbaum.

Ştumpf, S. A., Colarelli, M. S., & Hartman, K. (1983) Development of the Career Exploration Survey (CES). *Journal of Vocational Behavior, 22* (2), 191-226.

Stumpf, S.A., & Lokart, M.C. (1987). Career exploration: Work-role salience, work preferences, beliefs, and behavior. *Journal of Vocational Behavior, 30*, 252-269.

Super, D. E. Thompson, A. S., & Lindeman, R. H. (1988). *Adult Career Concerns Inventory: Manual for research and exploratory use in counseling.* Palo Alto, CA: Consulting Psychologists Press.

Taveira, M. C. (2000). *Exploração e Desenvolvimento Vocacional de Jovens: Estudo sobre as relações entre a exploração, a identidade e a indecisão vocacional.* Tese de Doutoramento, Universidade do Minho.

Taveira, M. C. (coord.), Araújo, A., Silva, D., Afonso, F., Faria, L., & Loureiro, N. (2006). *Gestão Pessoal da Carreira Manual.* Consulta Psicológica Vocacional. Serviço de Consulta Psicológica e Desenvolvimento Humano. Braga: Departamento de Psicologia, Universidade do Minho.

Whiston, S.C., Brecheisen, B.K., & Stephens, J. (2003). Does treatment modality affect career counseling effectiveness? *Journal of Vocational Behavior, 62*, 390-410.

A sobredotação no feminino:
Falta de vocação ou de intervenção?

Ana Antunes
Leandro Almeida
Centro de Investigação em Psicologia, Universidade do Minho - Portugal
antunesana@portugalmail.pt

Resumo:
Com este artigo de revisão teórica pretendemos alertar para a problemática vocacional das mulheres sobredotadas. Dentro da temática da sobredotação constituem um grupo particular na medida em que algumas condições (como a dificuldade em reconhecer alguns tipos de sobredotação feminina, nomeadamente, em disciplinas da área das matemáticas e das ciências; os estereótipos sociais em relação ao desempenho de papéis em função do género; e o dilema que experienciam sobre a realização, alto desempenho/amigos na adolescência ou carreira/família quando adultas) podem conduzi-las a silenciar as suas altas capacidades, evitando confrontos e adaptando-se às expectativas dos outros mas, desperdiçando-se, ao mesmo tempo, um grande potencial humano e a possibilidade de uma realização pessoal plena. Não havendo ainda teorias explicativas consolidadas nesta área, alguma intervenção tem sido proposta em função dos estudos desenvolvidos. Abordamos o Modelo de Realização do Talento nas Mulheres, proposto por Reis (2005), e apresentamos a intervenção vocacional que se têm revelado mais adequada a esta população. Esta intervenção visa ajudar e apoiar as adolescentes, as jovens, e as mulheres sobredotadas, na tomada de decisões mais idiossincráticas e integradoras, necessárias ao desenvolvimento das suas carreiras, facilitando a transformação do potencial em realizações concretas.

Abstract:
In this theoretical paper we want to alert to gifted women's vocational problems. Within giftedness, there are a peculiar group due to some conditions (as the difficulty to recognize women giftedness, mainly in mathematics and sciences; gender role stereotypes, and the dilemma that they face about their realization, for example high performance vs friends in adolescence and career vs family in adulthood) that could lead them to ignore their high abilities, avoiding confrontation, and adapting to others' expectancies. This kind of adaptation means the loss of a great human potential and the possibility of a complete realization of the self. Although theories about this subject are not clearly established, some intervention has been done according to the developed research. We describe the Model of Talent Realization in Women (Reis, 2005) and also present the vocational intervention that seems adequate to this group. This intervention provides help and support to gifted adolescents, youth and adult women in order to take more idiosyncratic and integrated career decisions, and to promote the transformation of their potential into effective performances.

INTRODUÇÃO

Nos últimos anos, a psicologia vocacional tem conseguido contribuições importantes à explicação das preocupações específicas inerentes ao processo de desenvolvimento da carreira das mulheres e, consequentemente, ao desenvolvimento de estratégias de intervenção para as ajudar a alcançar sucesso vocacional (Fassinger & Richie, 1994).

Ao longo da história o contributo profissional da mulher não tem sido destacado, aparecendo condicionado por diversos estereótipos e pressões sociais. Centramo-nos nas mulheres sobredotadas[1], considerando que a sociedade perde um grande contributo, quando as opções de carreira para elas se revelam mais restritas, ao não ponderarem carreiras relacionadas com as matemáticas e a ciência (Perrone, 2000). Verificamos, ainda, que as mulheres em relação aos homens escrevem menos livros, assumem menos posições de liderança, registam menos patentes, recebem menos prémios (por exemplo, prémios Nobel), e também são menos reconhecidas como sobredotadas (Reis, 2005).

O Modelo de Realização do Talento das Mulheres

A investigação que foi desenvolvendo ao longo de duas décadas permitiu a Reis (2005) avançar uma definição de realização do talento na mulher nos seguintes termos: *"feminine talent development occurs when women with high intellectual, creative, artistic, or leadership ability or potential achieve in an area they choose and when they make contributions that they consider meaningful to society. These contributions are enhanced when woman develop personally satisfying relationships and pursue what they believe to be important work that helps to make the world a healthier, more beautiful and peaceful place in which diverse expressions of art and humanity are celebrated"* (p. 217).

Os dados obtidos permitiram-lhe, ainda, avançar com o Modelo de Realização do Talento nas Mulheres (2005), caracterizado pela acção de quatro factores (habilidades, traços de personalidade, contexto, e percepções pessoais) no desenvolvimento duma crença no *self*, num desejo de desenvolver os talentos e na presença de um sentido de destino que as leva à acção perante a decisão consciente de desenvolver os seus talentos, mesmo em situações com pouco apoio e diversos obstáculos (figura 1).

---

[1] Ao longo deste trabalho utilizamos o termo de mulher sobredotada num sentido lato de realização académica ou profissional excepcional e, por isso, tomamos as designações de mulher com altas habilidades e mulher talentosa como equivalentes.

Figura 1 · Modelo de Realização do Talento nas Mulheres (Reis, 2005)

Habilidades	Personalidade	Contexto	Percepção sobre as relações
-Potencial acima da média -Inteligência contextual -Talentos especiais	-Determinação -Motivação -Coragem -Corre riscos -Intensidade -Energia -Criatividade -Independência -Paciência	-Apoio familiar -Importância da relação com os outros -Ambiente de trabalho positivo	-Importância do trabalho -Impacto social

Crença no *Self* e desejo para desenvolver o seu talento
-Auto-conceito
-Auto-estima
-Sentido de destino e de propósito

Realização do talento da mulher em
-Artes   -Ciência
-Literatura   -Ciências sociais
-Pesquisa   -Negócios
-Causas sociais   -Desporto
-Maternidade e família   -Música
-Matemática

Procurando explicitar um pouco mais o esquema representado na figura anterior, Reis (2005) refere, em relação às mulheres que estudou, que: as *habilidades* são um factor importante, sendo que algumas foram alunas acima da média, mas nem sempre as melhores alunas (quase todas possuíam talentos em áreas com a música, a escrita, a oratória, ou o teatro e, na idade adulta, manifestavam comportamentos criativos e produtivos nos seus domínios de trabalho); os *traços de personalidade* diferiam bastante, mas encontrou algumas características em comum, como seja a determinação, a motivação, a criatividade, a paciência e capacidade para correr riscos; o *contexto* onde se moviam também se revelou diverso, sendo provenientes de todos os estratos sociais; as *percepções pessoais* caracterizavam-se, essencialmente, por cada uma delas apresentar um forte desejo de usar os talentos de um modo que conduzisse à satisfação pessoal e, ao mesmo tempo, beneficiasse a sociedade. Cada uma delas tinha um sentido de destino e um propósito acerca da importância e da contribuição social que podia dar com o desenvolvimento do seu trabalho.

No entanto, à medida que a jovem com altas habilidades se vai desenvolvendo, construindo um projecto de carreira e exercendo uma actividade profissional, esta jovem-adulta vai encontrando também algumas dificuldades, as quais podem funcionar como factores inibidores do sucesso (Kerr, 2000; Reis, 1999). Nesse sentido, Reis (1999) assinala como entraves à realização: i) os *estereótipos culturais* em relação aos papéis sexuais e as mensagens contraditórias decorrentes destes estereótipos (por exemplo, ser curiosa e assertiva na escola pode contrariar a educação tradicional recebida em casa); ii) o *medo do êxito* pode conduzir ao desinvestimento nos estudos ou no trabalho, evitando a segregação das amigas e dos colegas do sexo oposto; iii) a falta de *planificação* em termos do futuro pode levar à ausência de um adequado planeamento da vida profissional; iv) o *perfeccionismo* quando pensam que devem ser perfeitas em tudo e estabelecem níveis de realização muito elevados; v) o aumento dos níveis de preocupação em consequência da *orientação,* pois algumas jovens, depois das sessões de orientação vocacional, sentem-se impelidas a investir na carreira mas não compreendem claramente como conciliá-la com a vida familiar; e vi) a pertença a *grupos minoritários* com valores muito orientados para a família, para o não investimento na escolarização, nem em carreiras de grande prestígio e reconhecimento social, vivendo geralmente em situações de acentuada pobreza.

Intervenção vocacional
Alguns autores sugerem que a orientação das raparigas sobredotadas deve ser perspectivada ao longo da vida e com algumas especificidades (Silverman, 1991). Nesta linha, Kerr (1999) aponta-nos aspectos que se devem considerar na intervenção atendendo aos vários períodos de desenvolvimento. Durante a *infância,* parece que as raparigas sobredotadas têm interesses por jogos mais parecidos com os interesses dos rapazes sobredotados (apreciam jogos ao ar livre, de aventura, e exploração) do que com os das outras raparigas, evidenciando também interesses "femininos" como brincar com bonecas ou às "casinhas". No entanto, como nas outras crianças, os estereótipos de papel sexual estão bem definidos desde a frequência do jardim-de-infância, sendo que as alunas sobredotadas parecem apresentar aspirações profissionais mais elevadas do que as outras colegas (veja-se, por exemplo, a referência a interesses nas áreas da paleontologia ou astronomia). Por isso, a intervenção vocacional nestas idades deve enveredar pela exploração e pela estimulação dos seus interesses por áreas diferentes e pouco comuns, procurando esbater o efeito já presente dos estereótipos dos papéis sexuais.

Na *adolescência* parece verificar-se uma grande mudança, sendo que as adolescentes sobredotadas passam de um desejo de auto-estima e êxito para um desejo de amor e pertença, verificando-se, também, um interesse decrescente nas aspirações profissionais, acompanhada muitas vezes por uma aversão em inscrever-se em cursos academicamente estimulantes. Perante este cenário a intervenção pode passar, essencialmente, por encorajar a frequência de cursos académicos que as estimulem e ajudem a manter as suas aspirações elevadas. Deve também ajudar a identificar e a superar as barreiras psicológicas e sociais que podem, tendencialmente, inibir a realização do seu potencial cognitivo e motivacional.

Na fase da *juventude* a intervenção parece, ainda, mais fundamental. As jovens talentosas ao frequentarem a Universidade deparam-se com a preocupação de como poderão conciliar a vida profissional com a vida familiar. Embora reconheçam que não têm de fazer uma opção exclusiva por um ou por outro investimento, sentem-se desconfortáveis nessa situação de conflito interno, podendo mudar de ramo profissional para evitar deslocações geográficas ou um maior compromisso pessoal. O trabalho de orientação pode caracterizar-se pelo apoio à jovem no sentido de continuar a trabalhar para alcançar os seus objectivos, pelo desenvolvimento de um sentido de compromisso na área de eleição, pela ajuda a afirmar a sua competência em ambientes que se revelem mais "masculinos", e na tomada de decisões, sobretudo, quando se forma um casal e ambos são profissionais.

Na idade *adulta* o rendimento profissional das mulheres sobredotadas, em relação ao dos homens sobredotados, diminui bastante. A idade de casar-se e a maternidade parecem ser os principais factores a condicionar a realização do potencial das mulheres talentosas na idade adulta. Assim, a intervenção vocacional pode ajudar a mulher sobredotada adulta a fazer valer as suas próprias necessidades e objectivos nas relações interpessoais e a confrontar-se com o tratamento desigual que, eventualmente, possa receber no local de trabalho; orientar o casal onde ambos têm papéis profissionais activos; ajudar a mulher sobredotada solteira a definir estilos de vida satisfatórios face à pressão social de casar-se; desenvolver técnicas de reinserção e de procura de emprego para as mulheres que abandonaram os estudos ou o trabalho; e apoiar as mulheres no desenvolvimento do compromisso com a sua vocação, na descoberta do verdadeiro sentido da sua existência.

CONCLUSÃO

Apesar de, nas últimas três décadas, ter surgido alguma literatura na área da educação e do sucesso profissional das mulheres sobredotadas, os resultados da investigação disponível são ainda bastante escassos. Parece, no entanto, que o sucesso das mulheres talentosas não se pode equacionar apenas pelos êxitos profissionais (Kerr, 2000; Richie, Fassinger, Prosser, & Robinson, 1997). Partilhamos da opinião de Reis (1999), referindo que seria importante desenvolver mais estudos, para: clarificar o grau de influência dos factores culturais, sociais, e ambientais nas experiências educativas das mulheres sobredotadas; investigar como avaliar as barreiras internas (auto-estima ou medo do êxito) que impedem a manifestação do potencial da mulher; e realizar estudos longitudinais que permitam compreender e comparar o desenvolvimento evolutivo das mulheres e homens sobredotados.

No entanto, os dados já disponíveis e as reflexões produzidas permitem-nos afirmar a necessidade de uma intervenção vocacional dirigida a este grupo. Esta intervenção assume particularidades próprias e deve estender-se desde a infância à idade adulta, em particular à adolescência e à juventude onde o grupo de pares exerce forte influência, onde se constrói um sentido de si (identidade) nas diversas áreas e onde se processa uma maior exploração e cristalização de projectos de carreira e futuro profissional.

REFERÊNCIAS

Fassinger, R. E., & Richie, B. S. (1994). Being the best: Preliminary results from a national study of the achievement of prominent black and white women. *Journal of Counseling Psychology, 41* (2), 191-204.

Kerr, B. A. (1999). Orientación professional de las mujeres superdotadas. In J. Ellis & J. Willinsky (Eds.), *Niñas, mujeres y superdotación* (pp. 155-163). Madrid: Narcea, S. A. de Ediciones.

Kerr, B. A. (2000). Guiding gifted girls and young woman. In Heller, K. A., Mönks, F. J., Sternberg, R. J. & Subotnik, R. F. (Eds.), *International handbook of giftedness and talent* (pp. 649-657). Oxford: Elsevier.

Perrone, P. A. (1997). Gifted individuals' career development. In N. Colangelo & G. A. Davis (Eds.), *Handbook of gifted education* (pp. 398-407). Boston: Allyn and Bacon.

Reis, S. M. (1999). Necesidades especiales de las niñas y mujeres muy inteligentes. In J. Ellis & J. Willinsky (Eds.), *Niñas, mujeres y superdotación* (pp. 61-78). Madrid: Narcea, S.A. de Ediciones.

Reis, S. M. (2005). A research-based conception of giftedness in women. In R. J. Sternberg & J. Davidson (Eds.), *Conceptions of giftedness* (pp. 217-245). Cambridge: Cambridge University Press.

Richie, B. S., Fassinger, R. E., Prosser, J., & Robinson, S. (1997). Persistence, connection, and passion: A qualitative study of the career development of highly achieving African American-black and white women. *Journal of Counseling Psychology, 44(2)*, 133-148.

Silverman, L.K. (1991). Helping gifted girls reach their potential. *Roeper Review, 13*, 122-123.

Estudo de Caso: Uma estratégia para a promoção da gestão de carreira do indivíduo

Sandra Fraga
Gabinete de Apoio Psico-Pedagógico ao Estudante, Faculdade de Psicologia,
Universidade de Lisboa - Portugal
sfraga@fp.ul.pt

Resumo:
Num mundo em mudança, os trabalhadores mais velhos necessitam de lidar com os últimos anos de trabalho nas organizações e, deste modo, planear a transição para a reforma. Em Portugal, a pesquisa na área dos recursos humanos tem incidido menos nas necessidades de carreira características dos trabalhadores mais velhos, tenham estes planeado ou não esta transição. Este estudo de caso ilustra os dados obtidos num estudo principal intitulado "Preocupações de carreira e saliência das actividades na transição para a reforma: Um estudo exploratório". A saliência do trabalho parece relacionar-se com a necessidade de planeamento nos últimos anos da vida activa dos indivíduos. Embora algumas preocupações de carreira incidam na fase de Declínio, os resultados sugerem a ausência de desenvolvimento de actividades importantes para um planeamento da reforma.

Abstract:
In a changing world, older workers need to cope with their last years in work organizations and, therefore, plan their transition to retirement. In Portugal, research in human resources has paid less attention to the career needs specially addressed to older workers who have planned (or not) this transition. This case study illustrates the general data obtained in a main study titled "Career concerns and role salience in transition to retirement: An exploratory study". Work salience seems to be related with the need of planning in the last years of working life. Although some concerns seem to regard the Disengagement stage, data suggests the absence of important activities to an advanced planning of retirement.

OBJECTIVOS

A reforma constitui uma das questões mais importantes com que os países europeus se confrontam actualmente (Fouquereau, Fernandez, Fonseca, Paul, & Uotinen, 2005) correspondendo, nestas sociedades, a uma fase bastante importante da vida e da carreira do indivíduo. Trata-se de um fenómeno complexo, vivido universalmente pela generalidade dos indivíduos durante o seu percurso embora, como notam Greller e Stroh (1995), a Psicologia Vocacional tenha historicamente dedicado pouca atenção ao indivíduo mais velho.

Este estudo de caso resulta de um estudo principal com uma amostra de 55 trabalhadores intitulado "Preocupações de carreira e saliência das actividades na transição para a reforma: Um estudo exploratório" (Fraga, 2007). Tem como objectivos ilustrar a vivência do planeamento da transição para a reforma com o exemplo real de um trabalhador com mais de 50 anos de idade, bem como, mostrar como o recurso a medidas de avaliação psicológica e a forma como tais dados são trabalhados podem contribuir para a identificação de necessidades de ajuda na construção de projectos pessoais de vida, independentemente da fase da carreira em que o indivíduo se encontra.

MÉTODO

O estudo principal contemplou 55 trabalhadores com idade igual ou superior a 50 anos, que responderam a três instrumentos de avaliação: Questionário *"Planeamento e Transição para a Reforma"* (criado para este estudo), *Inventário das Preocupações de Carreira* (IPC) e a Escala de Valores e Actividades do *Inventário Sobre a Saliência das Actividades* (medida afectiva do ISA).

Na escolha do participante para estudo de caso foi tida em consideração a disponibilidade do mesmo para um novo contacto, visando a recolha de informação mais detalhada sobre o respectivo percurso profissional e as opções profissionais tomadas e cuja confidencialidade foi assegurada. Assim, além da análise dos dados do participante obtidos nos referidos instrumentos, apresentam-se elementos recolhidos através de uma entrevista semi-estruturada e que contextualizam o caso.

Dados principais
Dados pessoais do Participante JC
Sexo: Masculino
Idade: 56 anos (fez entretanto 57 anos)
Estado civil: Casado (um filho de 26 anos e uma filha de 25 anos de idade, que vivem com os Pais)
Habilitações escolares: 4.º ano de escolaridade
Situação actual: Actualmente não realiza actividades de estudo, estando empregado a tempo inteiro; realiza tarefas de casa a tempo parcial
Empresa a que pertence: empresa de transportes públicos colectivos de passageiros ("Empresa X")
Funções: Entre a aplicação das provas e a entrevista mudou de funções na empresa, passando de Motorista de Serviço Público a funcionário da Secção de Apoio à Fiscalização Comercial, desempenhando funções burocráticas (ex. recepção do pagamento de coimas)
Tempo de trabalho nesta Empresa: 31 anos
Tempo de trabalho na mesma categoria: 10 anos (respondeu quando ainda era Motorista)
Tipo de vínculo contratual: por conta de outrem com contrato permanente (efectivo)

Dados da Entrevista (Semi-estruturada)

Concluído o 4.º ano de escolaridade, JC começou por ajudar os Pais nas tarefas do campo (agricultura e criação de animais) para ajudar ao rendimento da família, composta pelos Pais e três filhos. Aos 14 anos veio para Lisboa à procura de melhores oportunidades, começando por trabalhar durante alguns anos como marçano em mercearias (entregava encomendas e compras dos clientes) e, posteriormente, como empregado numa pastelaria/cervejaria (durante 2 anos e meio).

Quando atingiu a idade foi convocado para o serviço militar obrigatório, primeiro 10 meses em Portugal, a que se seguiram 26 meses em Moçambique durante a Guerra Colonial. Cumprido o serviço militar decidiu fixar-se em Moçambique, e aos 22 anos começou a trabalhar como operário e motorista numa fábrica de moagem de farinha, onde permaneceu entre 1972 e 1974. Com a Revolução de Abril foi forçado a regressar a Portugal e recomeçar a vida.

Chegado a Portugal procurou um trabalho que pudesse desempenhar com as suas habilitações. Como possuía carta de pesados de passageiros, explorou alternativas que exigissem este requisito e ingressou em 1975 como Motorista de Serviços Públicos na Empresa X, onde ainda se mantém. Há já algum tempo que se sentia cansado de lidar com os utentes e com o *stress* do trânsito de Lisboa e desejava mudar de funções. Muito recentemente realizou exames médicos na Empresa e foi retirado da condução. Começou a trabalhar na Secção de Apoio à Fiscalização Comercial e, apesar de ser um trabalho à "secretária", JC sente-se mais satisfeito porque lhe causa menos *stress*. Sintetizou numa frase a forma como foi fazendo as escolhas profissionais ao longo da vida - "as condições iam surgindo e nós íamos aproveitando".

Relativamente aos planos para a reforma, gostaria de manter-se activo, vivendo entre a sua residência na Amadora e a casa herdada que reconstruiu na vila de onde é natural. Já pensou vir a frequentar um centro da terceira idade, além de continuar a cuidar da sua propriedade.

Dados da Escala de Valores e Actividades do Inventário sobre a Saliência das Actividades (ISA)

Na análise da Saliência das cinco Actividades avaliadas na Escala de Valores e Actividades (Quadro 1) verifica-se que, com excepção do resultado na actividade de Estudo (44 pontos, o resultado mais baixo), os resultados nas restantes actividades de Trabalho, Serviços à Comunidade, Casa, e Tempos Livres são mais elevados e apresentam pouca diferenciação entre si (entre 52 – Tempos Livres – e 54 – Trabalho). Estes dados sugerem que, das cinco actividades, o Estudo corresponde àquela a que JC atribui menor saliência quando confrontado com as oportunidades que pensa ter agora ou que terá no futuro para as desenvolver.

Quadro 1 · Resultados na Saliência das Actividades na Escala de Valores e Actividades do ISA

Actividades	RB Obtido	Amplitude da Escala
Estudo	44	0 – 72
Trabalho	54	0 – 72
Serviços à Comunidade	53	0 – 72
Casa	53	0 – 72
Tempos Livres	52	0 – 72

A baixa diferenciação dos resultados nas restantes quatro actividades decorre das próprias respostas de JC aos itens da Escala, pois em 81 dos 90 itens indicou a alternativa de resposta 3 – "Bastante" (as alternativas de resposta são 1 – Pouco ou nada, 2 – Algum, 3- Bastante, 4 – Muito e 0 – Não aplicável). As excepções verificam-se na resposta a itens referentes na sua quase totalidade à actividade de Estudo, com a atribuição de respostas 1 - "Pouco ou nada" e 2 – "Algum".

No que se refere aos Valores avaliados pelo ISA, enquanto procura de realização em cada um dos cinco tipos de actividade (Quadro 2), embora todos os resultados obtidos estejam acima da média (i.e., 10 pontos), o resultado mais baixo diz respeito à importância de utilizar e desenvolver as capacidades e conhecimentos pessoais (Utilização das Capacidades) e à importância de aumentar e gozar a beleza das coisas, quer naturais quer feitas pelo homem (Estético).

Quadro 2 · Resultados nos Valores na Escala de Valores e Actividades do ISA

Valores	RB Obtido	Amplitude da Escala
Utilização das Capacidades	11	5 – 20
Realização	15	5 – 20
Estético	12	5 – 20
Altruísmo	15	5 – 20
Autonomia	15	5 – 20
Criatividade	13	5 – 20
Económico	15	5 – 20
Estilo de Vida	14	5 – 20
Actividade Física	15	5 – 20
Prestígio	15	5 – 20
Risco	13	5 – 20
Interacção Social	15	5 – 20
Variedade	15	5 – 20
Condições de Trabalho	15	5 – 20
Relações Sociais	15	5 – 20
Promoção	13	5 – 20
Autoridade	15	5 – 20
Desenvolvimento Pessoal	15	5 – 20

Não se verifica o resultado máximo possível e, apesar da pouca diferenciação dos resultados (variando entre 11 e 15 pontos), JC obteve resultados mais elevados nos valores Realização, Altruísmo, Autonomia, Económico, Actividade Física, Prestígio, Interacção Social, Variedade, Condições de Trabalho, Relações Sociais, Autoridade e Desenvolvimento Pessoal.

Dados do Inventário das Preocupações de Carreira (IPC)

No IPC, JC indicou sentir-se satisfeito quanto ao emprego actual e algo insatisfeito no que se refere ao progresso global da sua carreira até agora e às perspectivas futuras de carreira. Quanto às preocupações pelas Subfases da carreira (Quadro 3), obteve resultados mais elevados nas Subfases associadas às Fases de Declínio (Desacelerar, Planear a Reforma e Reforma) e de Manutenção (Manter, Actualizar e Inovar). Destaca-se o resultado de 24 pontos nas preocupações pela Subfase Reforma, por ser o mais próximo do limite máximo, tendo obtido o resultado mínimo em duas das três Subfases associadas às preocupações pela Fase de Estabelecimento da Carreira (Estabilizar e Consolidar).

Quadro 3 · Resultados nas Preocupações pelas Fases e Subfases do IPC

Fases e Subfases	RB Obtido	Amplitude da Escala
Exploração	27	15 – 75
Cristalizar	8	5 – 25
Especificar	12	5 – 25
Implementar	7	5 – 25
Estabelecimento	19	15 – 75
Estabilizar	5	5 – 25
Consolidar	5	5 – 25
Promover	9	5 – 25
Manutenção	46	15 – 75
Manter	15	5 – 25
Actualizar	16	5 – 25
Inovar	15	5 – 25
Declínio	55	15 – 75
Desacelerar	16	5 – 25
Planear a Reforma	15	5 – 25
Reforma	24	5 – 25

JC manifesta maior preocupação por tarefas de preparação da reforma, delegando actividades nos outros, planeando a reforma ao demarcar-se progressivamente da sua actividade profissional e organizando uma nova estrutura e estilo de vida na reforma (Fase de Declínio e Subfases relacionadas); e por tarefas que permitam manter o que alcançou, actualizar as suas competências e conhecimentos e inovar a forma como desempenha as suas funções (Fase de Manutenção e Subfases associadas). Por outro lado, e concordante com o seu actual vínculo profissional (é efectivo), aparenta menor preocupação por tarefas de estabilização e de consolidação numa dada posição profissional (Subfases Estabilizar e Consolidar da Fase de Estabelecimento).

O IPC possui um item adicional (Item 61) que questiona se o indivíduo está a pensar realizar uma mudança de carreira. JC indicou como resposta "Não estou a pensar numa mudança de carreira", alternativa escolhida também por 78% dos participantes do estudo principal.

Dados do Questionário "Planeamento e Transição para a Reforma"
As actividades de tempos livres a que JC se dedica são a actividade física, conviver com os amigos, estar com a família, ver televisão/ir ao cinema/ou-

vir música e passear/viajar, às quais acrescentou ainda a agricultura. Futuramente, gostava de manter estas actividades, bem como a leitura.

Indicou não ter feito ainda o pedido de reforma, esperando fazê-lo dentro de 8 anos. Não está envolvido em qualquer programa de pré-reforma e pensa ter ainda bastante tempo para se preparar (mais de 5 anos) embora, se dependesse apenas de si, pedisse desde já a reforma antecipada. Os aspectos que mais pesarão, caso decida adiar a reforma são a satisfação profissional, o interesse/motivação pela actividade, e os factores económicos. Na sua antecipação poderá contribuir mais a ausência de perspectivas de progressão na carreira comparativamente à má relação com colegas/chefia (talvez pelo carácter autónomo da actividade de motorista), aos problemas de saúde e ao querer investir em actividades não profissionais.

Apesar de achar ainda não ter feito algo para preparar a transição para a reforma, considera importante obter informação sobre legislação, manter os descontos para a Segurança Social, fazer um plano de poupança-reforma/poupanças pessoais/outros investimentos e um plano de saúde, desenvolver actividades extra-trabalho e pensar na forma como ocupará o tempo. Por outro lado, considera que a Empresa nada fez ainda para auxiliá-lo nesta preparação (à excepção dos descontos para a Segurança Social), esperado que proporcione informação sobre legislação, esclareça dúvidas pessoais, mantenha os descontos e planeie a sua actividade profissional. O que o preocupa mais ao imaginar-se reformado é o medo da mudança, manifestando pouca preocupação relativamente à possibilidade de se sentir incapaz de ocupar o tempo disponível ou mesmo socialmente isolado.

CONCLUSÕES

Globalmente, os dados sugerem que JC manifesta maior preocupação por tarefas de desenvolvimento tipicamente associadas à fase da carreira em que se encontra (Fase de Manutenção) e pela que se seguirá (Fase de Declínio). Há, no entanto, tarefas em que deverá envolver-se ao invés de esperar que os acontecimentos simplesmente ocorram.

Parece pertinente sensibilizá-lo para o planeamento da reforma mediante a participação em iniciativas como programas de educação e planeamento, ou sessões de aconselhamento de carreira. O próprio JC reconhece a importância de iniciativas que poderá desenvolver por si, ainda que na prática não as tenha concretizado. Refira-se, igualmente, a necessidade de trabalhar a informação sobre legislação, planeamento financeiro, e planos de saúde.

Há também uma expectativa de ajuda pela Empresa que não estará a ser correspondida, sendo importante sensibilizar JC para averiguar quais as políticas de gestão de recursos humanos no que concerne aos trabalhadores mais velhos. Tendo JC indicado estar satisfeito com o emprego, mas algo insatisfeito com o progresso global da carreira e com as perspectivas futuras, poderá ser importante perceber a viabilidade do enriquecimento de tarefas ou da atribuição de funções que suscitem maior satisfação, ou mesmo reflectir sobre o cenário de antecipação da reforma. É interessante notar que tal acabou por acontecer, quando a Empresa o retirou da condução e colocou a desempenhar tarefas que o protegem mais das observações diárias dos utentes e do desgaste do tráfego de Lisboa.

A menor saliência do Estudo é consistente com as actividades que JC exerce presentemente, embora seja importante clarificar a futura saliência das actividades de Trabalho, Serviços à Comunidade, Casa e Tempos Livres, enquadrando-as num novo estilo de vida. Justifica-se a reflexão acerca do estilo de vida desejado na reforma e de como adaptar-se a uma nova disponibilidade temporal, com a provável redefinição de papéis e de objectivos para esta fase da vida. Estes aspectos poderão, em última análise, contribuir para JC manter um percurso de vida consistente com a construção da sua narrativa da carreira (tal como refere Savickas, 2004), minimizando o receio de mudança resultante da transição para a reforma.

Este caso sintetiza a globalidade dos dados do estudo principal, com a saliência do trabalho a surgir associada à necessidade de um planeamento dos últimos anos da actividade profissional. Apesar da emergência de preocupações com a reforma, sugere a ausência de iniciativas pessoais e a falta de suporte por parte dos empregadores para um planeamento *antecipado* da mesma.

Parece justificar-se, assim, a relevância de uma maior atenção por parte das organizações no apoio à gestão de carreiras dos trabalhadores mais velhos. A motivação dos indivíduos nos anos finais de trabalho poderá beneficiar da definição do futuro que ainda têm de percorrer. Se alguns revelam capacidade em planearem e promoverem autonomamente a fase final da carreira, outros há que dificilmente fá-lo-ão sem ajuda exterior. Para alguns, esta ajuda pode passar por intervenções sob a forma de *workshops*, formação ou participação em programas de educação e planeamento da reforma. Para outros, poder-se-á colocar a necessidade de um apoio individualizado ao nível do aconselhamento de carreira. Mas para todos, a satisfação plena na reforma decorre da forma como esta etapa do percurso pessoal foi planeada e construída.

REFERÊNCIAS

Fouquereau, E., Fernandez, A., Fonseca, A. M., Paúl, M. C., & Uotien, V. (2005). Perceptions of and satisfaction with retirement : A comparison of six european union countries. *Psychology and Aging, 20*, 524-528.

Fraga, S. (2007). *Preocupações de carreira e saliência das actividades na transição para a reforma: Estudo exploratório*. Dissertação de Mestrado em Psicologia, Área de especialização em Psicologia dos Recursos Humanos, apresentada à Faculdade de Psicologia e de Ciências da Educação da Universidade de Lisboa (policopiado).

Greller, M.M., & Stroh, L.K. (1995). Careers in midlife and beyond: A fallow field in need of sustenance. *Journal of Vocational Behavior, 47*, 232-247.

Savickas, M.L. (2004). The theory and practice of Career Construction. In S. Brown & R. Lent (Eds.), *Career development and counselling. Putting theory and research to work* (pp. 42-70). NJ: Wiley.

Avaliação qualitativa em orientação vocacional: Uma experiência no contexto escolar

Maria Elisa G. Guahyba de Almeida
Luís Ventura de Pinho
Departamento de Ciências da Educação, Universidade de Aveiro - Portugal
elisagua@hotmail.com

Resumo:
Face à necessidade de se reavaliar as teorias e práticas em orientação vocacional, a proposta deste trabalho é apresentar um programa com base em novas perspectivas, condizentes com as transformações do mundo do trabalho e da sociedade, e que atenda às demandas dos adolescentes em momento de escolha profissional. Esta pesquisa se insere no âmbito da investigação de dissertação de mestrado em Activação do Desenvolvimento Psicológico, da Universidade de Aveiro, e tem por objectivo implementar, em contexto escolar, um programa de orientação vocacional através de técnicas de avaliação qualitativa e dinâmicas de grupo, com vista a auxiliar e facilitar o processo de escolha do adolescente e a construção do seu projeto de vida. Utilizando a metodologia qualitativa, o programa é aplicado a um grupo de 5 alunos do ensino secundário de um colégio privado de Coimbra. Pretende-se com a análise dos dados avaliar o impacto e o efeito deste programa nos participantes do estudo; perceber como eles recebem este modelo de orientação vocacional e colaborar para a actualização das teorias e práticas em orientação vocacional. Esta conferência será um meio de transmitir ao público académico as evoluções deste estudo e discutir os passos seguintes que esta investigação tomará.

Abstract:
Facing the necessity to reassess career guidance theory and practice, this paper's proposal is to present a program based on the new perspectives demanded by the world of work and society's transformations and to take charge of the adolescents' needs in a moment of professional choice. This research is inserted in the context of the master's degree in Activation of the Psychological Development investigation, of the University of Aveiro and has the objective to implement, in a school context, a career guidance program using qualitative assessment and group's dynamics in order to assist and make easier the adolescent's process of choice and his life project construction. Using a qualitative methodology, the program in question was submitted to a group of 5 high school students of a private school in Coimbra. It is intended, with the data analysis, to evaluate the impact and the effect of this program in the study's participants; to realize how they receive this model of career guidance and to bring a contribution in updating career guidance theory and practice. This conference will be a way of bringing to an academic public the evolutions of this study and discussing the next steps which this investigation will take.

INTRODUÇÃO

A adolescência é uma fase do ciclo de vida na qual o indivíduo passa por transições que acarretam grandes mudanças em sua vida (Santos, 2005). É nessa fase que o jovem se depara com uma série de escolhas que definirão o seu futuro, dentre elas, a escolha profissional.

Ao mesmo tempo em que o adolescente de hoje se depara com as crises e conflitos próprios desta fase de transição, ao ter que construir um projecto de vida e fazer uma escolha profissional ele encontra um mundo do trabalho em transformação. A revolução tecnológica e a crescente atenção prestada aos problemas do ambiente alteraram de forma significativa o contexto social, económico, e cultural, promovendo a aparição de novas profissões e modificações naquelas já existentes.

Estas significativas mudanças na natureza, estrutura e organização do mundo do trabalho, na gestão dos recursos humanos, assim como, o aumento e a importância do tempo livre, a globalização da economia e a expansão da educação ao longo da vida exigem uma redefinição dos problemas de carreira e fazem emergir importantes desafios para a orientação vocacional (Marques, 1995; Leitão, 2004).

O mundo do trabalho possui estreita relação com a prática da orientação vocacional. De acordo com Leitão, o desenvolvimento da carreira, assim como as teorias e as práticas de orientação vocacional, "encontram-se intimamente ligadas e dependentes do contexto social, económico, industrial e profissional, nas quais acontecem" (2004, p.250).

Hoje, a orientação vocacional adquire um papel fundamental, uma vez que o indivíduo é responsável pelo seu desenvolvimento vocacional, pela gestão da sua própria carreira e pelo significado que atribui ao papel do trabalho em sua vida. A sociedade está cada vez mais diversificada e o mundo do trabalho mais complexo, "implicando novas respostas dos sistemas de educação e de formação, e de aconselhamento vocacional" (Santos et al., 2001, p. 165).

Assim, os orientadores devem reexaminar seus ideais, reflectir sobre seus modelos e escolher novos valores a enfatizar, ou seja, a orientação vocacional hoje precisa de uma revisão e reinterpretação (Savickas, 1997/1998; Savickas, 2000; Peavy, 1997). Estas revisões na conceitualização teórica pressupõem, ainda, a necessidade de um tipo de avaliação em orientação vocacional que acompanhe as mudanças da sociedade e do mundo do trabalho (McMahon, Patton & Watson, 2003).

Esta investigação, que se insere no âmbito Mestrado em Activação do Desenvolvimento Psicológico da Universidade de Aveiro, tem por objectivo, de acordo com as questões acima levantadas, implementar, em contexto escolar, um programa de orientação vocacional que possa auxiliar os adolescentes em processo de escolha profissional, bem como, facilitar a construção do seu projecto de vida e, a seguir, avaliar o impacto do referido programa nos adolescentes participantes.

Avaliação qualitativa em orientação vocacional

McMahon, Watson e Patton (2005) afirmam que a utilização de técnicas de avaliação qualitativa em orientação profissional tem recebido pouca atenção na literatura, ainda que existam alguns esforços para uma mudança na avaliação que acompanhe as transformações no mundo do trabalho e na sociedade. Segundo Leitão "a avaliação qualitativa tem continuado a receber menos atenção que a avaliação quantitativa e a divulgação de suas técnicas e de suas potencialidades junto aos psicólogos vocacionais tem sido muito reduzida" (2004, p. 252).

A avaliação qualitativa é considerada mais integrativa e holística, uma vez que foca nas experiências subjectivas do orientando (Patton & McMahon, 2006), através das narrativas e significações de suas histórias de vida, sempre atentando ao contexto em que ele está inserido. Conforme Whiston e Rahardja (2005), este tipo de avaliação enfatiza a visão holística, pois o indivíduo e seus factores – como interesses, habilidades e características de personalidade – não são avaliados isoladamente, mas sim integralmente (McMahon, Patton, & Watson, 2003)

O foco no contexto e nos processos sociais parte da premissa de que a visão de mundo de uma pessoa não é estática, e é constantemente influenciada pelos contextos históricos e culturais que estão continuamente em desenvolvimento. Whiston e Rahardja (2005) frisam a importância da avaliação qualitativa, pois suas técnicas incorporam questões como raça, etnia, status socioeconómico, orientação sexual e necessidades especiais, ou seja, técnicas que vão de encontro às necessidades e ao contexto no qual está inserido o orientando, tornando a orientação vocacional uma prática mais individualizada (McMahon et al., 2003).

Trabalhar com a história de vida do indivíduo faz com que ele se envolva no processo de maneira activa, e não apenas como alguém que responde passivamente a testes. No entanto, o processo de orientação vocacional realizado através da avaliação qualitativa configura-se como um processo mais longo, em que são utilizadas diversas técnicas através das quais o psicólogo desenvolve um trabalho mais intensivo que requer sua participação activa do início ao fim, além do estabelecimento de uma relação de confiança e envolvimento.

O processo de desenvolvimento de técnicas de avaliação qualitativa implica criatividade, uma vez que o orientador pode desenvolver suas próprias técnicas (McMahon et al., 2003) ou personalizar uma técnica já existente de modo que se adapte melhor a seu cliente (McMahon et al., 2005).

Visando a facilitação desse processo, são utilizadas estratégias de intervenção que facilitem o autoconhecimento, a aprendizagem e a atribuição de significados à vida profissional. Alguns exemplos de técnicas utilizadas para explorar as narrativas de histórias de vida em orientação são: autobiografias, genogramas (Müller, 1988), linha da vida ou técnicas de integração do tempo (Soares, 1993), escolha de cartões, inter-relação de papéis de vida, mapa do espaço de vida (Leitão, 2004; McMahon & Patton, 2006; Schultheiss, 2005).O importante é que a orientação possa construir e reconstruir a realidade do indivíduo através da linguagem e do diálogo com o orientador, gerando novas possibilidades de organização do significado para a vida do orientando e auxiliando-o na elaboração de um projecto de vida.

METODOLOGIA

Esta investigação inscreve-se no paradigma de investigação qualitativa, incidindo-se num estudo de caso. Devido ao seu carácter exploratório, a metodologia qualitativa favorece a compreensão do fenómeno em sua complexidade e suas peculiaridades, segundo a perspectiva dos participantes do estudo (Coutinho & Chaves, 2002).

O uso da metodologia qualitativa aplica-se bem a nossos objectivos, já que desejamos obter dados como percepções, expectativas, sentimentos, atitudes e opiniões dos adolescentes em relação ao programa de orientação vocacional, itens estes que não devem ser quantificados, pois variam de pessoa para pessoa.

O que visamos, através do estudo deste caso, é estabelecer uma proposta de intervenção em orientação vocacional, com ênfase na singularidade do caso e na experiência subjectiva da orientadora/investigadora (Freebody, 2003) e dos participantes acerca do programa em questão.

Sujeitos participantes

O programa – que ainda se encontra em fase de implementação – é aplicado a um grupo de 5 adolescentes do sexo feminino, com idades entre os 16 e 17 anos, alunas do 11º ano do ensino secundário de um colégio privado de Coimbra.

O grupo foi definido a partir da vontade própria dos alunos em participar do programa que, por sua vez, é aplicado em uma sala, nas dependências do próprio colégio.

A fim de realizar um trabalho mais individualizado, optou-se por restringir o grupo estudado a um número reduzido de alunos, assim o estudo pode ser mais aprofundado tanto no que diz respeito à dinâmica do grupo, como também a cada participante em sua individualidade (Pássera & Pérez, 2005).

Recolha dos dados
Primeiramente, foi feita uma entrevista com cada um dos sujeitos, individualmente, com o objectivo de recolher informações e aprofundar o conhecimento acerca do indivíduo. A entrevista semi-estruturada foi realizada através de um roteiro básico de questões abertas, possibilitando ao sujeito entrevistado falar a respeito de sua vida e de suas experiências e teve, em média, 30 minutos de duração.

Na semana seguinte às entrevistas teve início o programa de orientação vocacional. Este programa foi previamente elaborado e constituído por técnicas de avaliação qualitativa em orientação vocacional, bem como, técnicas de dinâmica de grupo.

São feitas anotações durante e logo após os encontros, acerca do que se propõe observar em cada sessão. O programa constitui-se de 7 encontros semanais em grupo, com uma hora e meia de duração cada. O último encontro será gravado em áudio, pois consistirá na sessão de avaliação do programa, na qual ocorrerá uma entrevista semi-estruturada em grupo, a fim de obter, através de uma reflexão grupal, as percepções dos participantes acerca do processo de orientação vocacional.

CONCLUSÕES, REFLEXÕES E DIRECÇÕES A SEGUIR

Pelo facto de o presente estudo ainda estar em fase inicial de desenvolvimento, encontramo-nos impossibilitados de apresentar resultados ou conclusões definitivas em relação ao programa. Portanto, nos limitaremos a esboçar algumas reflexões baseadas no caminho percorrido até aqui.

Até ao presente momento o grupo se mostra muito receptivo e animado com as técnicas e dinâmicas de grupo aplicadas. No primeiro encontro algumas expectativas com relação ao papel da orientadora foram esclarecidas, uma vez que as participantes apresentaram inicialmente a fantasia de que a orientadora lhes "apontaria" um caminho, portanto, tivemos a necessidade de conversar a respeito do papel activo e da responsabilidade de cada um sobre seu próprio processo de escolhas.

Daqui para a frente, sabemos que temos um longo caminho a percorrer que será construído a cada encontro, a partir de cada informação recolhida junto ao grupo e de cada nova questão que possa surgir nesta investigação.

Desejamos que os resultados alcançados ao fim deste estudo possam servir como instrumento de reflexão acerca das mudanças e renovações necessárias nas práticas em orientação vocacional do presente e do futuro, colaborando para a produção e actualização do conhecimento na área de desenvolvimento vocacional.

REFERÊNCIAS

Coutinho, C. P., & Chaves, J. H. (2002). O estudo de caso na investigação em tecnologia educativa em Portugal. *Revista Portuguesa de Educação, 15,* 1, 221-243.

Freebody, P. (2003). *Qualitative research in education: interaction and practice.* London: SAGE.

Leitão, L. M. (2004). Metodologias de avaliação qualitativa em aconselhamento vocacional. *Psychologica, Extra-série (número de homenagem ao Prof. Doutor Manuel Viegas de Abreu),* 249-262.

Marques, J. F. (1995). Enfoques de la orientación en el contexto del cambio socio-cultural. *Conferencias y ponencias centrales del Seminario Internacional de Orientación Vocacional,* Buenos Aires, AIOSP, 19-55.

McMahon, Mary L. and Patton, W. A. (2006). *Career Counselling: Constructivist Approaches.* Routledge, London ; New York.

McMahon, M., Patton, W., & Watson, M. (2003). Developing qualitative career assessment processes. *Career Development Quarterly, 51,* 194-202.

McMahon, M., Watson, M., & Patton, W. (2005). Qualitative career assessment: developing the My System of Career Influences Reflection Activity. *Journal of Career Assessment, 13 (4),* pp. 476-490.

Müller, M. (1988). *Orientação vocacional: contribuições clínicas e educacionais.* Porto Alegre: Artes Médicas.

Pássera, J. & Pérez, E. (2005).Esquema del proceso de orientación. In Pérez, E.; Pássera, J., Olaz, F., & Osuna, M. *Orientación, información y educación para la elección de carrera* (pp. 61-71). Buenos Aires: Paidós.

Patton, W., & McMahon, M. (2006). Constructivism: what does it mean for career counselling? In M. McMahon & W. Patton, *Career counselling, constructivist approaches.* London: Routledge, pp. 3-15.

Peavy, R. V. (1997). Constructivist career counseling. Disponível em ERIC Digest: http://www.ericdigests.org/1997-3/counseling.html. Acedido em: 24 de Março de 2007.

Santos, E. J. R., Ferreira, J. A., Blustein, D. L., Fama, L., Finkelberg, S., Ketterson, T., Shaeffer, B., Schwam, M., & Skau, M. (2001). A construção de convergências nos sistemas de aconselhamento vocacional e de carreira. *Psychologica, 26,* 161-174.

Santos, L. M. M. (2005). O papel da família e dos pares na escolha profissional. *Psicologia em Estudo, v. 10,* n. 1, 57-66.

Savickas, M. L. (1997/1998). New developments in career theory and practice. *Cadernos de Consulta Psicológica, 13-14,*15-19.

Savickas, M. L. (2000). Renovating the psychology of careers for the twenty-first century. In A. Collin & R. A. Young (Eds.), *The future of career* (pp.

53-68). Cambridge: Cambridge University Press.

Schultheiss, D. E. P. (2005). Qualitative relational career assessment: a constructivist paradigm. *Journal of Career Assessment, 13 (4)*, 381-394.

Soares, D. H. P. (1993). Planejamento por encontros. In D. H. P. Soares, *Pensando e vivendo a orientação profissional* (pp. 22-34). São Paulo: Summus.

Whiston, S.C., & Rahardja, D. (2005). Qualitative career assessment: an overview and analysis. *Journal of Career Assessment, 13 (4)*, 371-380.

Intervenções vocacionais: Desenvolvimentos de novos modelos de investigação

Yvette Piha Lehman
Instituto de Psicologia, Universidade de São Paulo - Brasil
yplehman@usp.br

Resumo:
As pesquisas na área de Orientação Profissional abordam o trabalhador em cada estágio da vida produtiva, com uma tendência a promover e apoiar seu conhecimento e desenvolvimento. Neste sentido, o campo teve que incluir além do processo de escolha, as novas problemáticas da relação do individuo-trabalho. Enfatizar a importância da abordagem psico-social no desenvolvimento da investigação da orientação profissional, que na USP é realizado nos Programas de Pós Graduação, congrega os seguintes: (a) as pesquisas sobre as teorias e as práticas da Orientação Profissional; (b) o estudo da identidade ocupacional em carreiras específicas; (c) a Orientação de Carreira (desemprego); (d) a Orientação Profissional e Inclusão Social; (e) o Desenvolvimento de Políticas Públicas; (f) a influência da Família; (g) a desistência Universitária; e, (h) o adolescente e o futuro. A função actual do orientador neste novo contexto compreende: (a) uma Visão activa sobre a determinação da construção de um projeto; (b) os valores, as representações, e o papel da escola na construção dos projectos profissionais; (c) o contexto sócio-político e económico, e as oportunidades ocupacionais; (d) a necessidade de construção e estratégias de operacionalização de projectos profissionais; (e) a importância da informação operativa; e, (f) a relação entre Educação e Trabalho.

Abstract:
Research in the field of vocational counseling evaluates and analyzes each stage of the worker's productive life in order to promote and support the expansion of his knowledge and development. As a result, the area has had to expand beyond the career selection process and include new issues pertaining to the individual's relationship with the job market. Vocational Counseling studies and research conducted at the postgraduate program at the University of Sao Paulo emphasize the importance of the social-psychological approach are. This approach the following: (a) research on vocational counseling theories and practices; (b) occupational identity studies in specific careers; (c) career orientation (unemployment); (d) vocational counseling and social inclusion; (e) development of public policies; (f) family influence; (g) the college dropout process; (h) the adolescent and the future. In this new context, the vocational counselor's current function includes: (a) an active vision of the determination to elaborate a project; (b) the school's' values, representations and role in the elaboration of professional projects; (c) the socio-political and economic context, and occupational opportunities; (d) the need to elaborate professional projects and the required strategies to set them in motion; (e) the importance of operational information; and, (f) the education-work relationship.

As consequências da globalização no mundo do trabalho trouxeram para o homem, para a educação, e na relação homem-trabalho, inúmeras novas questões. Confrontamo-nos com novas demandas e novas ideologias que sustentam esta relação.

Especificamente na área de Orientação Profissional, se migrou do paradigma principal do desejo, e da realização pessoal e a busca de identidade, para o eixo de elaboração de projectos, no sentido de sobrevivência.

Estes dois paradigmas não podem ser tomados isoladamente, se forem podem ter grandes consequências negativas, sendo que alertamos hoje o novo papel do orientador profissional, que pressupõe a articulação destes dois paradigmas, ou seja a manutenção da dialética entre o Ser e o Fazer.

Temo-nos confrontado com a ampliação do campo de Orientação Profissional, que inclui novas problemáticas além da de jovens no final do curso secundário, para se tornar um campo com problemas mais amplos que não se atém a apenas um momento da vida, mas a novos públicos como os adultos empregados, desempregados, e jovens. A desconstrução do mercado de trabalho devido às grandes mudanças ocorridas na organização do trabalho, da crescente mecanização, e suas consequências na relação do homem com seu trabalho e seu projecto de vida.

Temos ainda que lembrar a influência do impacto da mudança e transformação do ciclo de industrialização para uma nova era da comunicação, prestação de serviços e de negócios que trazem quotidianamente mudanças nas fontes das economias regionais e, por consequências, tiveram nítidas e consequentes mudanças até na paisagem urbana, como por exemplo em São Bernardo, onde de início predominaram as indústrias e hoje é uma região de faculdades.

O ideal da hiperqualificação começa a ser o novo lema do mercado, e para sobreviver neste, o campo da Orientação Profissional passa a ter como foco a problemática de além de escolher uma profissão, incluir o trabalho como fonte de inserção social.

Enfim, tudo isto tem consequências seja na população-alvo, ou na realidade do contexto, que deixa de ser apenas o jovem que transita de um sistema educacional para outro, da escolha de uma profissão ou de um curso superior. A questão da orientação profissional atinge tanto o estudante como o profissional que já está no mercado de trabalho, sendo que para isso a própria Orientação Profissional tem que rever e ampliar suas estratégias e os instrumentos usados.

O diagnóstico ganha importância na definição de estratégias utilizadas e na avaliação de oportunidades no mercado de trabalho e estratégias educativas. As pesquisas enfocam o desenvolvimento de novos modelos.

Temos observado a partir dos anos 90 as transformações no mundo do trabalho decorrente do capitalismo avançado, principalmente, as novas tecnologias que revolucionaram o mercado e as relações de trabalho, e como num efeito dominó, o desmoronamento do espaço vital e de subjectivação do sujeito através de seu trabalho. O redimensionamento de fluxo constante, sem fronteiras, deste mercado tem sérias consequências nas relações do trabalho. O próprio sistema de produção se tornou imprevisível, sem fronteiras definidas, e em constante reformulação, montando um cenário de desorientação e perplexidade.

Novos paradigmas e contextos se impõem devido a esta nova realidade de contínua ruptura e imprevisibilidade. Como ser orientador profissional hoje? É possível orientar? Temos condições de auxiliar os indivíduos neste novo contexto? Temos estratégias para ajudar os jovens na apropriação de uma ocupação que abruptamente pode desaparecer? Será que estamos preparados para esta nova relação com o trabalho?

Acreditamos que a Orientação Profissional passa agora por um novo estágio, pois com a previsibilidade cada vez menor da realidade do mundo do trabalho, estabelece-se um cenário de transição, exigindo das pessoas adaptabilidade, multi-funcionalidade, e colocando a questão da realização do projecto profissional em um contexto complexo e mutante.

Ousarei chamar esta quinta etapa da "Era de Kairos", que a mitologia grega associa ao tempo descontínuo, imprevisível, em oposição a época de administração científica, associada a Chronos - um tempo linear, lógico e previsível que possibilitava estabelecer o desenvolvimento ocupacional em um espaço e tempo.

Qual é o papel da orientação nesta nova Era de Kairos? Descortina-se uma árdua perspectiva teórica – onde se tenta construir modelos que resgatem articulações entre o indivíduo e os sistemas sociais.

Este trabalho visa relatar como os orientadores brasileiros têm lidado com estes impasses. Centraremos nossas discussões em projectos e pesquisas desenvolvidas em São Paulo, o estado economicamente mais rico e o mais atingido pela reestruturação produtiva no Brasil. Reforça esta escolha o maior número de orientadores em actividade neste estado.

Nosso foco será a cidade de São Paulo, capital do estado de mesmo nome, que desponta estrategicamente como centro produtivo, comercial, bancário e tecnológico de referência mundial. Esta cidade representa atualmente um quinto da produção industrial nacional, quase um quarto dos salários pagos no país, 15% dos postos de trabalho e um terço dos tributos arrecadados (Pochmann, 2002). Este quadro coloca São Paulo em evidência no desenvolvimento do país, mas também como centro das mudanças no mundo do trabalho. Observa-se na cidade a transformação de uma paisagem industrial comercial para uma de serviços, característico de grandes centros mundiais, resultando na presença simultânea e combinada de desemprego aberto, de desassalariados e a geração de grande número de postos de trabalho precários, ou seja à margem da CLT (Consolidação das Leis do Trabalho).

Estes novos modelos de vinculação com o trabalho acabam, na prática, aumentando a fragilização das instituições, gerando desorientação e exclusão social.

A conscientização dessas modificações sociais implica a necessidade de um modo activo de elaboração de projectos profissionais sólidos, mas com um objectivo operacional flexível e criativo, visando ultrapassar os espaços, a descontinuidade e a fragilidade das instituições sociais.

A reorganização da própria sociedade, fincada nas novas relações de trabalho baseadas principalmente no modelo de qualificação da mão-de-obra, tem feito surgir novos espaços de intervenção, de reflexão e de trabalho para a Orientação Profissional, de importância substancial.

As pesquisas na área de Orientação Profissional abordam o trabalhador em cada estágio da vida produtiva, com uma tendência a promover e apoiar seu conhecimento (up-graded), melhorar a intervenção e evolução de sua carreira acompanhando a política social do mercado de trabalho.

Vemos então, a necessidade de abordagens teóricas mais amplas para poder dar conta da diversidade da experiência humana e as mudanças do mundo do trabalho.

Temos observado uma diversificação na epistemologia e estratégias de pesquisas e uma tendência maior a direcionar as pesquisas na elaboração de modelos e métodos e técnicas de intervenção para a intervenção tanto no campo profissional, quanto educacional.

Inicialmente abordarei as pesquisas orientadas por mim na área de Orientação Profissional. A maioria dos trabalhos já foram concluídos e outros estão em andamento:

PESQUISAS SOBRE AS TEORIAS E AS PRÁTICAS DA ORIENTAÇÃO PROFISSIONAL:

- Aspectos afectivos e cognitivos na Orientação Profissional de adolescentes;
- Estudo das práticas de Orientação Profissional em diferentes contextos;
- Orientação profissional numa abordagem clínica Junguiana: da técnica ao ritual; orientação profissional numa abordagem Junguiana)
- O Estudo da harmonia ou desarmonia, relação entre a teoria e a prática do orientador profissional.

O ESTUDO DA IDENTIDADE OCUPACIONAL EM CARREIRAS ESPECIFICAS

- Os arte terapeutas ocupacionais – estudo sobre o ensino da arte terapia nos cursos de terapia ocupacional.
- As vicissitudes da escolha da vocação religiosa: estudo da identidade ocupacional de pastores presbiterianos brasileiros.
- O professor universitário - estudo sobre a motivação e a identidade da relação professor aluno.
- O uso do corpo como profissão - estudo da identidade de travestis.

ORIENTAÇÃO DE CARREIRA

Tentamos assim ter parâmetros para distinguir aqueles que precisam ou desejam traçar algumas metas em sua carreira, troca de emprego, por exemplo, de pessoas que voluntária (crescimento pessoal, desinteresse pelo atual trabalho, por exemplo) ou involuntariamente (demissão, acidente de trabalho, etc.) se sentem desorientados frente as questões de trabalho e, mais precisamente, questionam o vínculo com a sua profissão. No primeiro caso temos a necessidade de um Planejamento de Carreira, já no segundo a terminologia Orientação Profissional ou de Carreira aplica-se adequadamente.

Em geral, encontramos em São Paulo um número significativo de Consultorias que se dedicam ao Planejamento de Carreira, sendo o foco executivos do mundo corporativo. Já outros trabalhadores, como os profissionais liberais, tem grande dificuldade em encontrar algum tipo de atendimento. Quanto ao trabalho de Orientação de Carreira, em geral restringe-se à alguns poucos orientadores, destacando-se as universidades (Uvaldo, 2002).

- *Sindicatos e órgãos de classe:* vêm paulatinamente mudando seus eixos de acção na negociação salarial e na obtenção de garantias para a qualificação de seus associados, através cursos, palestras, espaços que ainda são pouco explorados pelos orientadores.

- *Desemprego e grupos de reflexão de inclusão social:* junto à Secretaria do Trabalho, criam espaços importantes para o desenvolvimento de modelos de trabalho, de atendimento para populações desempregadas que estão a margem do processo produtivo, mesmo que esses avanços ainda se restrinjam em grande parte à pesquisas acadêmicas.

- *Programas Governamentais:* visam basicamente a preparação de parcelas da população para ingressar ou voltar ao mercado, e para desempregados cujas funções são extintas, um centro de treinamento para novas funções.

Além disto, destaca-se o programa de estágio oferecido aos alunos do ensino médio, que busca lhes dar a oportunidade de desenvolver compe-

tências necessárias para a inserção no mundo do trabalho. Como exemplo temos o projecto governamental "Meu Primeiro Emprego" dirigido a jovens de 17 anos.
· Construção de modelos teórico – práticos em orientação profissional.
· O grupo de Orientação de carreira como holding na aquisição e transformação da identidade ocupacional.

ORIENTAÇÃO PROFISSIONAL E INCLUSÃO SOCIAL

Orientação Profissional em Cursinhos para a População de Baixa Renda: organizados pela própria comunidade, universidades e ONGs, que visa preparar a população carente para enfrentar os exames vestibulares. Estes espaços no Brasil se abrem devido a conscientização, cada vez maior, da comunidade, da importância de garantir espaços de desenvolvimento e possibilidades de ascensão social que, com as exigências educacionais, excluíram este aluno do sistema educacional superior. Neste suporte para futura inclusão, abre-se um espaço de orientação profissional longitudinal onde se enfoca tanto a questão da escolha como o apoio durante as crises e inseguranças na manutenção do projeto, como: plantão de informação profissional e planejamento de estudos.

A Orientação Profissional fazendo parte de um projecto social mais amplo, enfoca tanto aspectos práticos quanto sistema de estudo e, principalmente, trabalha as representações ou falta delas, as representações sociais das profissionais de jovens excluídos, retomando o sentido de trabalho destes jovens. Temos consciência cada vez mais que nestas áreas propomos pesquisas – acção, em busca de modelos novos de actuação, que possam abranger desde a demanda pedagógica, quanto psicológica.

Um estudo exploratório sobre a construção de modelos teóricos-práticos: a orientação profissional em cursos pré-vestibulares:
· Orientação Profissional em cursinho preparatório de jovens de baixa renda.
· Avaliação do efeito deste trabalho em cursinhos universitários que participaram destes cursinhos.

Também nesta mesma linha propomos a Orientação Profissional com população excluídas por outras circunstâncias.
· Orientação profissional para "pessoas psicóticas": um espaço para o desenvolvimento de estratégias identitárias de transição através da construção de projectos.
· Orientação profissional para o grupo de droga.

DESENVOLVIMENTO DE POLÍTICAS PÚBLICAS

Destaca-se a iniciativa do Fórum de Políticas Públicas em Orientação Profissional, visando congregar profissionais da área de orientação profissional na elaboração de propostas e estratégias com o objectivo de sensibilizar os governantes da necessidade do desenvolvimento e implantação de projectos de Orientação Profissional com as mais diferentes populações. A criação de um espaço onde os profissionais possam discutir seus projectos passados, presentes e futuros, e resgatar a possibilidade de vinculação social tem sido uma experiência de importância fundamental.

Actualmente mantemos contacto com a Secretaria Estadual de Ensino de São Paulo para o desenvolvimento de um Centro de Orientação Profissional, que seria responsável não apenas pelo atendimento dos alunos da rede estadual de ensino, como também pelo treinamento de professores para actuarem na área, além de pesquisa e veiculação de informações actualizadas sobre profissões e oportunidades de trabalho.

Este momento requer uma reavaliação das estratégias das políticas públicas, há uma demanda para desenvolvimento de novos modelos.

· Estudo e propostas de trabalhos junto a escolas, professores, alunos.
· Estudo das aberturas e mudanças nas políticas e potencializar o espaço da Orientação Profissional.

INFLUÊNCIA DA FAMÍLIA, PROFESSORES

A crise desde 1988 tem feito com que recaia sobre a família esta parte lacunar no mercado. Na minha tese de doutorado estudei pais e filhos da mesma profissão, fenômeno muito novo na população brasileira. Actualmente, 20 anos após, estamos repetindo a pesquisa para ver quais os determinantes actuais que sustentam a escolha de um jovem que busca a mesma profissão dos pais.

Pais e filhos da mesma profissão (reaplicação de estudo realizado por mim em 1988) para determinar as variáveis que interferem na escolha da mesma profissão dos pais.

· Professores como "suporte" do projecto do jovem.

DESISTÊNCIA UNIVERSITÁRIA

Razões da desistência e orientação profissional como um holding de não desistência em jovens universitários em crise com seu curso.

É importante ressaltar a importância, neste novo papel a cumprir do orientador, considerar:
- Visão ativa sobre a determinação da construção de um projeto;
- Valores, representações e o papel da escola na construção dos projetos profissionais;
- Contexto sócio político e económico e oportunidades ocupacionais;
- A necessidade de construção de projetos profissionais;
- Estratégias de operacionalização destes projetos;
- Aspectos moduladores da operacionalização – importância da informação;
- Relação entre Educação e Trabalho;
- Contexto sóciopolítico e económico.

Enfim, tentar resgatar um novo imaginário ocupacional – benigno – neste novo contexto do mundo de trabalho sob a Era de Kairos. Será que a Orientação Profissional voltou ao estágio empirista onde a pesquisa e a observação são exigidas?

REFERÊNCIAS

Pochmann, M. (2001). *A metrópole do trabalho*. São Paulo: Brasiliense.
Uvaldo, M. C. C. (2002). Impacto das mudanças no mundo do trabalho sobre a subjetividade: Em busca de um modelo de orientação profissional para adultos. Dissertação de mestrado: Instituto de Psicologia da Universidade de São Paulo.

Avaliação do processo de aconselhamento de carreira: Um estudo de follow-up

Rosário Lima
Centro de Investigação em Psicologia, Faculdade de Psicologia, Universidade de Lisboa - Portugal
rosariolima@netcabo.pt

Sandra Fraga
Gabinete de Apoio Psicopedagógico ao Estudante, Faculdade de Psicologia, Universidade de Lisboa - Portugal
sfraga@fp.ul.pt

Resumo:

O presente estudo insere-se num projecto de investigação, cujo principal objectivo é a avaliação do próprio processo de aconselhamento de carreira. A amostra abrangeu indivíduos que solicitaram ajuda ao nível do auto-conhecimento e em tomadas de decisão. O Questionário "A Minha Situação Vocacional" foi utilizado num estudo preliminar, no qual os dados se revelaram significativos no que se refere às estratégias e técnicas utilizadas no processo de aconselhamento de carreira. Estes resultados enfatizaram a importância de um estudo de *follow-up*, que foi levado a cabo nos últimos dois anos. Seis meses após as sessões de aconselhamento, os participantes responderam ao "Inventário de Factores de Carreira" e a um questionário pessoal sobre as necessidades de ajuda e a utilidade do aconselhamento. Os resultados finais são apresentados e discutidos.

Abstract:

The present study is included in a research project, which main goal is the evaluation of career counselling process itself. The sample involved individuals' seeking for help in self-knowledge and career decisions. "My Vocational Situation" Questionnaire has been used in a preliminary study. Data showed significant results in what concerns the strategies and techniques used in the career counselling process. These results emphasized the importance of a follow-up study, which has been carried out in the last two years. Six months after counseling sessions, the participants were asked to answer the "Career Factors Inventory" and a personal questionnaire about the needs of help and counseling usefulness. The final results are presented and discussed.

INTRODUÇÃO

A escolha de uma "carreira" é uma das mais importantes na vida dos indivíduos, sendo fundamental proporcionar-lhes toda a ajuda que necessitam (Lima & Gouveia, 2003). O aconselhamento individual é o tipo de intervenção mais utilizado em orientação e desenvolvimento da carreira a nível do ensino superior (Herr & Cramer, 1996; Whiston, 2000). O indivíduo deve ser visto como um todo e não como um percurso de vida composto por diferentes partes, o que acentua a opinião de que o aconselhamento de carreira e o aconselhamento pessoal estão relacionados e os problemas de carreira têm forte componente emocional, sendo quase impossível separar ou categorizar um problema como sendo de carreira ou pessoal (Santos *et al*, 2001). Assim, o desafio para os conselheiros de orientação é serem capazes de trabalhar com eficácia as questões ligadas à carreira e questões pessoais, tendo em conta os aspectos cognitivos e afectivos a estas subjacentes (Kidd, 2003).

Herr e Cramer (1996) consideram aconselhamento de carreira um processo de comunicação verbal, em que conselheiro e cliente estão em interacção dinâmica e o conselheiro utiliza um repertório comportamental para ajudar os indivíduos no auto-conhecimento e na adequada tomada de decisões, ajuda ao longo da qual os indivíduos se responsabilizam pelos seus próprios actos. Segundo Heppner e Heppner (2003), o processo de aconselhamento de carreira reflecte os pensamentos, sentimentos e comportamentos manifestos e não manifestos, quer do cliente, quer do conselheiro, durante uma sessão de aconselhamento. Desse modo, o "resultado" corresponde às mudanças que ocorrem directa ou indirectamente na sequência do aconselhamento de carreira, avaliado em termos de efeitos imediatos, a médio prazo ou a longo prazo.

O presente estudo insere-se num Projecto de Investigação, cujo principal objectivo foi a avaliação do próprio processo de aconselhamento de carreira, tendo a amostra abrangido indivíduos que solicitaram ajuda ao nível do auto-conhecimento e em tomadas de decisão na carreira. Pretendeu-se, assim, avaliar o procedimento adoptado, no sentido de confirmar a maior ou menor eficácia da ajuda aos indivíduos através das etapas que constituem o processo de aconselhamento individual, neste caso a estudantes do ensino superior.

Os resultados obtidos num estudo preliminar (Fraga & Lima, 2005), em que foi aplicado o Questionário "A Minha Situação Vocacional" (Holland *et al*, 1980; Lima, 1998) sempre antes de se iniciar o processo de aconselhamento e logo após a conclusão deste, precederam o presente estudo. Os dados obtidos sugerem, sobretudo no que se refere à Escala "Identidade Vocacional", resultados favoráveis às estratégias e técnicas utilizadas na intervenção psicológica em aconselhamento de carreira, confirmando a relevância de um estudo de *"follow-up"*. Para este estudo, os participantes responderam seis meses após as sessões de aconselhamento ao "Inventário de Factores de Carreira" e a um questionário pessoal sobre as necessidades de ajuda e a utilidade do aconselhamento.

Destaca-se a aplicação do "Inventário de Factores de Carreira"(IFC) (Chartrand *et al*, 1990; Lima, 1998), como instrumento de medida utilizado no estudo de *"Follow-up"*. O Inventário de Factores de Carreira revelou um elevado poder discriminativo entre estudantes universitários que manifestam diferentes níveis de decisão na carreira, tal como referido por vários autores (Chartrand *et al*, 1990). Por outro lado, em estudos com amostras portuguesas (Lima, 1998; Lima *et al*, 2004), o instrumento IFC permitiu discriminar grupos Pouco decididos vs. Muito decididos, definidos a priori com base no resultado global obtido na Escala "Identidade Vocacional" do Questionário "A Minha Situação Vocacional" (Lima *et al*, 2004). Assim, tudo indicava que o IFC poderia ser útil como instrumento de medida na presente investigação enquanto diagnóstico de comportamentos de adaptação dos estudantes no que se refere à indecisão de carreira, um dos problemas mais frequentemente contemplados em Psicologia da Orientação e com relevância prática bastante acentuada (Silva, 1994).

MÉTODO

Participantes

Foram abrangidos 45 estudantes do ensino superior (36 do sexo feminino e 9 do sexo masculino), que solicitaram ajuda em tomadas de decisão na carreira, tendo-lhes sido proporcionado apoio através de aconselhamento individual. A amostra contempla estudantes provenientes de 23 estabelecimentos de ensino, de diferentes Universidades, inscritos desde o 1.º ao 5.º anos em cursos superiores de áreas diversificadas – 10 estudantes do 1.º ano, 14 do 2.º ano, 13 do 3.º ano, 4 do 4.º ano e 4 do 5º.ano, num total de 29 cursos. As idades variam entre os 18 e os 32 anos de idade, com uma média de 21.56 anos e mediana de 21 anos para o total da amostra.

Instrumentos

Um dos instrumentos consistiu num questionário pessoal sobre as necessidades de ajuda e a utilidade do aconselhamento. Os participantes eram solicitados a identificarem o grau de importância (Pouca ou Nenhuma Importância, Alguma Importância e Muita Importância) atribuído a 12 itens correspondentes a necessidades de ajuda no âmbito das decisões e planeamento de carreira. Foi-lhes igualmente solicitado que avaliassem a utilidade do aconselhamento de carreira em relação aos seguintes aspectos: conhecimento sobre cursos, informação sobre profissões, conhecimento sobre si próprio, tomadas de decisão efectuadas, escolha do caminho a seguir, definição de objectivos pessoais e profissionais. Quer em relação às necessidades de ajuda quer à utilidade do aconselhamento, os participantes tiveram a oportunidade de indicar outro(s) tipo(s) de necessidade de ajuda e outro(s) aspecto(s) considerado útil no apoio psicológico obtido em categorias designadas "Outros".

O Inventário de Factores de Carreira, na versão adaptada para uma investigação com estudantes universitários (Lima, 1998), foi o instrumento de medida utilizado no presente estudo. Trata-se de uma medida multidimensional da indecisão na carreira que contém dois factores pessoais-emocionais e dois factores de informação. É composto por quatro escalas: duas escalas pessoal-emocional que são Ansiedade na Escolha da Carreira e Indecisão Generalizada e que definem, respectivamente, o nível de ansiedade expresso ligado ao processo de tomada de decisão de carreira e a incapacidade da pessoa em tomar decisões mesmo quando as condições necessárias existem; e duas escalas de informação que são Necessidade de Informação sobre a Carreira e Necessidade de Auto-Conhecimento, que são definidas, a primeira como a medida da percepção da necessidade de adquirir dados factuais e experiência no que é prioritário face a processos de tomada de decisão na carreira e, a segunda como a necessidade da pessoa em se descobrir e em se auto-definir (Chartrand *et al*, 1990).

Procedimento

O procedimento adoptado para a recolha dos dados necessários à investigação consistiu nas seguintes etapas: contacto telefónico prévio com os objectivos de sensibilizar os estudantes para a colaboração no Estudo de *Follow-up* e de confirmar a morada, para a qual foram enviados os instrumentos de avaliação; envio destes instrumentos considerando cada um dos casos, que consistiram numa carta/protocolo personalizada (que contemplava o questionário pessoal sobre as necessidades de ajuda e a utilidade do aconselhamento) e no *Inventário de Factores de Carreira*; recepção (faseada) da correspondência e respectivo registo dos dados e análise qualitativa e quantitativa destes.

Foram enviados 56 protocolos com um mínimo de 6 meses decorridos desde a última sessão de aconselhamento. Após várias diligências no sentido de reaver estes protocolos, obteve-se um total de 45.

PRINCIPAIS RESULTADOS

Quando comparadas as percentagens de resposta dadas antes e após o processo de aconselhamento em relação às necessidades de ajuda, constata-se que a percentagem na categoria Muita Importância é sempre mais elevada em todos os itens antes de os estudantes serem ajudados. Contudo, só nos itens 1, 2, 4 e 9 é que a percentagem nesta categoria é a mais elevada de todas, traduzindo maior necessidade de ajuda no conhecimento das capacidades, interesses e valores, na clarificação dos objectivos pessoais e profissionais, nos processos de tomada de decisão e no conhecimento das saídas profissionais (e.g., ofertas de locais de trabalho, exigências e condições de trabalho). Constata-se, igualmente, em relação a outros itens, e antes de se iniciarem as sessões de aconselhamento, que a percentagem mais elevada se situa na categoria Alguma Importância (itens 3, 5, 6, 7, 8, 11 e 12), mais especificamente: no planeamento da progressão na carreira, no desenvolvimento de um novo método de estudo, no conhecimento do curso (e.g., plano curricular, sistema de avaliação), no conhecimento das especializações, cursos de pós-graduação, no conhecimento das condições e locais de estágio, no conhecimento das relações do estabelecimento com o exterior, e no conhecimento dos aspectos que envolvem a transição para o mundo do trabalho (e.g., elaborar um currículo, técnicas de procura de emprego, como apresentar-se em entrevista). O único item em relação ao qual a percentagem é mais elevada na categoria Pouca ou Nenhuma Importância (o que se mantém nas respostas atribuídas após o aconselhamento) é o item 10 que se reporta ao conhecimento do estabelecimento de ensino (e.g., regulamento, serviços de apoio). De referir que, antes do processo de aconselhamento, os participantes não deram respostas ao item 13 "Outros", enquanto após o processo, três estudantes acrescentaram a necessidade de outro tipo de informação.

No Quadro 1, em que se indicam as percentagens de resposta relativas a aspectos considerados como tendo sido úteis para o apoio obtido ao longo das sessões de aconselhamento, verifica-se que as percentagens de resposta "Sim" são todas mais elevadas. Na análise das respostas negativas, é de assinalar a percentagem de estudantes (42.2%) que dá resposta em relação à definição de objectivos pessoais comparativamente com as restantes percentagens que se situam entre 17.8% e 28.9%.

Quadro 1 · Utilidade da ajuda (n=45)

	Não		Sim	
	n	%	n	%
No conhecimento sobre cursos	13	28.9	32	71.1
Na informação sobre profissões	9	20.0	36	80.0
No conhecimento sobre si próprio	8	17.8	37	82.2
Nas tomadas de decisão efectuadas	8	17.8	37	82.2
Na escolha do caminho a seguir	7	15.6	38	84.4
Na definição de objectivos pessoais	19	42.2	26	57.8
Na definição de objectivos profissionais	10	22.2	35	77.8

O Quadro 2 apresenta a comparação dos resultados obtidos no IFC antes e após o atendimento, para o que se utilizou o teste de igualdade de valores médios. Os resultados revelam diferenças significativas ($p<.01$) quer na escala de Ansiedade na Escolha da Carreira, quer nas escalas de informação – Necessidade de Informação sobre a Carreira e Necessidade de Auto-Conhecimento. Poder-se-á, assim, afirmar que a intervenção terá sido útil quanto ao nível de ansiedade expresso ligado ao processo de tomada de decisão de carreira e à percepção da necessidade de adquirir dados factuais e experiência no que é prioritário face a processos de tomada de decisão na carreira, bem como, à necessidade da pessoa se auto-definir. O mesmo não se pode constatar quanto à escala Indecisão Generalizada, que se refere à incapacidade da pessoa em tomar decisões mesmo quando as condições necessárias existem.

Quadro 2 · Inventário de Factores de Carreira. Teste de igualdade de valores médios para amostras emparelhadas (n=44)

Escala	Antes do atendimento		Após o atendimento			
	Média	DP	Média	DP	Z0	p
Ansiedade na Escolha da Carreira	22.64	2.92	18.77	4.40	5,25**	,000
Indecisão Generalizada	15.50	3.93	14.82	3.71	1,22	,231
Necessidade de Informação sobre a Carreira	22.64	3.87	17.41	6.68	5,84**	,000
Necessidade de Auto-Conhecimento	14.70	3.59	10.43	4.85	6,19**	,000
IFC_Total	75.48	10.19	61.36	14.72	6,51**	,000

** p<.01 (teste bilateral)

CONCLUSÕES

A intervenção psicológica no ensino superior assume especial relevância, sobretudo se considerarmos os estudantes que revelam não ter tido qualquer apoio nas suas tomadas de decisão, exigindo ao conselheiro de orientação uma intervenção por vezes muito mais remediativa do que preventiva dos problemas com que os estudantes se deparam (Lima, 2005, p. 260).

Tal como se referiu, os resultados obtidos no estudo preliminar (Fraga & Lima, 2005) revelaram-se favoráveis às estratégias e técnicas utilizadas na intervenção psicológica em aconselhamento de carreira, tendo-se justificado a continuidade e o interesse em aprofundar a investigação, o que levou à concretização de um estudo de Follow-up.

Relativamente ao grau de importância atribuído às necessidades de ajuda, destaca-se a tendência para os estudantes considerarem mais importante os diferentes tipos de ajuda antes de se dar início às sessões de aconselhamento do que quando solicitados a darem o mesmo tipo de resposta, seis meses após terem concluído o processo de aconselhamento. Uma leitura mais pormenorizada das percentagens de resposta, leva a salientar o facto de os estudantes não atribuírem tanta importância, após o aconselhamento, à necessidade de ajuda no conhecimento das capacidades, interesses e valores, na clarificação dos objectivos pessoais e profissionais, nos processos de tomada de decisão e no conhecimento das saídas profissionais. Esta leitura pode levar-nos a inferir que consideraram a ajuda especialmente útil quanto a estes aspectos, o que parece também ser corroborado pelas respostas afirmativas dos indivíduos quando solicitados a responder quanto à utilidade do aconselhamento.

A análise dos resultados obtidos com o IFC, antes e após o atendimento, vai no sentido de confirmar a eficácia da ajuda aos indivíduos através das etapas que constituem o processo de aconselhamento de carreira a estudantes do ensino superior, o que se traduz quer através do menor nível de ansiedade na escolha da carreira, quer da menor necessidade de informação sobre a carreira e de auto-conhecimento. Destaca-se a não diferença significativa na escala Indecisão Generalizada, que se refere à incapacidade da pessoa em tomar decisões mesmo quando as condições necessárias existem. Este resultado pode estar relacionado com a característica da própria amostra, já que todos os estudantes são indivíduos que, por terem solicitado ajuda em orientação e desenvolvimento da carreira, também se poderão sentir menos capazes de tomar decisões de uma forma mais autónoma. Justifica-se ainda a menor utilidade do aconselhamento manifestada pelos participantes quanto à definição de objectivos pessoais comparativamente com os restantes aspectos, já que a definição de objectivos a este nível (à semelhança da capacidade de tomada de decisões em geral) confronta o indivíduo com o seu próprio desenvolvimento pessoal e com a construção do seu percurso de vida.

É especialmente interessante ter em conta que a intervenção psicológica em si tem como objectivo contribuir para o desenvolvimento pessoal, segundo uma abordagem em que se procura perceber como é que os indivíduos interpretam e representam as tarefas que determinado contexto lhes coloca, que significado lhes dão e como integram essas representações na sua história e na sua construção pessoal da carreira (Savickas, 2004). A carreira constrói-se, assim, à medida que o indivíduo realiza escolhas que exprimem o seu auto-conceito e que estrutura os seus objectivos na realidade social do papel de trabalho (Savickas, 2004).

O presente estudo parece, assim, corroborar a utilidade das etapas do processo de aconselhamento de carreira a estudantes do ensino superior, cuja prática revela frequentemente a necessidade de reformulação de projectos e de redefinição de objectivos, o que pode obrigar à complementaridade das especialidades em apoio psicológico (Lima & Gouveia, 2003). Também a clarificação do tipo de necessidades manifestada por estudantes do ensino superior, na sequência de sessões de aconselhamento, levou à identificação de objectivos mais específicos, que tendem a corresponder, em geral, aos resultados obtidos no presente estudo - sensibilizar os estudantes para a importância de definirem e clarificarem objectivos pessoais e profissionais e terem uma atitude exploratória activa face ao curso que frequentam; facilitar o desenvolvimento pessoal dos estudantes, motivando-os para os conhecimentos, atitudes, e competências no planeamento e nos processos de tomada de decisão e implementar estratégias de intervenção que ajudem os estudantes a antecipar e preparar planos de carreira, reformular projectos e elaborar planos alternativos.

REFERÊNCIAS

Chartrand, J. M., Robbins, S.B., Morril, W. H., & Boggs, K. (1990). Development and Validation of the Career Factors Inventory. *Journal of Counseling Psychology, 37*, 491-501.

Fraga, S., & Lima, M. R. (2005). Avaliação do processo de aconselhamento de carreira em estudantes do ensino superior: Estudo preliminar. *Actas da Conferência Internacional da AIOSP/IAEVG – Lisbon/2005 "Careers in Context: New Challenges and Tasks for Guidance and Counselling"*. Lisboa: Associação Internacional de Orientação Escolar e Profissional, (CD-Rom).

Heppner, M. J., & Heppner, P. P. (2003). Identifying process variables in career counseling: A research agenda. *Journal of Vocational Behavior, 62*, 429-452.

Herr, E. L., & Cramer, S. H. (1996). *Career guidance and counseling through the life span. Systematic approaches (5th ed.)*. New York, Harper Collins.

Holland, J. L., Daiger, D. C., & Power, P. G. (1980). *My Vocational Situation: Description of an Experimental Diagnostic Form for the Selection of Vocational Assistance*. Palo Alto, California: Consulting Psychologists Press.

Kidd, J. M. (2003). Career development work with individuals. In R. Woolfe, W. Dryden & S. Strawbridge (Eds.), *Handbook of counselling psychology* (2nd ed.) (pp. 461-480). London: Sage Publications.

Lima, M. R. (1998). *Orientação e desenvolvimento da carreira em estudantes universitários. Um estudo das atitudes de planeamento e exploração, identidade vocacional, saliência dos papéis e factores de carreira*. Dissertação de doutoramento. Lisboa, Faculdade de Psicologia e de Ciências da Educação (mimeo).

Lima, M. R. (2005). A prática da orientação da carreira como aconselhamento psicológico no ensino superior. In A. S. Pereira & E. D. Motta (Eds.), *Acção social e aconselhamento psicológico no ensino superior: Investigação e intervenção - Actas do Congresso Nacional* (pp. 257-265). Coimbra: Serviços de Acção Social da Universidade de Coimbra.

Lima, M. R., & Gouveia, A. T. (2003). The importance of counselor's practice regarding psychological help and counseling. Paper presented at the IAEVG-AIOSP World Congress "Counsellor – Profession, Passion, Calling?, Vol.II, pp.298-305, Warsaw, Poland.

Lima, M. R., Sousa Ferreira, A., & Dória, I. (2004). Career Indecision in Higher Education: New Developments with Multivariate Data Analysis. Notas e Comunicações, Nº 13. Centro de Estatística e Aplicações da Universidade de Lisboa.

Santos, E. R., Ferreira, J. A., Blustein, D. L., Fama, L., Finkelberg, S., Ketterson, T., Shaeffer, B., Schwam, M., & Skau, M. (2001). A construção de convergências nos sistemas de aconselhamento vocacional e de carreira. *Psychologica, 26*, 161-174.

Savickas, M. L. (2004). The theory and practice of Career Construction. In S. Brown & R. Lent (Eds.), *Career development and counselling. Putting theory and research to work* (pp. 42-70). NJ: Wiley.

Silva, J. M. T. (1994). Validade de um Questionário de Interesses Expressos como Medida da Indecisão de Carreira. *Ver. Port. de Pedagogia*, Ano XXVII, nº 3, 371-390.

Whiston, S. C. (2000). Individual career counseling. In Luzzo, D. A. (Eds), *Career counseling of college students. An empirical guide to strategies that work* (1th ed.) (pp.137-156). American Psychological Association.

Apoio psicológico no Ensino Superior: A ajuda em Orientação e Desenvolvimento da Carreira

Rosário Lima
Centro de Investigação em Psicologia, Faculdade de Psicologia, Universidade de Lisboa - Portugal
rosariolima@netcabo.pt

Sandra Fraga
Gabinete de Apoio Psicopedagógico ao Estudante, Faculdade de Psicologia, Universidade de Lisboa - Portugal
sfraga@fp.ul.pt

Resumo:
O ingresso no ensino superior traduz para os estudantes a adaptação a um novo sistema de ensino. Tal adaptação exige um apoio psicológico através de intervenções adequadas em relação às necessidades de cada indivíduo. Este estudo visa analisar as necessidades dos estudantes que ingressaram no ensino superior e identificar intervenções de orientação e desenvolvimento da carreira eficazes. O método utilizado foi a análise de conteúdo de dados obtidos através de um questionário respondido por estudantes de Psicologia e de Ciências da Educação. Os dados sugerem a relevância do diagnóstico das necessidades dos estudantes do ensino superior e do apoio psicológico para intervir eficazmente e proporcionar a satisfação e o bem-estar dos indivíduos.

Abstract:
Entering in higher education means for the students the adaptation to a new learning system. Such adaptation demands an efficient psychological support through adequate interventions concerning each individual's needs. This study intends to analyse the students' needs entered in higher education and to identify more efficient career guidance and developmental interventions. The method used was the content analysis obtained through a questionnaire answered by Psychology and Sciences Education students. Data suggests how important is the diagnosis of higher education students' needs and psychological support to intervene efficiently and to provide the individuals' satisfaction and well-being.

OBJECTIVOS

A transição que um estudante experimenta ao passar do ensino secundário para o ensino superior é considerada por muitos uma das mais importantes ao longo dos ciclos escolar e académico, constituindo o ensino superior um importante período de transição também nos níveis emocional e pessoal, devendo ser promotor do desenvolvimento do indivíduo em várias dimensões da sua existência, bem como da reflexão sobre ideias, experiências, modelos e papéis (Gomes & Taveira, 2004). Destaca-se, assim, quer a análise de factores pessoais e contextuais facilitadores ou não dessa transição, adaptação, aprendizagem, sucesso e desenvolvimento, quer a análise em termos institucionais, a partir de múltiplas variáveis ou características e circunstâncias das instituições (Soares, Osório, Capela, Almeida, Vasconcelos, & Caires, 2000).

Aos primeiros anos do ensino superior liga-se o facto de ser neste período que a "adaptação" a um novo meio e comunidade tem a sua maior expressão. O indivíduo consegue o que ambiciona, mas desde logo são muitas as questões que se lhe colocam e podem perturbar o ciclo que se inicia: o insucesso, o abandono, a auto-eficácia, as estratégias de aprendizagem, o conflito entre papéis, são temas, entre outros, comuns aos estudantes e, relativamente aos quais nem sempre têm oportunidade de se expressar e nem a instituição de ensino de proporcionar a resposta mais eficaz a este tipo de necessidades de apoio. Mas também a vivência da transição para a vida activa é cada vez mais complexa e obriga a uma constante adaptabilidade por parte dos estudantes que frequentam o ensino superior, o que acentua a importância de intervir mais precocemente e de forma sistemática e continuada (Lima, 1998).

Estudos avaliaram as necessidades académicas, de carreira e pessoais dos estudantes, sendo as análises unânimes em considerar que estes identificam como predominantes as questões relativas ao desenvolvimento da carreira comparativamente com as necessidades quer académicas quer pessoais (Herr & Cramer, 1996).

O foco da intervenção psicológica no ensino superior atribui cada vez mais importância à promoção do desenvolvimento e da educação abrangendo a definição de um plano de intervenção global integrado com medidas, programas e actividades suficientemente diversificados e alargados de modo a corresponderem às necessidades de uma população estudantil cada vez mais heterogénea (Taveira et al., 2000). Proporcionar aos estudantes um atendimento (mais ou menos personalizado) por parte da instituição é, sem dúvida, um contributo para a compreensão dos comportamentos adaptativos dos jovens que ingressam e frequentam o ensino superior. Esta prática revela também, muitas vezes, a necessidade de reformulação de projectos e de redefinição de objectivos, o que pode obrigar à complementaridade das especialidades em apoio psicológico (Lima & Gouveia, 2003).

Partindo de uma investigação anterior (Lima, Torres, & Fraga, 2005), o presente estudo baseia-se na análise das respostas a um Questionário aplicado no contexto de uma Sessão de Acolhimento aos estudantes. Teve-se como objectivos corroborar o diagnóstico das necessidades dos estudantes na fase de adaptação ao ensino superior e a intervenção psicológica com estudantes neste nível de ensino através do aconselhamento individual em orientação e desenvolvimento de carreira. Apresentam-se de seguida o método utilizado para a realização do estudo, os principais resultados e as conclusões.

MÉTODO

Participantes

No estudo anterior (Lima, Torres, & Fraga, 2005) abrangeram-se 72 estudantes que ingressaram nas Licenciaturas da Faculdade de Psicologia e de Ciências da Educação da Universidade de Lisboa (FPCE-UL) em 2003/2004.

No presente estudo participaram 46 indivíduos (4 do sexo masculino e 42 do sexo feminino), sendo 12 estudantes de Ciências da Educação e 34 de Psicologia e situando-se a faixa etária entre os 17 e os 31 anos de idade para o total da amostra (média de 18.52 anos). Quanto ao local de residência, grande parte indica localidades da Grande Lisboa e arredores.

Destes 46 estudantes, 24 (52.2%) frequentaram a Dominante Científico-Natural e 4 (8.7%) a Dominante Humanidades dos Cursos Secundários Gerais. De referir que dos outros estudantes, 16 (34.8%) apenas indicaram "Curso Geral" sem especificar o Agrupamento, um (2.2%) indicou o 1.º curso da Via de Ensino do Curso Complementar do Ensino Secundário e um outro (2.2%) o Ensino Recorrente.

Instrumento

O instrumento utilizado consistiu num Questionário cuja aplicação teve como objectivo realizar um levantamento das necessidades e expectativas dos estudantes.

Este Questionário consistiu numa versão revista do aplicado na investigação anterior (Lima, Torres, & Fraga, 2005), e manteve na sua estrutura geral grande parte das questões. As alterações introduzidas (decorrentes da apreciação do Questionário aplicado no estudo anterior) consistiram nos seguintes aspectos: formulação das questões na 2.ª pessoa do singular e não na 3.ª pessoa do singular; eliminação da questão respeitante à reprovação e ao motivo dessa mesma reprovação ao longo do ensino secundário; formulação diferente de duas questões, uma relativa aos projectos dos indivíduos e outra às actividades de tempos livres; introdução de novos dados (curso, local de residência) e de duas outras questões - "Das actividades que tinhas no Ensino Secundário, quais as que gostarias de manter?" e "Em que área de actividade gostarias de trabalhar quando acabares a Licenciatura?".

Procedimento

O procedimento adoptado consistiu na realização de uma Sessão de Acolhimento aos estudantes do 1.º ano das licenciaturas da FPCE-UL no início do ano lectivo de 2004/2005 e antes de se dar início a quaisquer actividades académicas.

Os estudantes tiveram conhecimento dos objectivos da Sessão (realizada em conjunto com o então Gabinete de Saídas Profissionais (UNIVA) da FPCE-UL), no acto da inscrição, altura em que lhes foi distribuída uma convocatória para a Sessão de Acolhimento, que consistiu: numa Apresentação, na referência aos Objectivos da Sessão, no desenvolvimento dos tópicos "O Meu Percurso Académico" e "Diálogo: Informar e Clarificar", na projecção de imagens da Faculdade e na distribuição do Questionário a ser preenchido pelos estudantes. À medida que acabavam de responder a este, foram-se organizando grupos que iniciaram breves visitas às instalações da Faculdade com a ajuda de Alunos de anos mais avançados.

Para a apresentação dos Resultados procedeu-se à análise das respostas dadas para a qual contribuíram as categorias já adoptadas no primeiro estudo. Optou-se por apresentar os resultados relativos às questões: Onde, em que ano e porquê obteve ajuda no 9.º Ano ou no Ensino Secundário; Utilidade da ajuda obtida; Actividades de Tempos Livres no Ensino Secundário e no momento actual; Factores determinantes na escolha do Estabelecimento e do Curso; Factores considerados importantes na adaptação à Faculdade e ao Curso; Ordem de preferência dos cursos quando da candidatura ao Ensino Superior; Preferência pelo ingresso em outro Curso Superior; Área de actividade em que gostaria de trabalhar.

PRINCIPAIS RESULTADOS

Sessenta e três por cento dos estudantes (n=29) afirmam ter tido algum tipo de apoio nas suas escolhas escolares e profissionais quando eram alunos do 9.º ano de escolaridade ou do ensino secundário, ao contrário dos restantes 37% (n=17) que manifestaram não ter tido qualquer apoio.

O apoio ocorreu sobretudo no Estabelecimento de ensino e no 9.º ano de escolaridade, razão pela qual a tendência de resposta à justificação deste apoio se liga à escolha do Agrupamento no final do ano ou a dúvidas e a um sentimento de indecisão sobre a opção a tomar. O grau da utilidade da ajuda foi, em geral, considerado "Alguma" (frequência mais elevada), destacando-se o item "O auto-conhecimento (aptidões, interesses, valores, estilo de vida...)", cuja percentagem de resposta se destaca na alternativa "Muita".

Na análise da saliência das actividades de tempos livres, a leitura das categorias mais frequentemente referidas pelos estudantes (Quadro 1), permite verificar que há uma similaridade entre as actividades de tempos livres que mais lhes interessavam no Ensino Secundário e aquelas que gostariam de manter. Destacam-se as que se referem ao Desporto e às Artes do Espectáculo. Por outro lado, indicam que gostariam de dedicar-se a Actividades comunitárias/Voluntariado e à Tuna, para além do Desporto.

Quadro 1 · Actividades de tempos livres (n=46)

	No ensino secundário		Gostaria de manter		Gostaria de dedicar-se	
	n[1]	%	n[2]	%	n[3]	%
Desporto	17	37.0	13	28.3	8	17.4
Música	6	13.0	2	4.3	-	-
Teatro	3	6.5	3	6.5	-	-
Act. Comunitária/Voluntariado	-	-	-	-	3	6.5
Tuna	-	-	-	-	2	4.3
Nenhuma/Não	4	8.7	1	2.2	5	10.9

[1] 17 estudantes não responderam; [2] 23 estudantes não responderam; [3] 19 estudantes não responderam

A leitura do Quadro 2 sugere a maior importância atribuída a factores considerados extrínsecos na escolha do par estabelecimento/curso, nomeadamente associados à Instituição, não obstante a referência ao interesse pela área científica. Assim, os dois factores que os estudantes consideram como mais determinantes para a escolha do estabelecimento/curso que vão frequentar são a localização da instituição (47.8%) e o interesse pela área de conhecimento (34.8%). Por outro lado, os dois aspectos que consideram mais importantes para se sentirem bem na Faculdade e no curso que vão frequentar são a adaptação à transição do Ensino Secundário para o Ensino Superior (63%) e o convívio com os futuros colegas (21.7%).

Da análise da ordem de preferência aquando da candidatura destaca-se a informação de que dos 12 estudantes do curso de Ciências da Educação, 6 indicaram o curso de Psicologia como 1.ª opção, 3 o curso em que efectivamente ingressaram e 3 outros cursos. Relativamente aos 34 estudantes do curso de Psicologia, 22 indicaram este curso como 1.ª opção de candidatura e 12 indicaram outros cursos, nos quais não se inclui o curso de Ciências de Educação mas sobretudo cursos na área da Saúde (Medicina, Enfermagem, Fisioterapia, Medicina Veterinária, Reabilitação Psicomotora). Em geral o número de estudantes de Ciências de Educação e de Psicologia que indicaram os cursos de Ciências da Educação e Psicologia das 2.ª à 6.ª opções vai diminuindo progressivamente, aumentando a frequência de estudantes que indicaram uma maior diversidade de outros cursos nessas mesmas ordens de preferência. Verifica-se, ainda, neste Quadro, um aumento da frequência dos estudantes que não preencheram a totalidade das seis opções de cursos a que se podiam candidatar.

Quadro 2 · Factores mais determinantes na escolha e na adaptação ao estabelecimento/curso (n=46)

Escolha do estabelecimento/curso	n (em 46)	%	Adaptação ao estabelecimento/curso	n (em 46)	%
Localização da instituição	22	47.8	*Adaptação* subjacente à transição do Ensino Secundário para o Ensino Superior	29	63.0
Interesse pela área de conhecimento	16	34.8			
Planos de estudo	10	21.7	*Convívio* com os futuros colegas	10	21.7
Instituição, em particular	7	15.2			
Ambiente	5	10.9	Qualidade da relação com os *Professores*	7	15.2
Média de acesso	5	10.9	Qualidade do *ensino*	7	15.2
Prestígio associado à Instituição e ao curso	5	10.9	*Informação*	5	10.9

Apesar de 65.2% dos estudantes não terem preferido ingressar noutro curso (Quadro 3), não se deve negligenciar a percentagem de estudantes que afirmam o contrário (28.3%) e que não responderam (6.5%). No caso de Ciências da Educação é importante ter em conta a percentagem de indivíduos que indicam Psicologia como 1.ª opção, e, no caso de Psicologia, a percentagem dos que indicam cursos na área da Saúde, principalmente o curso de Medicina.

Quadro 3 · Preferência pelo ingresso noutro curso? (n=46)

Preferência pelo ingresso noutro curso	Ciências da Educação n	%	Psicologia n	%	Total n	%
Não	6	13.0	24	52.2	30	65.2
Sim	5	10.9	8	17.4	13	28.3
Não responde	1	2.2	2	4.3	3	6.5
Total	12	26.1	34	73.9	46	100.0

A análise das respostas à questão "Em que área de actividade gostarias de trabalhar quando acabares a Licenciatura?" revela sobretudo uma grande especificidade, nomeadamente nas três grandes áreas da Psicologia (Clínica, Educação e Trabalho), em áreas das Ciências da Educação (ex: Formação de Professores, Formação de Adultos, Administração Educacional) e na área da Saúde. Salientam-se duas respostas diferentes, em que os estudantes responderam "investigação" e "tenho de sentir primeiro", três respostas em que afirmaram ainda não saber e cinco estudantes que não responderam. De acordo com estas respostas estão as que os estudantes deram à questão "Antes de ingressar no Ensino Superior quais eram os teus projectos/objectivos?": a maior parte (apenas 8 estudantes não responderam) consideraram como projectos o conseguir ingressar no ensino superior ou no curso pretendido e o concluir o ensino secundário.

CONCLUSÕES

A análise dos resultados corrobora os dados obtidos por Lima, Torres e Fraga (2005) e a importância de proceder ao diagnóstico das necessidades e dos tipos de intervenção mais eficazes. A necessidade de ajuda em orientação e desenvolvimento da carreira exige cada vez mais um apoio psicológico dos estudantes durante todo o percurso académico e, posteriormente, na transição para a vida activa.

A análise do tipo de apoio em orientação e desenvolvimento da carreira, das expectativas dos estudantes face ao ensino superior e dos aspectos que mais valorizam para se sentirem bem, aponta para a necessidade de sessões de divulgação sobre a formação, o estabelecimento de ensino e as fontes de informação a que podem recorrer. Por outro lado, acentua-se a continuidade da prática de aconselhamento individual e de sessões de acolhimento aos estudantes que transitam do ensino secundário para o ensino superior, o que se tem levado a cabo procurando-se melhorar a intervenção através da actualização dos conteúdos e com uma articulação com outros agentes interventivos.

Considerando a perspectiva desenvolvimento pessoal, torna-se também evidente a necessidade de introduzir ao longo do percurso académico vários tipos de actividade, como por exemplo, *workshops* sobre temáticas várias, preferencialmente, sugeridas pelos próprios estudantes (ex.: estratégias de aprendizagem, definição de objectivos pessoais e profissionais, saídas profissionais, técnicas de procura de emprego). É, assim, útil e importante que o modelo de intervenção em Orientação e desenvolvimento da Carreira a implementar em termos de atendimento aos estudantes, tenha como ponto de partida a avaliação das respectivas necessidades, para depois ser possível definir objectivos e metodologias adequadas para as satisfazer e, por fim, proceder à avaliação das intervenções levadas a cabo. Trata-se de intervir preventivamente e ajudar o estudante do ensino superior a responder à questão que muitas vezes ainda coloca – *"Quem sou eu, quais são as minhas necessidades e como posso eu ir ao encontro delas?"* (Elwood, 1992).

Face aos resultados, parece também ter interesse implementar ao longo do 1.º ano sessões de informação para a carreira mais específicas e dar oportunidade aos estudantes para esclarecerem eventuais dúvidas/indecisões, sendo de contemplar a constante actualização das intervenções também através das novas oportunidades como é o exemplo do acesso ao ensino superior dos Maiores de 23 anos.

Se o conselheiro de orientação deve adequar a sua intervenção e apoiar os estudantes ajudando-os a ultrapassar os obstáculos próprios da fase que vivenciam, por outro lado, a constatação de mais população de ensino superior adulta chama a atenção para a necessidade de implementar novas abordagens em orientação e desenvolvimento da carreira com estes indivíduos, nomeadamente na ajuda do planeamento de objectivos académicos e de carreira – área em que a prática da orientação da carreira é, provavelmente a menos conhecida e desenvolvida, não só pela falta de formação mais especializada que exige, como também pela não visibilidade da intervenção psicológica da Psicologia da Orientação ao longo do ciclo de vida do indivíduo (Lima, 2004).

REFERÊNCIAS

Elwood, J. A. (1992). The Pyramid Model: A useful tool in Career Counseling with university students. *The Career Development Quarterly, 41* (1), 51-54.

Gomes, D. & Taveira, M. C. (2004). Factores de adaptação ao ensino superior: O papel dos serviços de apoio psicológico. In M. C. Taveira (Cood.), *Desenvolvimento vocacional ao longo da vida. Fundamentos, princípios e orientações* (pp. 315-324). Coimbra: Livraria Almedina.

Herr, E. L. & Cramer, S. H. (1996). *Career guidance and counseling through the life span. Systematic approaches (5th ed.).* New York: Harper Collins.

Lima, M. R. (1998). *Orientação e desenvolvimento da carreira em estudantes universitários. Um estudo das atitudes de planeamento e exploração, identidade vocacional, saliência dos papéis e factores de carreira.* Dissertação de doutoramento. Lisboa: Faculdade de Psicologia e de Ciências da Educação (mimeo).

Lima, M. R. (2004). Reflexões sobre a prática da orientação da carreira: Um contributo para a definição de uma política nacional do desenvolvimento vocacional. In M. C. Taveira (Cood.), *Desenvolvimento vocacional ao longo da vida. Fundamentos, princípios e orientações* (pp. 125-129). Coimbra: Livraria Almedina.

Lima, M. R. & Gouveia, A. T. (2003). *The importance of counselor's practice regarding psychological help and counseling*. Paper presented at the IAE-VG-AIOSP World Congress "Counsellor – Profession, Passion, Calling?, Vol.II, pp.298-305, Warsaw, Poland.

Lima, M. R., Torres, M., & Fraga, S. (2005). Orientação e Desenvolvimento da Carreira: o contributo de um estudo sobre a transição para o ensino superior. *Iberpsicología*, 2005, 10.8.10.

Soares, A. P., Osório, A., Capela, J. V., Almeida, L. S., Vasconcelos, R. M. & Caires, S. M. (Orgs.) (2000). *Transição para o ensino superior*. Braga: Universidade do Minho.

Taveira, M. C., Maia, A., Santos, L., Castro, S., Couto, S., Amorim, P., Rosário, P., Araújo, S., Soares, A. P., Oliveira, H., & Guimarães, C. (2000). In A. P. Soares, A. Osório, J. V. Capela, L. S. Almeida, R. M. Vasconcelos & S. M. Caires (Orgs.), *Transição para o Ensino Superior*. Braga: Universidade do Minho.

Observatório de emprego de diplomados do ensino superior: Implicações para a intervenção vocacional

Cristina Costa Lobo
Maria do Céu Taveira
Instituto Superior de Engenharia do Porto e Centro de Investigação em Psicologia da Universidade do Minho - Portugal
cclobo@hotmail.com

Resumo:

O presente estudo tem como objectivo principal o Observatório de Emprego dos diplomados do ensino superior, com vista a uma melhor compreensão do processo de transição dos estudantes do ensino superior para o mercado de trabalho. Pretende dar-se a conhecer e discutir os dados do Observatório de Emprego dos diplomados em Psicologia pela Universidade do Minho nos anos de 2003 e 2004 (N= 152, Midade=25,2, DPidade=0,88; 135 (89%) raparigas), recolhidos através de uma grelha de entrevista telefónica semi–estruturada, elaborada para o efeito, com um total de 43 questões para avaliação de aspectos relativos: (i) ao grau de empregabilidade; (ii) às estratégias utilizadas e dificuldades na procura do primeiro emprego; (iii) aos factores de inserção profissional percebidos; e (iv) às necessidades de apoio institucional aquando da sua transição para o mercado de trabalho. Realizou-se análise descritiva dos resultados, bem como a análise de variância das respostas. Destaca-se que 91% dos diplomados inquiridos estão colocados no mercado de trabalho; 19% optaram por prosseguir estudos após a licenciatura e 3% encontra-se à procura do primeiro emprego; 83% estão a trabalhar em mais do que um emprego, estando 13% a trabalhar em três ou mais empregos; 85% exercem papel de Psicólogo no emprego principal, 78% estão como trabalhadores independentes no emprego principal, e 43% registam uma satisfação profissional muito elevada ou elevada. Dos inquiridos, 92% revelam que o primeiro emprego ocorreu após a conclusão do curso, e em 52% destes casos num período de seis meses. A totalidade dos inquiridos revela ter tido dificuldades na procura e obtenção do primeiro emprego. 79% consideram que a licenciatura os preparou bastante para o seu desempenho profissional; os complementos de formação da licenciatura são opção de 92%, estes contributos são considerados por 76% como bastante ou muito válidos para a inserção e desempenhos profissionais. Destaca-se que: a variância no nível de realização profissional não está relacionada com a função desempenhada no emprego principal; a situação actual de emprego não varia em função da classificação final do curso, da realização de acções de formação complementares, ou das experiências de trabalho e de voluntariado realizadas ao longo do curso; a existência de diferenças entre os grupos de 2003 e 2004 em função dos níveis de realização profissional (p=0,000) e diferenças na prossecução de estudos pós-graduados (p=0,001), na prossecução de estudos pós-graduados (p=0,001) e no vencimento médio mensal (p=0,017) em função das classificações finais na licenciatura e o facto do nível de realização profissional aumentar com o número de empregos (p=0,001). Os resultados obtidos com este Observatório de Emprego abrem caminhos para a sua rentabilização na investigação e intervenção a propósito da transição de percursos do Ensino Superior para o Mercado do Trabalho.

Abstract:

This study has as a main goal: the Employment Observatory of Higher Education graduates. Its purpose is to improve the comprehension of the whole process of transition that students go through, from Higher Education to the work market. It is intended to provide and discuss data for the employment observatory of Psychology graduate students of Minho University in the years of 2003 and 2004 (N= 152, Mage= 25,2, SDage=0,88; 135 (89%) women). These numbers were gathered through a grid of a semi-structured telephone interview, specially elaborated for this end, with a total of 43 questions for the assessment of the following aspects: (i) the degree of employment; (ii) the strategies that were used and the difficulties on the search for the first job; (iii) the perceived factors of professional insertion and (iv) the need for institutional support during their transition to the work market. A descriptive analysis of the results was performed, as well as the analysis for the variance of the answers to. It is highlighted that 91% of the enquired graduates are placed in the work market; 19% chose to continue studying after graduation and 3% are looking for the first job; 83% are working in more than one job, while 13% are working in three jobs or more; 85% practice psychology in the main job, 78% are working as independent workers in the main job and 43% show a high or a very high professional satisfaction. Of all the enquired, 92% reveal that the first job occurred after the conclusion of the college degree and for 52% of these cases it occurred in a period of six months. Results reveal that the inquired students had some difficulties on the search and obtainment of the first job. 79% think that graduation prepared them enough for their professional performance; the complements of graduation (Continuing Education) are an option for 92%, these contributes are considered by 76% as enough or extremely valid for the insertion and professional performance. It is highlighted that: the variance in the professional achievement level is not related with the performed function in the main job; the actual situation of employment does not vary in accordance with the final grades of the academic course, on the Continuing Education, nor on the work and volunteer experiences achieved through the entire academic course; the existence of differences between the groups of 2003 and 2004 according to the levels of professional achievement (p=0,000) and the differences in the prosecution of pos-graduate studies (p=0,001) and on the average monthly payment (p=0,017) in accordance to final grades of the academic course and the fact that professional achievement increases with the number of jobs (p=0,001). The obtained results, through this Employment Observatory, open passages for its profit in investigation and intervention concerning the transition from Higher Education to the Work Market.

OBJECTIVOS

Os objectivos principais deste estudo consistem em: (a) conhecer a situação actual sobre o grau de empregabilidade dos recém diplomados em Psicologia pela Universidade do Minho; (b) observar as estratégias seguidas para a procura do 1º emprego e as dificuldades encontradas neste processo; (c) detectar os factores percebidos como tendo contribuído para a sua inserção profissional; (d) averiguar o tipo de relação entre a formação adquirida e a situação actual de emprego; e, (e) conhecer a opinião dos licenciados sobre o tipo de apoios que gostariam de ter recebido na transição Universidade–Mercado de Trabalho.

MÉTODO

O Observatório de Emprego dos diplomados em Educação e Psicologia, do Instituto de Educação e Psicologia da Universidade do Minho, criado em 1999 para permitir avaliar de modo mais regular e aprofundado estes fenómenos. Acredita-se que o prosseguimento de práticas de desenvolvimento vocacional passa por um conhecimento dos processos e dos resultados de desenvolvimento vocacional dos seus alunos, nomeadamente no que diz respeito à problemática da transição Universidade–Mercado de Trabalho. O presente estudo insere-se nesta linha de investigação aplicada e prossegue, em 2003 e 2004, o Observatório de Emprego dos diplomados em Psicologia pela Universidade do Minho, realizado nos quatros anos anteriores.

Para o efeito foi obtida, junto dos Serviços Académicos da Universidade do Minho, a lista dos nomes e contactos do total de diplomados em Psicologia nos anos de 2003 e 2004. Isto é, 187 licenciados, tendo 91 (48,7%) terminado o curso em 2003. Os referidos diplomados foram contactados telefonicamente, tendo sido possível inquirir 152, ou seja, 81,3% da população. Não foi possível integrar os restantes diplomados na amostra devido a indisponibilidade total de contacto ou desactivação da morada existente no arquivo da Universidade.

No presente estudo, foi utilizado o método de inquérito efectuado em 1999 e 2001, no âmbito do mesmo Observatório de Emprego, isto é, a entrevista telefónica semi-estruturada e breve. Assim, com base num guião de entrevista com um total de quarenta e três questões semi-abertas, das quais, nove são abertas, foi possível recolher dados sócio demográficos e de história académica dos diplomados, bem como, informação sobre o seu estatuto actual de emprego, a vida de trabalho e as perspectivas de desenvolvimento da carreira dos mesmos. A informação recolhida foi registada por escrito no referido guião, o qual, assumiu, para este efeito, o formato de um questionário.

O estudo da associação entre as variáveis foi realizado com base no teste de Qui-Quadrado de Pearson, recorrendo-se ao teste exacto de Fisher, correcção ao teste do Qui-Quadrado, quando em Tabelas 2x2 existiam mais de 20% de valores esperados inferiores a 5. Todos os testes efectuados foram considerados estatisticamente significativos para um nível de significância de 5%. As análises foram efectuadas com recurso ao software de análise estatística, *Statistical Package for the Social Sciences* (SPSS® - v.13.0). Foram feitas análises descritivas e diferenciais para as dimensões relativas ao estatuto ou situação actual de emprego dos diplomados, às dimensões da experiência do primeiro emprego dos diplomados, e às dimensões relacionadas com o seu processo de inserção profissional propriamente dito. Isto é, as três componentes principais do Observatório de Emprego efectuado, procedendo-se ao confronto com as hipóteses formuladas e com os resultados da investigação na área. Para cada aspecto, analisaram-se os diferentes itens da entrevista; para cada um dos itens são apresentadas análises descritivas e, em seguida, apresentam-se a análise das diferenças de resultados nas diversas dimensões do Observatório de emprego dos diplomados, em função das características e elementos da história de carreira dos licenciados participantes no estudo.

RESULTADOS PRINCIPAIS DA INVESTIGAÇÃO

Destaca-se o facto de 91% dos diplomados inquiridos estarem colocados no mercado de trabalho; 19% optaram por prosseguir estudos após a licenciatura, e 3% encontra-se à procura do primeiro emprego; 83% estão a trabalhar em mais do que um emprego, estando 13% a trabalhar em três ou mais empregos; 85% exercem papel de Psicólogo no emprego principal, 78% estão como trabalhadores independentes no emprego principal, e 43% registam uma satisfação profissional muito elevada ou elevada.

Dos inquiridos, 92% revelam que o primeiro emprego ocorreu após a conclusão do curso e em 52% destes casos num período de seis meses.

A totalidade dos inquiridos revela ter tido dificuldades na procura e obtenção do primeiro emprego. 79% consideram que a licenciatura os preparou bastante para o seu desempenho profissional; os complementos de formação da licenciatura são opção de 92%; estes contributos são considerados por 76% como bastante ou muito válidos para a inserção e desempenhos profissionais.

Destaca-se que: a variância no nível de realização profissional não está relacionada com a função desempenhada no emprego principal; a situação actual de emprego não varia em função da classificação final do curso, da realização de acções de formação complementares, ou das experiências de trabalho e de voluntariado realizadas ao longo do curso; a existência de diferenças entre os grupos de 2003 e 2004 em função dos níveis de realização profissional (p=0,000) e diferenças na prossecução de estudos pós-graduados (p=0,001), na prossecução de estudos pós-graduados (p=0,001) e no vencimento médio mensal (p=0,017) em função das classificações finais na licenciatura e o facto do nível de realização profissional aumentar com o número de empregos (p=0,001).

Verifica-se a existência de diferenças estatisticamente significativas nas experiências prévias de trabalho e voluntariado, em função do ano de conclusão do curso: são os diplomados em 2003 quem maioritariamente (58%) constitui este grupo, (p=0,025), e quem maioritariamente (79%) considera que as experiências prévias de trabalho contribuíram bastante ou muito para o seu desempenho profissional (p=0,000).

É no entanto o grupo dos diplomados de 2004 quem maioritariamente (78%) teve experiências de voluntariado no evoluir do curso ou após a sua conclusão; sendo, também neste caso, estatisticamente significativas as diferenças nas experiências de voluntariado durante o curso ou após o curso, em função do ano de conclusão do curso (p = 0,006).

Analisando as diferenças na prossecução de estudos pós-graduados, em função das classificações finais do curso dos diplomados inquiridos, verifica-se existirem diferenças estatisticamente significativas (p=0,001) em favor dos indivíduos cuja média final de licenciatura corresponde 15-16 valores. São estes quem maioritariamente constitui o grupo dos diplomados que continua a prosseguir estudos.

Verifica-se que a análise das diferenças no vencimento médio mensal em função da classificação final do curso nos indica que há diferenças estatisticamente significativas (p=0,017); são os indivíduos cuja média final de licenciatura corresponde a 15-16 valores quem minoritariamente constitui o grupo dos diplomados que aufere valores mensais superiores. Parece pois não haver uma correlação linear entre a classificação final da licenciatura e o vencimento médio mensal destes diplomados em Psicologia.

Verifica-se também a existência de diferenças estatisticamente significativas (p=0,017) na frequência de acções de formação pós-graduada em função da classificação final de curso. Os diplomados com superior classificação final de licenciatura são os que maioritariamente continuam a investir na sua formação.

A análise das diferenças na necessidade sentida de maior orientação técnica na procura do primeiro emprego em função da situação actual dos diplomados (está ou não a trabalhar) destaca a existência de diferenças estatisticamente significativas (p=0,015) entre os grupos, constituindo os indivíduos que actualmente estão a trabalhar 67% daqueles que declaram sentir dificuldades no respeitante a orientação técnica na procura do primeiro emprego e 7% não referiram essa dificuldade.

O vencimento tende a aumentar quando aumenta o número de empregos (p=0,000), e da mesma forma o nível de realização também aumenta com o número de empregos (p = 0,001).

Existem diferenças estatisticamente significativas no nível de realização profissional em função da variedade de funções profissionais desempenhadas (p=0,007), ou seja, os indivíduos que exercem na sua actividade profissional pelo menos duas funções diferentes constituem a maioria (78%) dos que referem ter um nível de realização profissional elevado ou muito elevado.

Em termos gerais, o padrão de resultados obtidos é favorável, no que respeita à empregabilidade e ao estatuto de emprego dos diplomados em Psicologia pela Universidade do Minho. Estes resultados vão de encontro, também aos que foram obtidos nos inquéritos realizados em 1999, 2001, 2002 e 2003, respectivamente.

CONCLUSÃO

Este estudo permite uma compreensão mais profunda e integrada das vivências e percepções dos recém diplomados em Psicologia relativamente às suas primeiras experiências no mercado de trabalho.

Sem ter a preocupação de, tal como afirma Baptista (1996, p.79), *"...assegurar que* [tal modelo] *traduz uma representação rigorosa sobre a realidade"*, procura-se assumir essa análise como um guia para responder a algumas questões que têm vindo a ser colocadas por aqueles que investigam e praticam no âmbito da intervenção vocacional.

Neste sentido, podemos assumir que o presente trabalho constitui uma renovada oportunidade para a exploração e aprofundamento da problemática da transição do ensino superior para o mercado de trabalho.

Munidos da revisão teórica na área e dos dados empíricos recolhidos junto de um grupo de recém diplomados em Psicologia da Universidade do Minho, fica a noção que a intervenção em orientação vocacional, na perspectiva de apoio sistemático à gestão de carreira, deve promover nos jovens adultos objectivos desenvolvimentais, tais como: Consciencialização sobre a natureza do mercado de trabalho e sobre a importância de levar em consideração esse mesmo mercado aquando da tomada de decisões vocacionais; Consciencialização da crescente flexibilização das relações entre formações, profissões e empregos; Aquisição de competências de empregabilidade e de gestão de carreira, capacitando os jovens para lidarem de forma mais adequada com as oportunidades e os constrangimentos sociais; Atribuição de cada vez maior importância à preparação para o desempenho de outros papéis sociais que não o de trabalhador.

REFERÊNCIAS

Baptista, M. L. (1996). *Os diplomados do Ensino Superior e o Emprego. A Problemática da Inserção na Vida Activa*. Lisboa: Departamento de Programação e Gestão Financeira do Ministério da Educação.

A Formação do Orientador Profissional no Brasil: Perspectivas da Psicologia[1]

Lucy Leal Melo-Silva
Faculdade de Filosofia, Ciências e Letras Ribeirão Preto da Universidade de São Paulo (FFCLRP/USP) - Brasil
lucileal@ffclrp.usp.br

---

1 Dados parcialmente apresentados na mesa-redonda "Formação de orientadores profissionais na América Latina, I Congresso Latino Americano e VIII Simpósio Brasileiro de Orientação Profissional da ABOP. Bento Gonçalves, Brasil, de 16 a 18/08/07.

Resumo:

A formação em Orientação Profissional no Brasil tem ocorrido, predominantemente, em Cursos de graduação em Psicologia e/ou em cursos de formação e de especialização. Uma das atribuições legais do psicólogo consiste na realização de orientação e selecção profissional. A Resolução de 014/00 do Conselho Federal de Psicologia (CFP) estabelece entre as atribuições do psicólogo Escolar/Educacional o auxílio em processos de escolha da profissão e em questões relativas à adaptação do indivíduo ao trabalho. Este estudo objetiva identificar os cursos de Psicologia brasileiros, especificando aqueles que oferecem disciplinas de Orientação Profissional no estado de São Paulo. E, também, articular as habilidades e competências previstas nas Directrizes Curriculares para os Cursos de Psicologia com as competências especializadas recomendadas pelos "Critérios Internacionais de Qualificação para o Orientador Educacional e Vocacional", da *International Association for Educational and Vocational Guidance* (IAEVG). Os dados sobre os cursos de Psicologia foram obtidos nos sites do Ministério da Educação e da Associação Brasileira de Ensino de Psicologia (ABEP). Os resultados são discutidos considerando a necessidade de formação de equipas interdisciplinares, objectivando intervenções em cenários e contextos diferenciados. Destaca-se a premência do desenvolvimento de competências específicas dos profissionais de áreas afins do conhecimento.

Abstract:

Education in vocational guidance in Brazil has been carried out mainly in Psychology faculties or specialization courses. One of psychologists' jobs is guiding and selection of personnel. The Resolution nº 014/00 of the Conselho Federal de Psicologia (CFP) (Federal Council in Psychology) establishes as one of the Educational Psychologist's Jobs supporting clients choosing a job and in issues related to the clients' adaptation to their job. The aim of this paper is to identify Psychology courses in Brazil and, in the State of São Paulo, the ones that offer disciplines in Vocational Guidance. Besides that, it will match the skills and competencies recommended by the Curriculum Guide for the Psychology courses, with the competencies recommended by the International Qualifications Criteria for Educational and Vocational Guidance, of the International Association for Educational and Vocational Guidance (IAEVG). Data about Psychology courses came from the sites of the Ministry of Education and the Brazilian Association for Teaching of Psychology (ABEP). Results were discussed regarding the need to prepare interdisciplinary teams to act in varied settings and contexts. Emphasis is placed on the urgency to develop specific competencies for professionals of correlated areas to act as professional guides.

INTRODUÇÃO

Analisar a formação do orientador profissional no Brasil é um desafio pela dimensão continental. O Brasil ocupa quase a metade (47%) da área da América Latina, e é o quinto maior país do mundo, com cerca de 180 milhões de habitantes (http://www.brasil.gov.br/pais/sobre_brasil), uma democracia com 26 estados, um Distrito Federal, e 5.563 municípios. "Colonizado por Portugal, é um país lusófono, o oitavo idioma mais falado do mundo e o terceiro entre as línguas ocidentais, é também o maior país católico" (Melo-Silva, 2007; Soares, Melo-Silva, Lassance, & Levenfus, 2007).

O Brasil responde por três quintos da produção industrial da economia sul-americana e participa de diversos blocos económicos, comercializando com mais de uma centena de países. É a oitava economia do mundo, porém, contraditoriamente, o Índice de Desenvolvimento Humano (IDH) está entre os piores: é o 69º colocado. A sociedade brasileira é uma das mais multirraciais do mundo. A diversidade é a marca do país. Há enorme distância entre a população mais pobre e mais rica, o que se reflecte na diversidade e contradições na qualidade de vida, nas condições de habitação, saúde, educação, transporte e trabalho.

Conforme fontes oficiais do Governo Brasileiro, o país possui o maior e mais diversificado sistema de ciência, tecnologia e inovação da América Latina. Nas últimas décadas, o Brasil passou do 28º para o 17º lugar entre os países com produção científica relevante, graças a mais de 79 mil pesquisadores e bolsistas (2004), que actuam em universidades e em empresas privadas. Paralelamente a esses dados os índices de competência educacional são alarmantes, colocando o Brasil em péssima situação quando comparado a outros países, inclusive da América Latina.

"Notadamente, sobre o domínio da Orientação Profissional são escassas as informações sobre os serviços oferecidos à população, inexiste política pública nesse domínio do conhecimento teórico e prático" (Soares, Melo-Silva, Lassance, & Levenfus, 2007). Além disso, são observadas divergências conceituais e ideológicas nas práticas desenvolvidas, como salientam Melo-Silva, Lassance e Soares (2004), o que leva a dificuldades também na compreensão de como se dá a formação do orientador profissional.

Cumpre salientar que a formação em Orientação Profissional no Brasil tem sido objecto de preocupação de pesquisadores e docentes e, também, da Associação Brasileira de Orientação Profissional (ABOP) (Melo-Silva, 2003; Melo-Silva, 2004; Lassance, Melo-Silva, Bardagi & Paradiso, 2007). Em alguns casos, a formação se dá em Cursos de graduação em Psicologia ou em cursos de formação e de especialização.

Uma das atribuições do psicólogo, prevista na legislação (art. 4º, Lei

4.119, 27/08/62) que regulamenta o exercício da profissão, consiste na realização de orientação e selecção profissional. Mais recentemente, no Brasil, o Conselho Federal de Psicologia (CFP) regulamentou algumas especialidades profissionais (Resolução 014/00), entre elas a de psicólogo especialista em Psicologia Escolar/Educacional, definindo entre suas atribuições o auxílio em processos de escolha da profissão e em questões relativas à adaptação do indivíduo ao trabalho. Por tais razões, este estudo focaliza a formação do orientador profissional na perspectiva da Psicologia. Além disso, esta autora é psicóloga e docente em curso de graduação e de pós-graduação em Psicologia e é por tais filtros perceptuais que este estudo foi desenvolvido.

OBJECTIVOS

Este estudo objectiva: (1) mapear a oferta de cursos de Psicologia no Brasil; (2) identificar cursos de Psicologia no estado de São Paulo que oferecem disciplinas no domínio da Orientação Profissional; e, (3) articular as habilidades e as competências previstas nas Directrizes Curriculares para os Cursos de Graduação em Psicologia com as competências especializadas recomendadas pelos "Critérios Internacionais de Qualificação para o Orientador Educacional e Vocacional", da *International Association for Educational and Vocacional Guidance* (IAEVG) (Talavera, Liévano, Soto, Ferrer-Sama & Hiebert, 2004).

MÉTODO

Trata-se de um levantamento preliminar de informações sobre os cursos de Psicologia, que oferecem disciplinas no domínio da Orientação Profissional. Os dados foram obtidos nos sites em 21 de Março de 2007. Foram acessados os cursos de Psicologia, por Estado, por meio da Internet em duas fontes informativas: Ministério da Educação (MEC) e Associação Brasileira de Ensino de Psicologia (ABEP). A seguir, restringiu-se a busca das grades curriculares dos cursos do Estado de São Paulo, uma vez que nele estão sediados cerca de um terço das faculdades. A articulação entre as competências para a formação do psicólogo com as do orientador profissional foi feita com base na prática docente da autora.

RESULTADOS E DISCUSSÕES

A Tabela 1 mostra a distribuição dos cursos de Psicologia no Brasil (mais de três centenas), segundo as duas fontes informativas: MEC e ABEP. Observa-se nesta distribuição a diferença de número de cursos ou faculdades de Psicologia. No site da ABEP faltam cursos como, por exemplo, o da Universidade Estadual Paulista (UNESP) de Assis e o da Universidade Federal de Roraima, e no do MEC há duplicidade de informações. Verificou-se que a diferença entre as duas instituições decorre do facto de que na relação do MEC várias faculdades constam duplamente, pois no contexto brasileiro uma mesma faculdade pode oferecer a formação e a licenciatura.

A diferença no levantamento das informações permite constatar que há limites em estudos desta natureza – via Internet. Ainda que com tal limitação metodológica, é importante realizá-los e buscar caminhos alternativos para posteriores estudos. O Estado de São Paulo tem o maior número de cursos (cerca de 1/3). Os estados de Minas Gerais, Rio Grande do Sul, e Rio de Janeiro ocupam a segunda, terceira e quarta posição, segundo os dados da ABEP. E, conforme dados do MEC, a segunda posição é do Rio de Janeiro, a terceira de Minas Gerais e quarta do Rio Grande do Sul. Em ambas as fontes a quinta posição é do Paraná e a sexta de Santa Catarina. As regiões sudeste e sul têm o maior contingente populacional e, consequentemente, mais cursos universitários, centros de pesquisas, e maior número de publicações científicas.

A formação profissionalizante em Psicologia requer a pesquisa e a prática qualificada, ou seja, o exercício de múltiplas actividades em cenários e contextos diferenciados, cujo objecto de estudo é o comportamento humano, em suas vicissitudes. Em particular, no presente estudo o foco é a Orientação Profissional enquanto domínio do conhecimento voltado para a resolução de problemas relativos ao comportamento vocacional. Para lidar com tais problemas é necessária formação. No Brasil, quantos cursos de Psicologia oferecem formação em Orientação Profissional?

Tabela 1 · Distribuição de Cursos de graduação em Psicologia no Brasil, por estado, e segundo os sites da ABEP e do MEC

ESTADOS	Fonte: ABEP Freqüência (%)	Fonte: MEC Freqüência (%)
Acre	1 (0,28)	1 (0,18)
Alagoas	3 (0,84)	4 (0,72)
Amapá	2 (0,56)	2 (0,36)
Amazonas	6 (1,68)	11 (1,98)
Bahia	20 (5,63)	26 (4,68)
Ceará	4 (1,12)	9 (1,62)
Distrito Federal	6 (1,68)	10 (1,80)
Espírito Santo	9 (2,53)	11 (1,98)
Goiás	8 (2,25)	13 (2,34)
Maranhão	2 (0,56)	3 (0,54)
Mato Grosso	4 (1,12)	5 (0,90)
Mato Grosso do Sul	7 (1,97)	9 (1,62)
Minas Gerais (*)	39 (10,96)	57 (10,25)
Pará	2 (0,56)	4 (0,72)
Paraíba	4 (1,12)	8 (1,44)
Paraná (*)	25 (7,03)	37 (6,65)
Pernambuco	12 (3,37)	17 (3,06)
Piauí	5 (1,40)	7 (1,26)
Rio de Janeiro (*)	28 (7,86)	64 (11,51)
Rio Grande do Norte	4 (1,12)	6 (1,08)
Rio Grande do Sul (*)	29 (8,16)	38 (6,83)
Rondônia	6 (1,68)	8 (1,44)
Roraima	1 (0,28)	2 (0,36)
Santa Catarina (*)	25 (7,02)	35 (6,29)
São Paulo (*)	99 (27,82)	162 (29,14)
Sergipe	3 (0,84)	4 (0,72)
Tocantins	2 (0,56)	3 (0,53)
TOTAL	356 (100,00)	556 (100,00)

(*) Estados com maior concentração de cursos de Psicologia.

A Tabela 2 mostra a presença de disciplinas e/ou estágios em Orientação Profissional conforme sites de cursos de graduação em Psicologia no Estado de São Paulo disponíveis na página da ABEP (n = 99) e na página do MEC (n =160).

Tabela 2 · Distribuição da frequência e percentagem de disciplinas e/ou estágios em Orientação Profissional (OP) conforme sites de cursos de graduação em Psicologia no Estado de São Paulo

Informações Obtidas	Fonte: ABEP Freqüência (%)	Fonte: MEC Freqüência (%)
Tem OP na grade curricular	26 (26,26)	43 (26,87)
Não tem OP na grade curricular/programa	38 (38,38)	68 (42,50)
Grade curricular não disponível no site	30 (30,30)	43 (26,87)
Não foi possível acessar o site ou obter qualquer informação do curso	5 (0,06)	6 (3,76)
Total	99	160

A grade curricular de mais de 1/3 dos cursos de Psicologia não pôde ser acessada via Internet. Assim, qualquer conclusão deste estudo é bastante limitada. Feitas tais considerações pode-se inferir que cerca 26% dos cursos oferecem disciplinas ou estágio profissionalizante. Considerando a percentagem em função dos que puderam ser acessados, o percentual sobe para 40%. É um número significativo haja vista a oferta em outras graduações, como no caso de Pedagogia que oferece as disciplinas de OP em 5% dos cursos. Como mencionado anteriormente a carreira de Psicologia credencia para o exercício da função de orientador profissional, assim sendo, a preparação não está alcançando directamente os potenciais orientadores. Porém indirectamente prepara muito bem desenvolvendo certas competências que correspondem às competências centrais da IAEVG (Talavera, Liévano, Soto, Ferrer-Sama, & Hiebert, 2004).

Conforme Directrizes Curriculares para os Cursos de Graduação em Psicologia, as habilidades e competências previstas no artigo 4º que podem ser desenvolvidas nos estágios de Psicologia na área da Orientação Profissional, são as seguintes:

Atenção à saúde: focaliza a promoção da saúde psicológica e favorece a tomada de decisão.

Tomada de decisão: desde as entrevistas de triagem para os atendimentos individuais ou grupais, compete ao psicólogo-orientador avaliar a melhor indicação de tratamento.

Comunicação: nas reuniões de equipa para planeamento e avaliação do estágio, assim como, nas intervenções em grupo esta habilidade é desenvolvida.

Liderança: desenvolvida sobretudo na coordenação de grupo.

Administração e Gerenciamento: no quotidiano da prática institucional tais habilidades podem ser desenvolvidas.

As directrizes prevêem ênfases em processos de investigação científica, processos educativos, de gestão, de prevenção e promoção de saúde, clínicos, e de avaliação diagnóstica, que directa ou indirectamente se relacionam ou constituem bases gerais para o desenvolvimento das competências internacionais recomendadas pela IAEVG. Além disso, o Código de Ética Profissional do Psicólogo estabelece padrões de conduta compatíveis com as normas da IAEVG, assim como, na França, conforme Guichard e Huteau (2001)

Para o aprimoramento dessas competências, no Brasil, é preciso preparação em Orientação Profissional como especialidade. As competências especializadas recomendadas pelos "Critérios Internacionais de Qualificação para o Orientador Educacional e Vocacional", da *International Association for Educational and Vocational Guidance* (IAEVG) são: (1) diagnóstico, (2) orientação educacional, (3) desenvolvimento de carreira, (4) aconselhamento, (5) administração de informações, (6) consulta e coordenação, (7) pesquisa e avaliação, (8) administração de programas e serviços, (9) construção da capacidade comunitária, e (10) colocação. As competências 1, 2, 4, 6 e 7 são bem desenvolvidas no conjunto de disciplinas básicas oferecido pelos cursos de Psicologia, sobretudo em disciplinas das áreas Avaliação Psicológica, Psicologia da Saúde, da Educação, Desenvolvimento e Personalidade. Entretanto, as competências 3, 4, 5 e 8 são mais desenvolvidas nos estágios de Orientação Profissional e Aconselhamento. As de número 9 e 10 são mais desenvolvidas em estágios das áreas da Psicologia Social e Organizacional, respectivamente.

Cumpre destacar que a carreira de Psicologia habilita inicialmente para o exercício da função de orientador profissional. Porém, as limitações curriculares e as velozes mudanças na sociedade exigem a educação contínua em cursos de formação e especialização. Além disso, é preciso atentar para o carácter interdisciplinar de intervenções em desenvolvimento de carreira que requerem competências especializadas para diferentes cenários e contextos. E que, também, requer competências específicas dos profissionais das carreiras afins como Pedagogia, Administração e Terapia Ocupacional, por exemplo.

Finalizando, é premente a definição de políticas públicas tanto para a oferta de diferentes serviços à população como para a formação de profissionais. Em ambas as situações, tornam-se cada vez mais necessários estudos de natureza avaliadora.

REFERÊNCIAS

Guichard, J., & Huteau, M. (2001). Psicologia da Orientação. (A.P. Da Silva, Trad). Lisboa: Instituto Piaget.

Lassance, M. C. P., Melo-Silva, L. L., Bardagi, M. P., & Paradiso, A. C. (2007). Competências do orientador profissional: uma proposta brasileira com vistas à formação e certificação. *Revista Brasileira de Orientação Profissional, 8* (1), 87-94.

Melo-Silva, L. L. (2003). Ética e competência na prática da orientação profissional. In Melo-Silva, L. L., Santos, M. A., Simões, J. T. & Avi, M. C. *Arquitetura de uma ocupação. Orientação Profissional: teoria e prática*, v. 1. São Paulo: Vetor, pp. 69-90.

Melo-Silva, L. L. (2004). Orientação Profissional em uma clínica-escola de Psicologia. In Melo Silva, L. L. Santos, M. A. Simon, C. P. [organizadores]. *Formação em psicologia: serviços-escola em debate.* São Paulo: Vetor, pp. 171-196.

Melo-Silva, L. L. (2007). *A Formação do Orientador Profissional no Brasil e as competências internacionais para o orientador.* Em Programa, 1. Congresso Latino-Americano da ABOP e 8. Simpósio Brasileiro de Orientação Vocacional & Ocupacional. Bento Gonçalves: Associação Brasileira de Orientação Profissional.

Melo-Silva, L. L., Lassance, M. C. P. & Soares, D. H. P. (2004). Orientação Profissional no contexto da educação e trabalho. *Revista Brasileira de Orientação Profissional, 5* (2), pp. 31-52.

Soares, D. H. P., Melo-Silva, L. L., Lassance, M. C. P. & Levenfus, (2007). *Education of Vocational Guiders in Brazil: reflection according to the Brazilian Association of Vocational Guidance (BAVG/ABOP).* In Program, IAEVG International Conference General Assembly. Padova: La RIOS.

Repetto-Talavera, E., Liévano, B. M., Soto, N. M., Ferrer-Sama, P., & Hiebert, B. (2004). Competências Internacionais para orientadores educacionais e vocacionais. *Revista Brasileira de Orientação Profissional, 5* (1), pp. 1-14.